◆ 本书为王俊秀主持的国家社科基金重大项目"社会心理建设：社会治理的心理学路径"（项目批准号：16ZDA231）的结项成果

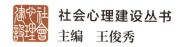

社会心理建设丛书

主编　王俊秀

国家社科基金重大项目资助

社会心理建设

社会场域治理的路径

Social Psychological Construction

Pathways to Governance in Social Domains

王俊秀　等　著

社会科学文献出版社

SOCIAL SCIENCES ACADEMIC PRESS (CHINA)

"社会心理建设"丛书总序

　　2018年是改革开放40周年，在这40年中，中国人经历了快速的现代化过程，经济高速发展，社会快速变革，城乡格局迅速变化，加上信息化、互联网、全球化的助推，中国民众的社会心态已经发生了巨大的变化。

　　在过去的20多年，我们中国社会科学院社会学研究所社会心理学研究室（社会心理学研究中心）一直关注中国的社会心态，社会心态研究是我们最核心的课题之一。我们进行了大量的社会心态研究，包括实验研究、问卷调查和定性研究，也在回溯社会学、社会心理学等学科经典及其进展中寻找支撑社会心态研究的理论。通过持续的研究和探索，我们基本完成了社会心态结构和指标体系的建构，初步完成了社会心态指标和测量工具的编制，初步建立了分析社会心态特点和变化的框架。这些研究成果体现在我们研究团队申请立项和完成的国家社科基金项目（一个重大项目、一个重点项目、五个一般项目和青年项目）、中国社会科学院重点项目和一系列的创新工程项目、中央和各级政府委托项目、国际合作项目等中，也体现为我们团队发表在国内外各种学术期刊上的大量研究报告和论文、国内一些报刊理论版上的理论文章，为中央和地方决策机构提供的政策建议类报告，以及我们从2011年开始每年连续出版的"社会心态蓝皮书"。我们的研究得到了学术界、政府部门、新闻媒体和全社会的关注和肯定。社会心态研究也逐渐发展为一种很有影响的研究范式。

　　随着社会的发展，社会心态问题越来越受到全社会的关注，已经成为社会治理中的核心问题。在"十二五"规划中就已提出、党的十八大报告又重申了要"弘扬科学精神，加强人文关怀，注重心理疏导，培育奋发进取、理性平和、开放包容的社会心态"。党的十九大报告进一步提出"加强社会心理服务体系建设，培育自尊自信、理性平和、积极向上的社会心态"，并且作为社会治理的重要内容。党的十九大的主题是"不忘初心、牢记使命"，明确了中国共产党人的初心和使命就是"为中国人民谋幸福，为中华民族谋复兴"。党的十九大报告指出，"不断满足人民日益增长的美好生活需要，促进社会公平正义，形成有效的社会治理、良好秩序，使人民获得感、幸福感、安全感更加充实、更有保障、更可持续"。需要是社会心态的核心概念和指标，人民群众需要的基本状况和满足程度一直是社会心态研究的重要内容，社会情绪管理、社会价值观的引导、社会关系的改善、社会共识的达成都是社会心态研究的核心议题，在以往的研究中我们不断提出新的问题，不断寻找答案。我们在"十三五"规划的研究课题中提出"社会心理建设"的建议（见本丛书中《社会心态理论前沿》一书的第十四章），因为我们认识到，良好社会心态的培育需要依赖社会治理才能够实现，有效的社会治理离不开对于当时社会心态的了解和理解，社会心态对于社会发展具有重要的影响力。2016 年由我主持的国家社科基金重大项目"社会心理建设：社会治理的心理学路径"被批准立项，这个课题将从社会心理学角度探讨如何实现有效的社会治理。我们希望以以往的社会心态研究为基础，进一步推动社会心态研究成为研究社会发展的社会心理学，既要注重理论的探讨，也要重视社会实践，使社会心理建设成为继经济建设、法制建设、社会建设、文化建设之后社会治理体系的一个重要组成部分。

"社会心理建设丛书"的出版就是对这一探索的延续，希望这套丛书的出版能吸引更多的研究者关注这一主题，投入这一领域的研究，产生更多有影响的成果，推动社会治理体系的完善。

丛书主编　王俊秀

中国社会科学院社会学研究所社会心理学研究中心主任、研究员，中国社会科学院大学教授、博士生导师

序　言

　　时间过得真快！这个项目从 2016 年 8 月申报到 2023 年结项报告出版，整整 7 年时间过去了。借这篇序言，对这个项目的经过做一个回顾和总结，为这项工作画上一个圆满的句号。

　　当年我们申报这个项目具有很大的偶然性。以前对国家社科基金重大项目不了解，也不知道竞争那么激烈。因为一直想做的全国社会心态调查缺乏资金，在了解国家社科基金重大项目的资助额度情况后，看到《国家社科基金项目 2016 年度课题指南》（以下简称《指南》）中正好有一个选题是"社会治理中的心理学问题研究"，这正是我们在做和要做的内容，我有点心动。"要不要试试？"我征求团队其他成员的意见。大家很支持，就开始行动了。

　　现在看来，当年的申报书可以说是雄心勃勃的。团队成员都很有信心，志在必得。申报书完成后，word 文档显示有 30 多万字，这让我很吃惊，一个多月的时间团队竟然完成了如此大的工作量！在核对申报书时，我的目光停留在"最终成果字数"一栏，那里赫然写着 160 万字，我一度怀疑自己填错了字数，仔细核对后，我确认这一字数是可以完成的。

　　2016 年 11 月 7 日，国家社科基金重大项目公示，我们的项目入围，期盼成真，团队一个多月夜以继日的辛劳没有白费，更重要的是，我们这些年在社会心态和社会心理建设研究领域的努力得到了认可。

　　但短暂的兴奋后我就感到了要完成这项"工程"的巨大压力，我和团队其他成员丝毫不敢懈怠，按照项目的计划扎实推进，"功夫不负苦心人"，经过两年的努力，2018 年 10 月项目顺利通过中期考核，并获得滚动资助。

　　之后两年的研究出现了一些波折，在疫情发生后，团队将更多的精力投入相关的调查和研究中，我们因此对课题的研究方向做了一些调整。到2020年下半年整理结项成果时，我觉得我们交出了一份合格的答卷。4年时间出版了"社会心理建设丛书"一套7本、专著5部、蓝皮书6本、论文和研究报告70篇（其中权威期刊论文2篇、核心期刊论文55篇）、《要报》类政策建议35篇，全部成果总字数为744.9万多字，几乎是计划的5倍。

2021年8月，我收到了全国哲学社会科学工作办公室的结项证明书（我们的项目以"优秀"等级结项），同意我们出版结项报告。作为结项成果出版的是我们的部分研究成果，但能体现申报书中的研究结构：第一部分是社会心态引导，第二部分是场域社会治理。现在分两本书出版：第一本是《社会心理建设：社会心态培育的路径》，第二本是《社会心理建设：社会场域治理的路径》。

感谢国家社科基金重大项目的资助，也感谢中国社会科学院和中国社会科学院社会学研究所对我们项目的支持，这个项目才得以高质量完成！

回顾过去7年整个项目的进程，有遗憾，但更多的是收获，我们团队在研究中壮大、成长，更为重要的是我们在学术道路上的探索和体悟。通过这个项目，我们在未来研究方向、研究方法和研究策略上形成了自己的特色。

申报项目时，在结构设计上，我们讨论了好多次一直定不下来。按照《指南》要求，一个项目的子课题不能超过5个，我们的重点当然是社会心态研究，很难用4个子课题体现"社会治理中的心理学问题研究"。我们一边梳理和社会治理相关的研究，一边讨论如何将这些内容结构化。我把这些研究成果分类（见《社会心理建设：社会心态培育的路径》第一章第二节）后发现，已有的社会治理相关的心理学研究与社会治理的关系基本上是相关关系，我突然有了思路：把课题定位为社会治理本身的心理学研究。于是就把之前梳理过的社会心理建设的内容作为课题结构的核心，以已经完成的社会心态研究作为课题的基础，同时吸收了儒家家国天下的治理思路，把社会心理建设的社会心态培育和社会场域治理作为社会心理建设的两条路径，这个项目的框架就立起来了，我们把申报的题目改为"社会心理建设：社会治理的心理学路径"。对这个框架进行梳理的意义不仅仅在于最终确定了这个项目的架构，同时也明确了我们团队未来研究的方向，我们要把社会心态研究延伸至社会实践领域。

在项目设计初期，我们就确立了未来研究在方法上要把大样本问卷调查、实验研究和大数据研究方法相结合形成综合的研究范式的思路。

　　另外一个特色就是在研究中综合运用多学科的研究方法，这些年我们在理论和方法上综合运用社会学、社会心理学、传播学、政治学、地理学等学科的方法，围绕问题使用不同学科的理论和方法。如我们在 2021 年获批的教育部哲学社会科学研究重大课题攻关项目"新冠肺炎疫情对国民社会心态影响研究"中采用了地理空间 - 社会空间 - 心理空间相结合的研究结构，就体现了多个学科、多种研究方法的结合。

　　这个项目让我们更能体会到"文化自觉"的重要性，对自主知识体系有了更深的理解，在我们的研究中也体现出构建中国特色的话语体系的努力。

　　这个项目的成果是我们这些年探索的体现，我也深知这项研究还有很多不足，希望我们的探索经验对学界同行有借鉴意义，也希望其成为学界相关研究的基础，真诚希望得到学界同人的指导和批评。

　　在此，我要特别感谢课题组各位同人的努力，特别是五位子课题负责人，他们是：杨宜音（中国社会科学院社会学研究所研究员）、李原（时为中国社会科学院社会学研究所副研究员，现为中国社会科学院大学社会与民族学院副教授）、张志安（时为中山大学传播与设计学院教授，现为复旦大学新闻学院教授）、陈华珊（中国社会科学院社会发展研究院副研究员）和罗劲（首都师范大学教授）。他们为项目的立项贡献了宝贵的智慧，使我们能够在项目申报中脱颖而出。

　　此外，还要感谢研究室的各位同人及与我合作的博士后和博士生，他们在项目申报和项目完成过程中付出了巨大的努力，没有他们的辛勤劳动，这个项目也不可能完成，他们是：中国社会科学院社会学研究所社会心理学研究室的陈满琪副研究员、应小萍副研究员、高文珺副研究员、谭旭运副研究员、张衍博士、刘晓柳博士、刘洋洋博士、苗瑞凯博士，在读博士生周迎楠、裴福华等，以及在项目立项和完成过程中不同程度参与的朋友！感谢参与项目立项、中期审核和项目结项评审的众多专家，感谢他们的认可和肯定！

　　我很高兴把结项成果收入我主编的"社会心理建设丛书"，这套丛书是2018 年 8 月开始由社会科学文献出版社出版的。当初主编这一丛书也是受这个项目立项的影响，如今增加两部以"社会心理建设"为主题的著作，也增加了这套丛书的分量。借此，感谢社会科学文献出版社，它出版了我绝大多数的著作。编辑的敬业精神让我钦佩，感谢她们的辛勤付出！

　　这两本书收入了本项目的部分成果，除以下所列部分章节的作者外，其余章节均由王俊秀完成。

《社会心理建设：社会心态培育的路径》部分章节的作者和单位如下：

第四章第一节"社会经济地位与主观社会阶层对幸福感的影响：基于CGSS 2010～2015的实证分析"（刘晓柳，北京教育学院思想政治教育与德育学院讲师；王俊秀，中国社会科学院社会学研究所研究员）

第四章第二节"不同地区中幸福取向对主观幸福感的影响"（刘晓柳，北京教育学院思想政治教育与德育学院讲师）

第五章第一节"获得感的概念内涵、结构及其对生活满意度的影响"（谭旭运，中国社会科学院社会学研究所副研究员；王俊秀，中国社会科学院社会学研究所研究员；董洪杰，内蒙古师范大学心理学院讲师；张跃，中国社会科学院社会学研究所博士后）

第五章第二节"青年人获得感现状及其影响因素"（谭旭运，中国社会科学院社会学研究所副研究员；张若玉，昌吉学院助教；董洪杰，内蒙古师范大学心理学院讲师；王俊秀，中国社会科学院社会学研究所研究员）

第五章第三节"社会阶层视角下民众获得感现状与提升对策"（谭旭运，中国社会科学院社会学研究所副研究员；豆雪姣，山东农业大学动物科技学院助教；董洪杰，内蒙古师范大学心理学院讲师）

第六章第一节"关注社会心态动向，满足民众美好生活需要"（王俊秀，中国社会科学院社会学研究所研究员；刘晓柳，北京教育学院思想政治教育与德育学院讲师；刘洋洋，滨州学院讲师）

第六章第二节"民众美好生活需要测量"（王俊秀，中国社会科学院社会学研究所研究员；刘晓柳，北京教育学院思想政治教育与德育学院讲师）

第六章第三节"美好生活需要满足的个体路径和社会路径"（王俊秀，中国社会科学院社会学研究所研究员；刘晓柳，北京教育学院思想政治教育与德育学院讲师）

第七章第一节"幸福感的变迁"（刘洋洋，滨州学院讲师）

第七章第二节"隐私安全感的变迁"（王俊秀，中国社会科学院社会学研究所研究员；刘洋洋，滨州学院讲师）

第七章第三节"'均'与'寡'阶段性变动下中国居民公平感的变迁"（王俊秀，中国社会科学院社会学研究所研究员；刘洋洋，滨州学院讲师）

《社会心理建设：社会场域治理的路径》部分章节的作者和单位如下：

第一章"个体：心理健康"（刘晓柳，北京教育学院思想政治教育与

德育学院讲师）

第二章第一节"中国家庭亲近指数报告"（肖明超，北京知萌咨询有限公司）

第二章第二节"婚姻满意度的影响因素"（李原，中国社会科学院大学社会与民族学院副教授）

第四章第二节"基于社会心理服务体系的社区治理路径"（裴福华，内蒙古师范大学心理学院博士研究生；王俊秀，中国社会科学院社会学研究所研究员）

第五章第一节"不同分级城市的城市认同感调查报告"（谭旭运，中国社会科学院社会学研究所副研究员；杨宜音，中国社会科学院社会学研究所研究员；黄智宽，凯迪数据研究中心；蒋凡，凯迪数据研究中心）

第五章第二节"新生代农民工城市适应对生活满意度的影响机制"（周迎楠，中国社会科学院大学社会学院博士研究生；王俊秀，中国社会科学院社会学研究所研究员）

第五章第三节"京张市民北京冬奥会关注度和参与度调查报告"（王俊秀，中国社会科学院社会学研究所研究员；张衍，中国社会科学院社会学研究所助理研究员）

第七章第一节"群体认同和阶层认同对国家认同的影响"（张衍，中国社会科学院社会学研究所助理研究员）

第七章第二节"后物质主义价值观及其对国家认同与社会参与的影响"（李原，中国社会科学院大学社会与民族学院副教授）

第七章第三节"社会心理服务体系建设视角下铸牢中华民族共同体意识的路径：基于共同内群体认同理论"（王俊秀，中国社会科学院社会学研究所研究员；周迎楠，中国社会科学院大学社会学院博士研究生；裴福华，内蒙古师范大学心理学院博士研究生）

第七章第四节"信息、信任与信心：风险共同体的建构机制"（王俊秀，中国社会科学院社会学研究所研究员；周迎楠，中国社会科学院大学社会学院博士研究生；刘晓柳，北京教育学院思想政治教育与德育学院讲师）

王俊秀

2023 年 7 月 28 日于北京

目 录

第一章

个体：心理健康

第一节 民众心理健康调查

一 引言

提高民众心理健康水平、提升百姓幸福感一直是党和国家关注的重点和努力的方向。根据党的十八届五中全会战略部署，中共中央、国务院制定并印发了《"健康中国2030"规划纲要》，以期推进健康中国建设，提高人民健康水平。在这一规划纲要"第五章 塑造自主自律的健康行为"的第三节，特别提出"促进心理健康"的相关内容。为贯彻落实这一规划纲要，国家卫生计生委疾病预防控制局通过中国政府网发布了《关于加强心理健康服务的指导意见》（国卫疾控发〔2016〕77号）。在这一指导意见中，提出了"充分认识加强心理健康服务的重要意义""大力发展各类心理健康服务""加强重点人群心理健康服务""建立健全心理健康服务体系""加强心理健康人才队伍建设"等各方面具体要求。2017年10月，习近平总书记在党的十九大报告中，从社会治理的角度谈及，要"加强社会心理服务体系建设，培育自尊自信、理性平和、积极向上的社会心态"。这些规划纲要和重要指示都表明，民众的身心健康问题不再是个人问题，而是社会问题，所以要从更高层面的社会维度来探讨和研究。

在以往对民众心理健康的研究里，大多数研究集中在对"心理不健康"

部分的探讨，比如使用 SCL - 90，从躯体化、强迫症状、人际关系敏感、抑郁、焦虑、敌对、恐怖、偏执、精神病性等方面考察不同群体的心理不健康程度。辛自强等（2012）对 1986～2010 年大学生的 SCL - 90 测量结果进行了元分析，发现躯体化、强迫症状、焦虑和精神病性四个因子的分数小幅度下降，而人际关系敏感、抑郁、敌对三个因子的分数大幅度下降，整体说明大学生心理健康状况在逐渐变好。而黄四林等（2015）对农民工群体的跨年元分析则发现，虽然整体来说 SCL - 90 的分数呈现下降趋势，但是仔细探究亚群体的差异可以看到，女性农民工的 SCL - 90 分数是呈现上升趋势的，不同年龄分组中的 80 后、90 后农民工 SCL - 90 的分数在 2002～2011 年这 10 年间呈现较大幅度的上升。

以上两个研究表明单纯关注心理不健康的部分已经不能完全代表民众心理健康水平，而同样应该考虑心理健康部分的水平，除此之外，对民众心理健康的了解应该细分人群，针对不同的人群进行深入了解。世界卫生组织（World Health Organization，WHO）将健康的定义更新为"健康乃是一种在身体上、精神上的完满状态，以及良好的适应力，而不仅仅是没有疾病和衰弱的状态"[1]，这说明对于心理健康部分也应该从躯体、精神、适应力等多方面进行考量。Jahoda（1958）在《积极心理健康的现代概念》（*Current Concepts of Positive Mental Health*）一书中就提出，对于心理健康不仅应该关注心理病态的方面，同时还应该关注积极的心理健康部分，她认为评价心理健康的标准包括：对自我的态度、个人成长及自我实现、整合能力、自主性、对现实的感知和对环境的掌控能力。基于前人的相关理论，Ryff（1989）提出了"心理幸福感"（Psychological Well-being）的概念，同时编制了切实可行的测量工具，从自我接纳、与他人的积极关系、自主性、环境掌控能力、生活目标、个人成长六个方面对积极的心理健康部分进行有效的测量。

本研究将通过全国范围内大样本调查的方法，关注不同群体的心理健康状况，并且通过对积极和消极两个方面进行考察，以期更为全面地描述民众的心理健康状况。

---

[1] World Health Organization，"World Health Organization（WHO）Definition Of Health"，https://www. publichealth. com. ng/world-health-organizationwho-definition-of-health/，最后访问日期：2023 年 5 月 10 日。

二 研究方法

（一）样本选取

本次调查是通过智媒云图（IntellVision）研发的问卷调研 App "问卷宝"，向在线样本库的全国用户（约 110 万人，覆盖全国 346 个地级城市）推送问卷，再通过用户分享问卷的方式进行滚雪球式发放。问卷收回后，课题组依据陷阱题、答题完成情况等对问卷进行筛选。调查最初共收回全部作答问卷 10259 份，经筛选最终得到成人有效问卷 7439 份，问卷有效率为 72.5%，其中男性为 5142 人（69.1%）、女性为 2297 人（30.9%），年龄范围是 18~71 岁，平均年龄为 30.0 ± 7.9 岁。调查对象来自北京、安徽、福建、甘肃、广东、广西、贵州、海南、河北、河南、黑龙江、湖北、湖南、吉林、江苏、江西、辽宁、内蒙古、宁夏、青海、山东、山西、陕西、上海、四川、天津、西藏、新疆、云南、浙江和重庆 31 个省、自治区和直辖市。具体的样本分布情况如表 1-1 所示。

表 1-1 样本分布情况描述（$N = 7439$）

单位：个，%

变量	类别	样本量	占比
性别	男性	5142	69.1
	女性	2297	30.9
出生年代	60 前	71	1.0
	60 后	185	2.5
	70 后	717	9.6
	80 后	3167	42.6
	90 后	3299	44.3
受教育程度	小学毕业及以下	70	0.9
	初中毕业	295	4.0
	高中（技校、职高、中专）毕业	1410	19.0
	大专（含在读）	2679	36.0
	大学本科（含在读）	2621	35.2
	研究生（含在读）及以上	364	4.9
婚姻状况	未婚	2831	38.1
	已婚	4284	57.6

变量	类别	样本量	占比
婚姻状况	再婚	178	2.4
	离婚独身	130	1.7
	丧偶独身	16	0.2
工作状况	全日制学生	826	11.1
	一直无工作	153	2.1
	在职工作	5447	73.2
	离退休在家	114	1.5
	离退休后重新应聘	57	0.8
	辞职、内退或下岗	64	0.9
	没找到全天连续工作，暂时从事临时性工作	81	1.1
	失业	44	0.6
	不打算找工作	24	0.3
	自由职业者	587	7.9
	其他	42	0.6

（二）测量工具

1. 心理健康的消极部分

心理健康消极部分的测量采用的是 Henry 和 Crawford（2005）编制的短版《抑郁、焦虑、压力量表》（Depression Anxiety Stress Scales），用于评估个体抑郁、焦虑、压力三种消极心理健康状态的心理及生理表征。该量表共有三个分量表，分别测评三种消极心理健康状态，每个分量表有 7 个条目，共 21 个条目。该量表采用李克特式 4 点计分，要求被试根据过去一周的情况选择相应的数字选项（0 ~ 3）以表示其适用程度或发生的频率，0 表示完全不适用于我/从未发生，1 表示在一定程度上或有些时候适用于我/有时发生，2 表示在很大程度上或很多时候适用于我/经常发生，3 表示完全或大多数时间适用于我/几乎总在发生。样题包括："我几乎没有什么积极的体验或感受"（抑郁分量表）、"我会感到口干舌燥"（焦虑分量表）、"我觉得很难让自己放松平静下来"（压力分量表）。在本研究中，总量表的内部一致性信度为 0.961，抑郁分量表的内部一致性信度为 0.911，焦虑分量表的内部一致性信度为 0.889，压力分量表的内部一致性信度为 0.887。

2. 心理健康的积极部分

心理健康积极部分的测量采用的是 Ryff（1989）编制的《心理幸福感量表》（Psychological Well-being Scale），用于评估个体的自主性、环境控制、个人成长、积极关系、人生目标、自我接纳的情况。该量表共有六个分量表，分别测量积极心理健康的六个方面，每个分量表有 7 个条目，共 42 个条目，其中有 21 个条目需要进行反向计分。该量表采用李克特式 6 点计分，要求被试根据自己的同意程度选择相应的数字选项（1 ～ 6），1 表示完全不同意，6 表示完全同意。样题包括："即使与多数人的意见不一致，我也不怕表达自己的观点"（自主性）、"总的来说，我认为我可以掌控目前的生活"（环境控制）、"对那些可以开阔视野的活动，我都不感兴趣"（个人成长）、"大多数人认为我是个既有爱心又亲切的人"（积极关系）、"我活在当下，并不太考虑未来"（人生目标）、"当我回顾自己的过去时，对那些经历和结果都感到欣慰"（自我接纳）。在本研究中，总量表的内部一致性信度为 0.920，自主性分量表的内部一致性信度为 0.531，环境控制分量表的内部一致性信度为 0.679，个人成长分量表的内部一致性信度为 0.703，积极关系分量表的内部一致性信度为 0.743，人生目标分量表的内部一致性信度为 0.670，自我接纳分量表的内部一致性信度为 0.674。

（三）统计分析

应用 SPSS 21.0 统计分析软件对数据进行分析。主要运用的统计方法包括：描述统计、相关分析、独立样本 t 检验、单因素方差分析（One-Way ANOVA）和多元方差分析（MANOVA）等。

三　研究结果

（一）整体心理健康概况

1. 心理健康的整体概况

在本研究中，心理健康通过积极部分和消极部分两个方面进行测量。积极部分包括个体的自主性、环境控制、个人成长、积极关系、人生目标和自我接纳六个方面。消极部分包括抑郁、焦虑和压力三种状态。具体的均值和标准差如表 1 - 2 所示。

表 1 - 2 心理健康的整体描述 （N = 7439）

心理健康		最小值	最大值	均值	标准差
积极部分	自主性	1.14	6	3.69	0.57
	环境控制	1	6	3.78	0.68
	个人成长	1.71	6	3.99	0.73
	积极关系	1	6	4.00	0.74
	人生目标	1	6	3.83	0.70
	自我接纳	1	6	3.72	0.67
消极部分	抑郁	1	4	2.20	0.72
	焦虑	1	4	2.17	0.66
	压力	1	4	2.27	0.65

积极部分的计分为 1~6 分，其中 3.5 分为中值。从本研究的均值来看，积极部分的均值在 3.6~4.0 分，说明大部分个体在心理健康的积极部分表现良好，其中个人成长和积极关系接近/等于 4 分，说明大多数个体认为自己在不断成长和发展的过程中，对新鲜事物保持好奇，并且拥有较好的人际关系，能够从身边的朋友、亲人那里获得温暖的感受。

消极部分的计分为 1~4 分，其中 2.5 分为中值。从本研究的均值来看，消极部分的均值在 2.1~2.3 分，说明大部分个体心理健康的消极部分得分较低。其中压力的得分最高，为 2.27 分，说明在三种消极状态中，民众感受到的压力最高。这和当下社会中普遍体现的状态一致，人们感受到来自家庭、工作、生活等各方面的压力。而焦虑的得分最低，为 2.17 分。焦虑是一种由对未来的不确定感引起的担忧的情绪，这种情绪较低，表明整体来讲，个体对未来的掌控感较好，对要发生的事情感到安心。

心理健康的积极部分和消极部分的具体得分分布如表 1 - 3 和表 1 - 4 所示。

表 1 - 3 心理健康积极部分得分分布

单位：%

得分分布	自主性	环境控制	个人成长	积极关系	人生目标	自我接纳
1≤均分<2	0.15	0.31	0.04	0.15	0.24	0.77
2≤均分<3	5.23	4.49	1.87	2.74	3.88	7.29

续表

得分分布	自主性	环境控制	个人成长	积极关系	人生目标	自我接纳
3≤均分<4	68.76	62.79	54.28	54.46	61.00	62.08
4≤均分<5	21.82	24.72	29.99	28.98	26.21	24.37
5≤均分≤6	4.05	7.69	13.82	13.67	8.66	5.50

从心理健康积极部分得分分布可以看出，大部分个体在回答心理健康积极部分评估时，选择中间值，但是高分部分（4~6）的比例大于低分部分（1~3）的比例。其中，个体选择个人成长和积极关系的最高分的比例较大，有13.82%的个体在个人成长维度上均分为5~6分，有13.67%的个体在积极关系维度上均分为5~6分。

表1-4 心理健康消极部分得分分布

单位：%

得分分布	抑郁	焦虑	压力
1≤均分<2	36.86	36.48	30.72
2≤均分<3	44.27	51.86	51.23
3≤均分≤4	18.87	11.65	18.05

从心理健康消极部分得分分布可以看出，大部分个体在回答心理健康消极部分评估时选择中间值，但是低分部分（1~2）的比例大于高分部分（3~4）的比例。其中，个体选择抑郁和压力的高分部分的比例较大，有18.87%的个体在抑郁维度上均分为3~4分，有18.05%的个体在压力维度上均分为3~4分。同样说明这两种消极状态是比较突出的。另外，个体在抑郁维度上选择最低分的比例最大，有36.86%的个体在抑郁维度上均分为1~2分，个体在焦虑维度上选择最低分的比例也比较大，有36.48%的个体在焦虑维度上均分为1~2分。

2. 心理健康积极部分和消极部分的关系

本研究将通过相关分析来探究心理健康积极部分和消极部分的关系，具体相关系数及其显著性水平如表1-5所示。

表1-5 心理健康积极部分与消极部分的相关关系（$N=7439$）

维度	自主性	环境控制	个人成长	积极关系	人生目标	自我接纳	抑郁	焦虑
环境控制	0.588**							

续表

维度	自主性	环境控制	个人成长	积极关系	人生目标	自我接纳	抑郁	焦虑
个人成长	0.489**	0.683**						
积极关系	0.524**	0.749**	0.701**					
人生目标	0.512**	0.696**	0.744**	0.693**				
自我接纳	0.558**	0.668**	0.517**	0.622**	0.575**			
抑郁	-0.412**	-0.612**	-0.643**	-0.620**	-0.607**	-0.429**		
焦虑	-0.377**	-0.544**	-0.590**	-0.551**	-0.533**	-0.347**	0.866**	
压力	-0.376**	-0.555**	-0.575**	-0.560**	-0.528**	-0.371**	0.870**	0.878**

$^*p<0.05$，$^{**}p<0.01$，$^{***}p<0.001$，下同。

从表 1-5 可以看出，心理健康的积极部分和消极部分的相关均达到显著性水平。在心理健康的积极部分内部，自主性和环境控制、个人成长、积极关系、人生目标、自我接纳呈现中等程度的相关，自我接纳和个人成长、人生目标呈现中等程度的相关，其他各个分量表之间都呈现较高程度的相关。在心理健康的消极部分内部，抑郁、焦虑和压力之间均呈现高度相关。而心理健康的积极部分和消极部分呈现负相关，其中抑郁和环境控制、个人成长、积极关系、人生目标呈现较高程度的负相关。

（二）心理健康在不同区域的概况

1. 不同地区的心理健康概况

根据地理位置将全国分为华东地区、华南地区、华中地区、华北地区、西北地区、西南地区和东北地区，分别考察各地区民众的心理健康状况，如表 1-6 和图 1-1、图 1-2 所示。

表 1-6　不同地区的心理健康

心理健康		1	2	3	4	5	6	7
积极部分	自主性	3.72	3.69	3.54	3.67	3.76	3.71	3.85
	环境控制	3.84	3.82	3.54	3.76	3.84	3.80	3.96
	个人成长	4.08	4.04	3.69	3.94	4.15	4.03	4.21
	积极关系	4.08	3.98	3.78	3.97	4.15	4.02	4.22
	人生目标	3.90	3.84	3.63	3.79	3.92	3.85	4.01
	自我接纳	3.76	3.69	3.67	3.71	3.80	3.74	3.80

续表

心理健康		1	2	3	4	5	6	7
消极部分	抑郁	2.11	2.11	2.61	2.28	2.16	2.07	1.91
	焦虑	2.09	2.11	2.51	2.24	2.16	2.08	1.93
	压力	2.18	2.20	2.63	2.34	2.31	2.17	2.04

注：缺失数值未标出，下同。1 表示华东地区（$N = 2145$），2 表示华南地区（$N = 1723$），3 表示华中地区（$N = 1084$），4 表示华北地区（$N = 1213$），5 表示西北地区（$N = 197$），6 表示西南地区（$N = 675$），7 表示东北地区（$N = 402$）。

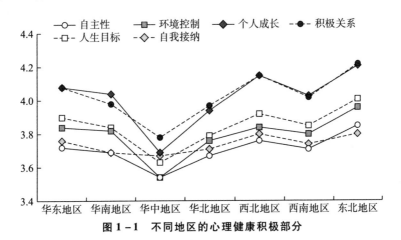

图 1-1 不同地区的心理健康积极部分

方差分析的结果显示，不同地区的自主性差异显著（$F = 20.15$，$p < 0.001$），不同地区的环境控制差异显著（$F = 31.81$，$p < 0.001$），不同地区的个人成长差异显著（$F = 46.99$，$p < 0.001$），不同地区的积极关系差异显著（$F = 28.13$，$p < 0.001$），不同地区的人生目标差异显著（$F = 25.53$，$p < 0.001$），不同地区的自我接纳差异显著（$F = 4.69$，$p < 0.001$）。其中，个人成长维度的差异最大，而自我接纳的差异最小。LSD 事后检验的结果显示，整体来讲，东北地区在各维度上的得分显著高于其他地区，华东地区和西北地区的得分也较高，而华中地区在各维度上的得分显著低于其他地区，华北地区和华南地区的得分也较低。

方差分析的结果显示，不同地区的抑郁差异显著（$F = 90.77$，$p < 0.001$），不同地区的焦虑差异显著（$F = 72.81$，$p < 0.001$），不同地区的压力差异显著（$F = 84.75$，$p < 0.001$）。LSD 事后检验的结果显示，整体来讲，东北地区在各维度上的得分显著低于其他地区，西南地区、华东地区和华南地区的得分也较低，而华中地区在各维度上的得分显著高于其他地

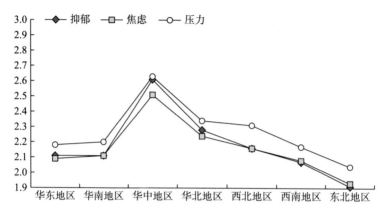

图 1-2　不同地区的心理健康消极部分

区，华北地区的得分也较高。

2. 不同发展水平城市的心理健康概况

第一财经、新一线城市研究所 2018 年发布的《中国城市商业魅力排行榜》，依据商业资源集聚度、城市枢纽性、城市人活跃度、生活方式多样性和未来可塑性五大指标将全国 338 个地级以上城市划分为一线城市、新一线城市、二线城市、三线城市、四线城市和五线城市。不同发展水平城市的心理健康状况如表 1-7 及图 1-3、图 1-4 所示。

表 1-7　不同发展水平城市的心理健康

心理健康		1	2	3	4	5	6
积极部分	自主性	3.74	3.64	3.64	3.67	3.58	3.64
	环境控制	3.89	3.73	3.66	3.74	3.65	3.84
	个人成长	4.15	3.91	3.81	3.96	3.88	4.13
	积极关系	4.12	3.96	3.87	4.02	3.94	4.05
	人生目标	3.94	3.78	3.70	3.81	3.79	3.85
	自我接纳	3.76	3.74	3.68	3.65	3.64	3.62
消极部分	抑郁	1.95	2.31	2.39	2.00	2.11	2.07
	焦虑	1.96	2.27	2.34	2.03	2.14	2.06
	压力	2.08	2.37	2.44	2.12	2.21	2.14

注：1 表示一线城市（$N=1108$），2 表示新一线城市（$N=1869$），3 表示二线城市（$N=1170$），4 表示三线城市（$N=188$），5 表示四线城市（$N=158$），6 表示五线城市及其他县级市（$N=65$）。

方差分析的结果显示，不同发展水平城市的自主性差异显著（$F=6.05$，

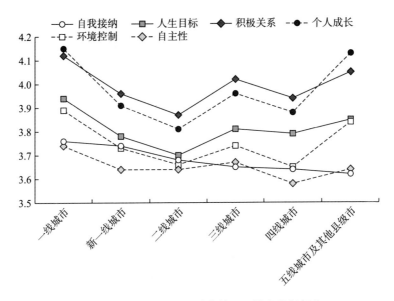

图1-3 不同发展水平城市的心理健康积极部分

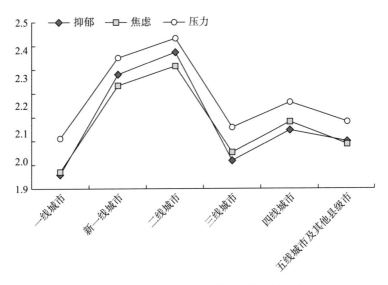

图1-4 不同发展水平城市的心理健康消极部分

$p < 0.001$），不同发展水平城市的环境控制差异显著（$F = 16.12$，$p < 0.001$），
不同发展水平城市的个人成长差异显著（$F = 30.54$，$p < 0.001$），不同发展
水平城市的积极关系差异显著（$F = 14.50$，$p < 0.001$），不同发展水平城市
的人生目标差异显著（$F = 15.65$，$p < 0.001$），不同发展水平城市的自我接

纳差异显著（$F = 3.70$，$p < 0.01$）。其中个人成长维度的差异最大，而自我接纳的差异最小。LSD 事后检验的结果显示，整体来讲，一线城市在各维度上的得分显著高于其他地区，而二线城市在各维度上的得分显著低于其他地区。

方差分析的结果显示，不同发展水平城市的抑郁差异显著（$F = 57.68$，$p < 0.001$），不同发展水平城市的焦虑差异显著（$F = 51.73$，$p < 0.001$），不同发展水平城市的压力差异显著（$F = 48.29$，$p < 0.001$）。LSD 事后检验的结果显示，整体来讲，一线城市在各维度上的得分显著低于其他地区，而新一线城市和二线城市在各维度上的得分显著高于其他地区。

（三）心理健康在不同人口学变量的差异

1. 不同性别的心理健康概况

不同性别的心理健康状况如表 1-8 及图 1-5、图 1-6 所示。

表 1-8　不同性别的心理健康

心理健康		男性（$N = 5142$）	女性（$N = 2297$）	t 值	p 值
积极部分	自主性	3.67	3.71	-2.39	0.02
	环境控制	3.73	3.90	-10.05	0.00
	个人成长	3.92	4.17	-13.38	0.00
	积极关系	3.92	4.17	-12.70	0.00
	人生目标	3.78	3.94	-8.70	0.00
	自我接纳	3.72	3.74	-1.45	0.15
消极部分	抑郁	2.31	1.94	21.34	0.00
	焦虑	2.27	1.96	20.15	0.00
	压力	2.37	2.05	20.51	0.00

女性在心理健康积极部分的各维度得分均高于男性，t 检验结果表明，在环境控制、个人成长、积极关系和人生目标维度上，男性、女性的得分差异达到了 0.001 的显著性水平，在自主性维度上，男性、女性的得分差异达到了 0.05 的显著性水平，而在自我接纳维度上，男性、女性的得分差异没有达到显著性水平。

男性在心理健康消极部分的各维度得分均高于女性，t 检验结果表明，在抑郁、焦虑、压力三个方面，男性、女性的得分差异均达到了 0.001 的显著性水平。

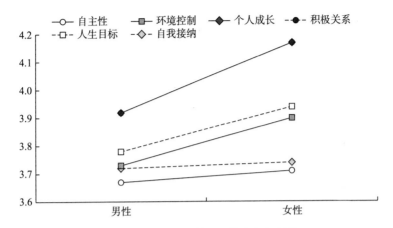

图 1-5　不同性别的心理健康积极部分

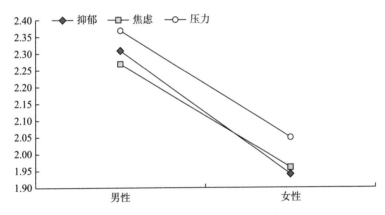

图 1-6　不同性别的心理健康消极部分

2. 不同出生年代的心理健康概况

根据个体报告的出生年份，将其划分为不同出生年代，1960 年之前出生的个体为"60 前"，1960～1969 年出生的个体为"60 后"，1970～1979 年出生的个体为"70 后"，1980～1989 年出生的个体为"80 后"，1990～1999年出生的个体为"90 后"。不同出生年代个体的心理健康状况如表 1-9 及图 1-7、图 1-8 所示。

表 1-9　不同出生年代的心理健康

心理健康		1	2	3	4	5
积极部分	自主性	3.78	3.72	3.69	3.65	3.72

续表

心理健康		1	2	3	4	5
积极部分	环境控制	3.89	3.89	3.83	3.72	3.82
	个人成长	3.98	3.97	3.95	3.86	4.14
	积极关系	4.07	4.04	3.94	3.92	4.08
	人生目标	3.81	3.80	3.78	3.73	3.94
	自我接纳	3.72	3.75	3.66	3.71	3.75
消极部分	抑郁	2.06	2.02	2.23	2.36	2.04
	焦虑	2.01	1.97	2.17	2.31	2.06
	压力	2.10	2.09	2.30	2.42	2.13

注：1 表示 60 前（$N=71$），2 表示 60 后（$N=185$），3 表示 70 后（$N=717$），4 表示 80 后（$N=3167$），5 表示 90 后（$N=3299$）。

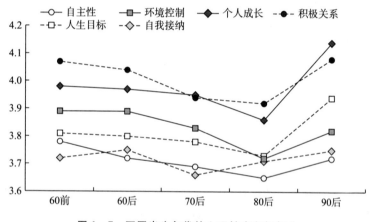

图 1-7　不同出生年代的心理健康积极部分

方差分析的结果显示，不同出生年代的自主性差异显著（$F=6.64$，$p<0.001$），不同出生年代的环境控制差异显著（$F=11.49$，$p<0.001$），不同出生年代的个人成长差异显著（$F=64.04$，$p<0.001$），不同出生年代的积极关系差异显著（$F=21.86$，$p<0.001$），不同出生年代的人生目标差异显著（$F=35.60$，$p<0.001$），不同出生年代的自我接纳差异显著（$F=2.83$，$p<0.05$）。其中，个人成长维度的差异最大，而自主性和自我接纳的差异最小。LSD 事后检验的结果显示，在自主性维度上，80 后的得分显著低于 70 后和 90 后，其他组别没有显著差异；在环境控制维度上，80 后的得分显著低于 70 后和 90 后，其他组别没有显

著差异；在个人成长维度上，90 后的得分显著高于 60 后、70 后和 80 后，其他组别没有显著差异；在积极关系维度上，70 后和 80 后的得分显著低于 90 后，80 后的得分显著低于 60 后，其他组别没有显著差异；在人生目标维度上，90 后的得分显著高于 60 后、70 后和 80 后，其他组别没有显著差异；在自我接纳维度上，90 后的得分显著高于 70 后和 80 后，其他组别没有显著差异。

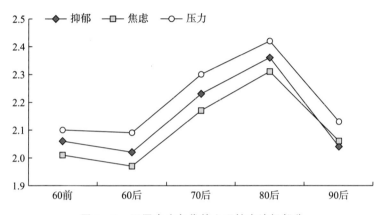

图 1 − 8　不同出生年代的心理健康消极部分

方差分析的结果显示，不同出生年代的抑郁差异显著（$F = 84.60$，$p < 0.001$），不同出生年代的焦虑差异显著（$F = 63.06$，$p < 0.001$），不同出生年代的压力差异显著（$F = 88.39$，$p < 0.001$）。LSD 事后检验的结果显示，整体来讲，80 后和 70 后在各维度上的得分显著高于其他出生年代个体。

3. 不同受教育程度的心理健康概况

根据个体的受教育程度，分为小学毕业及以下、初中毕业、高中（技校、职高、中专）毕业、大专（含在读）、大学本科（含在读）、研究生（含在读）及以上，不同受教育程度个体的心理健康状况如表 1 − 10 及图 1 − 9、图 1 − 10 所示。

表 1 − 10　不同受教育程度的心理健康

心理健康		1	2	3	4	5	6
积极部分	自主性	3.58	3.60	3.63	3.60	3.79	3.87
	环境控制	3.60	3.75	3.69	3.62	3.97	4.06
	个人成长	3.81	4.00	3.88	3.79	4.23	4.32
	积极关系	3.76	3.97	3.84	3.83	4.22	4.33

续表

心理健康		1	2	3	4	5	6
积极部分	人生目标	3.68	3.85	3.73	3.66	4.02	4.11
	自我接纳	3.50	3.68	3.62	3.65	3.83	3.96
消极部分	抑郁	2.09	2.09	2.32	2.47	1.92	1.82
	焦虑	2.00	2.03	2.30	2.40	1.94	1.90
	压力	2.08	2.14	2.37	2.50	2.04	1.99

注：1 表示小学毕业及以下（$N=70$），2 表示初中毕业（$N=295$），3 表示高中（技校、职高、中专）毕业（$N=1410$），4 表示大专（含在读）（$N=2679$），5 表示大学本科（含在读）（$N=2621$），6 表示研究生（含在读）及以上（$N=364$）。

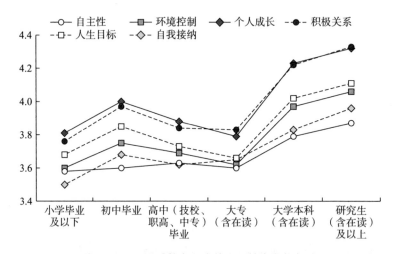

图 1-9 不同受教育程度的心理健康积极部分

方差分析的结果显示，不同受教育程度的自主性差异显著（$F=47.78$，$p<0.001$），不同受教育程度的环境控制差异显著（$F=91.98$，$p<0.001$），不同受教育程度的个人成长差异显著（$F=129.14$，$p<0.001$），不同受教育程度的积极关系差异显著（$F=112.16$，$p<0.001$），不同受教育程度的人生目标差异显著（$F=93.96$，$p<0.001$），不同受教育程度的自我接纳差异显著（$F=38.67$，$p<0.001$）。其中，个人成长维度的差异最大，而自我接纳的差异最小。LSD 事后检验的结果显示，整体上讲，大学本科（含在读）和研究生（含在读）及以上受教育程度的个体在各个维度上的得分均显著高于其他受教育程度的个体。

方差分析的结果显示，不同受教育程度的抑郁差异显著（$F=214.10$，

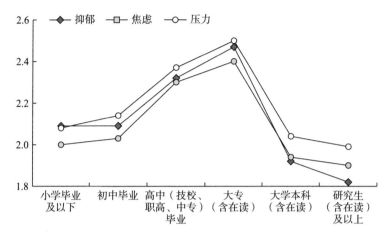

图 1 - 10　不同受教育程度的心理健康消极部分

$p < 0.001$），不同受教育程度的焦虑差异显著（$F = 174.37$，$p < 0.001$），不同受教育程度的压力差异显著（$F = 177.04$，$p < 0.001$）。LSD 事后检验的结果显示，大学本科（含在读）和研究生（含在读）及以上受教育程度的个体在各个维度上的得分均显著低于其他受教育程度的个体，高中（技校、职高、中专）毕业和大专（含在读）受教育程度的个体在各个维度上的得分均显著高于其他受教育程度的个体。

4. 不同月收入的心理健康概况

根据个体的月收入，分为 1000 元及以下、1001～3000 元、3001～5000 元、5001～7000 元、7001～10000 元、10001～15000 元、15001～30000 元、30000 元以上，不同月收入个体的心理健康状况如表 1 - 11 及图 1 - 11、图 1 - 12 所示。

表 1 - 11　不同月收入的心理健康

心理健康		1	2	3	4	5	6	7	8
积极部分	自主性	3.60	3.58	3.60	3.71	3.84	3.89	3.98	4.07
	环境控制	3.72	3.69	3.65	3.81	4.00	4.03	4.12	4.15
	个人成长	4.15	4.04	3.83	3.98	4.15	4.21	4.28	4.19
	积极关系	3.98	3.96	3.86	4.02	4.19	4.22	4.28	4.29
	人生目标	3.90	3.79	3.69	3.83	4.01	4.05	4.00	4.14
	自我接纳	3.68	3.59	3.65	3.74	3.87	3.92	3.93	4.10

续表

心理健康		1	2	3	4	5	6	7	8
消极部分	抑郁	2.10	2.16	2.41	2.19	1.95	1.91	1.91	2.00
	焦虑	2.07	2.12	2.34	2.19	1.97	1.96	1.96	2.04
	压力	2.15	2.21	2.46	2.28	2.06	2.06	2.11	2.12

注：1 表示 1000 元及以下（$N = 568$），2 表示 1001~3000 元（$N = 858$），3 表示 3001~5000 元（$N = 2505$），4 表示 5001~7000 元（$N = 1824$），5 表示 7001~10000 元（$N = 943$），6 表示 10001~15000 元（$N = 489$），7 表示 15001~30000 元（$N = 181$），8 表示 30000 元以上（$N = 71$）。

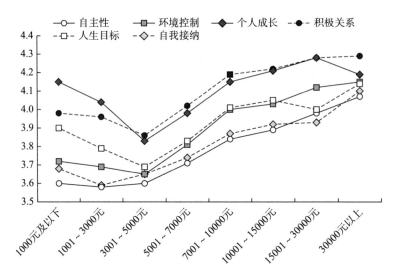

图 1-11　不同月收入的心理健康积极部分

　　方差分析的结果显示，不同月收入的自主性差异显著（$F = 45.73$，$p < 0.001$），不同月收入的环境控制差异显著（$F = 51.12$，$p < 0.001$），不同月收入的个人成长差异显著（$F = 40.33$，$p < 0.001$），不同月收入的积极关系差异显著（$F = 35.30$，$p < 0.001$），不同月收入的人生目标差异显著（$F = 35.18$，$p < 0.001$），不同月收入的自我接纳差异显著（$F = 28.59$，$p < 0.001$）。其中，环境控制维度的差异最大，而自我接纳的差异最小。LSD事后检验的结果显示，整体来讲，1000 元及以下和 1001~3000 元的个体得分略高于 3001~5000 元和 5001~7000 元的个体，而从 3001~5000 元开始，基本呈现收入越高，心理健康积极部分得分越高的趋势。

　　方差分析的结果显示，不同月收入的抑郁差异显著（$F = 65.10$，$p < 0.001$），不同月收入的焦虑差异显著（$F = 50.38$，$p < 0.001$），不同月收入

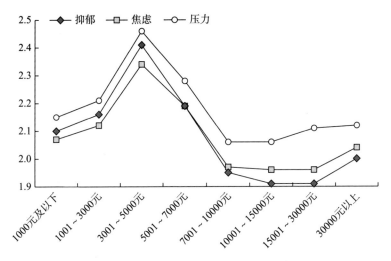

图 1 – 12 不同月收入的心理健康消极部分

的压力差异显著（$F = 59.70$，$p < 0.001$）。LSD 事后检验的结果显示，月收入为 3001~5000 元和 5001~7000 元的个体得分显著高于其他各组，收入为 7001~10000 元、10001~15000 元、15001~30000 元和 30000 元以上的个体得分显著低于其他各组。

四 讨论

（一）心理健康的整体状况

整体来讲，被调查民众的心理健康状况良好，对于积极部分，个人成长和积极关系维度得分较高，说明大多数个体认为自己在不断成长和发展的过程中，对新鲜事物保持好奇，并且拥有较好的人际关系，能够从身边的朋友、亲人那里获得温暖的感受。对于消极部分，抑郁、焦虑和压力三种消极状态的得分分布略有差异，本样本中压力的平均得分最高，抑郁次之，焦虑最低。整体来讲，压力与一般评估的心理健康消极状态不同，它并不属于病理范围，而是更加普遍存在的一种消极状态。压力感的产生可以来源于生活的各个方面，个体自己的工作、学习压力，与亲人或爱人的亲密关系，家人的健康状况，赡养老人、抚养子女，等等。压力感会伴随着应激事件的解决而逐渐消退，但是长时间在压力感之下，会对身体产生较为严重的影响，如心脏病、糖尿病、肥胖等。所以在关注一般的心理问题时，也应该关注压力感的影响，警惕其对身心健康的影响。在三种消极状态中，得分最低的是焦虑。这是一种指向未来而不是当下的情绪，反映个体对未来的掌控感、有多恐惧有不可控的事情发生。本研究积极部分和消极部分的相关分析结果也表明，焦虑与环境控制达到了中等程度的负相关，表明越能掌控环境的个体，其焦虑水平越低。除此之外，抑郁与环境控制、个人成长、积极关系和人生目标达到了较高水平的负相关，这与 Ryff（1989）的研究有相似之处，都发现了抑郁与环境控制和人生目标的较高水平负相关。而在 Ryff（1989）的研究中，抑郁还与自我接纳呈现较高水平的负相关，在本研究中，抑郁与自我接纳的负相关程度只是中等，与积极关系的负相关程度更高，这可能与中西方文化差异中的集体主义和个人主义有关。本样本中的个体，如果与亲友的关系较差，则更可能体会到高水平的抑郁状态。

（二）不同层面的心理健康状况

从地域和经济发展水平的角度来看，个体的心理健康状况也存在一定的差异。东北地区个体的心理健康状况较好，一线城市和三线城市个体的心理健康状况较好。地域对心理健康的影响可能与天气气候、自然条件、民风文化等因素有关，而经济发展水平的影响则与个体所在城市心理健康知识普及的情况、心理健康辅导的资源分配水平等因素有关。

从个体层面来说，女性的心理健康水平高于男性，尤其表现在环境控制、个人成长、积极关系和人生目标维度上，说明女性更加能够适应环境、更加在意自我的发展、更能感受到亲密关系的和谐，并且更加明确人生的目标。整体来讲，不同出生年代的个体其心理健康积极部分的趋势并没有特别明显，唯有 90 后个体的得分较为突出。而 70 后和 80 后的心理健康消极部分得分较高，表明个体处于中年时期时，其消极情绪状态的体验更多，尤其是压力感。在受教育程度方面，大学本科和大专形成了一个较为明显的分水岭，受教育程度在大专（含在读）及以下的个体，其心理健康的积极部分和消极部分的表现均差于受教育程度在大学本科（含在读）及以上的个体，这与各高校现在组织的各种心理健康普及教育活动有关，如每年的"5·25 大学生心理健康节"上，各大高校采用各种形式宣传普及心理健康知识。而在个体月收入方面，其分水岭则在 5001～7000 元和 7001～10000 元之间，月收入在 7000 元及以下的个体，其心理健康的积极部分和消极部分表现均差于收入在 7000 元以上的个体。更高的月收入表明个体有更高的经济水平来负担心理健康服务，如个体心理咨询等。目前社会上的个体心理咨询价格在每小时 200～2000 元不等，主要受到城市消费水平、咨询师资历等因素影响。目前心理咨询没有纳入医疗保险或商业保险的覆盖范围，所以对于有心理健康风险的个体来说，是否有足够高的收入决定了个体是否有能力支付心理咨询的费用，进而影响了心理健康的整体情况。

第二节 美好生活需要对心理健康的影响

一 引言

党的十九大报告明确指出，当前社会的主要矛盾是"人民日益增长的美好生活需要和不平衡不充分的发展之间的矛盾"，不平衡不充分的发展带来一些社会问题。而这些问题需要通过社会治理来解决，党的十九大报告因此提出"加强社会心理服务体系建设，培育自尊自信、理性平和、积极向上的社会心态"，把社会心态服务体系建设作为社会治理的重要内容。而民众的心理健康问题，和社会心态的培育息息相关。国家卫生计生委疾病预防控制局为了贯彻落实《"健康中国 2030"规划纲要》及《全国精神卫生工作规划（2015—2020 年）》，在 2016 年 12 月联合 21 个部门发布了《关于加强心理健康服务的指导意见》，安排部署了心理健康服务的工作细节和工作目标。2018 年 11 月，国家卫生健康委和中央政法委牵头印发了《全国社会心理服务体系建设试点工作方案》，着重将民众心理健康服务融合到社会心理服务的整体体系内，也充分表明了党和国家对民众心理健康的重视。

在针对心理健康的研究中，国内学者主要集中在特定标准划分下不同人群的心理健康，如特定年龄群体的心理健康，包括青少年群体、成年早期群体、老年人群体等；一些职业人群的心理健康，如教师、军人、医务人员等；社会关注的特定人群的心理健康，如留守儿童、农民工、空巢老人等。这些研究除了描述现状以外，还探究了相应的影响机制以及论述了如何更好地开展心理健康教育等。除了这些个体层面的研究之外，只有非常少的研究和论述涉及社会层面。梁樱（2013）在《社会学研究》上发表了题为《心理健康的社会学视角——心理健康社会学综述》的综述文章，首次将"心理健康社会学"（Sociology of Mental Health）的概念引入国内学术界。心理健康社会学试图从社会结构的角度理解心理健康的问题，有学

者认为社会分层导致社会资源、地位和权力的分层，而这最终反映在社会
个体的主观心理层面，造成个体在心理健康问题上也出现相应的分层（Mi-
rowsky and Ross，2003）。除了个体本身具有的社会属性以外，个体对社会
的态度即社会心态也会影响个体的心理健康（王俊秀，2015a），如个体拥
有理性平和的社会心态则更倾向于相信社会未来的发展会更好，那么即使
在当下遇到一些压力，也会努力克服当前的压力，而不会过分产生消极的
情绪进而影响心理健康。

在以往需要满足影响心理健康的研究中，已经发现基本需要得到满
足时，个体的心理健康水平会更高，也更容易与他人建立良好的关系，
同时也会体验到更强的生活意义感，以及更多的积极情绪（张欣欣、张
卫东，2012）。基本需要的满足还与自杀、抑郁和问题行为等存在负相关
关系（Britton et al.，2015）。基本心理需要未被满足时，或基本心理需
要的满足受到阻碍时，个体就会集中在自己的需要上，而不会去关注周
围的环境，这样就可能会导致个体遵循外在的规则，进而使个体的行为
变得不协调，缺乏动机，个体甚至会做出反社会的行为（Deci and Ryan，
2000）。

那么美好生活需要对于心理健康的影响又是如何的呢？本研究将通过
问卷调查的方式，分别调查个体对各项美好生活需要的重要性评价以及以
消极情绪状态为指标的心理健康状态，以考察美好生活需要对心理健康的
影响。

二 研究方法

（一）样本选取

本次研究的数据来自两次全国范围的线上调查，分别为美好生活需要
调查和心理健康调查。美好生活需要调查的时间为 2019 年 1 月 9 日至 2019
年 2 月 28 日，心理健康调查的时间为 2018 年 7 月 18 日至 2019 年 3 月 5
日。由于两次调查使用的平台相同，调查时间有重合，所以有部分个体同
时完成了两次调查。

本次调查是通过智媒云图研发的问卷调研 App "问卷宝"，向在线样
本库的全国用户（约 110 万人，覆盖全国 346 个地级城市）推送问卷，
再通过用户分享问卷的方式进行滚雪球式发放。问卷收回后，课题组依
据陷阱题、答题完成情况等对问卷进行筛选，并使用平台提供的 ID 筛出

同时完成美好生活需要调查和心理健康调查的个体，作为本次研究的样本人群。有效完成美好生活需要调查的样本量为 9130 个，有效完成心理健康调查的样本量为 7484 个，同时有效完成两次调查的成人样本量为 4276 个。其中，男性为 2973 人（69.5%），女性为 1303 人（30.5%），年龄范围是 19~70 岁，平均年龄为 30.2±7.4 岁。具体的样本分布情况如表 1–12 所示。

表 1–12　样本分布情况描述（N = 4276）

单位：个，%

变量	类别	样本量	占比
性别	男性	2973	69.5
	女性	1303	30.5
出生年代	60 前	44	1.0
	60 后	97	2.2
	70 后	303	7.1
	80 后	2198	51.4
	90 后	1634	38.2
受教育程度	小学毕业及以下	32	0.7
	初中毕业	149	3.5
	高中（技校、职高、中专）毕业	632	14.8
	大专（含在读）	1737	40.6
	大学本科（含在读）	1511	35.3
	研究生（含在读）及以上	215	5.0

（二）测量工具

1. 美好生活需要

本研究中采用了中国社会科学院社会心理学研究中心编制的《美好生活需要量表》，该量表采用 18 道题目来测量个体对美好生活中国家社会、家庭关系和个人物质三个方面需要的重要性评价，测量采用李克特式 11 点计分，要求被试根据自己理想中的美好生活评定每个条目的"重要程度"（1 = "非常不重要"，11 = "非常重要"）。样题包括"世界的和平""家人团圆""有钱花"。在本研究中，总量表（18 条目）内部一致性信度为 0.970，国家社会维度（8 条目）内部一致性信度为 0.960，家庭关系维度（5 条目）内部一致性信度为 0.898，个人物质维度（5 条目）内部一致性信度为 0.920。

2. 心理健康

心理健康部分的测量与第一节一样，采用的是 Henry 和 Crawford（2005）编制的短版《抑郁、焦虑、压力量表》（Depression Anxiety Stress Scales）。在本研究中，总量表的内部一致性信度为 0.963，抑郁分量表的内部一致性信度为 0.917，焦虑分量表的内部一致性信度为 0.893，压力分量表的内部一致性信度为 0.893。

3. 人口学变量

本研究中还调查了个体的性别、出生年份和受教育程度三种人口学变量。为了进一步在回归分析中使用这些人口学变量，本研究做了相应的数据处理。使用调查年份 2018 减去个体报告的出生年份作为个体的年龄。通过年数估算，将受教育程度转化为受教育年限，小学毕业及以下为 6 年、初中毕业为 9 年、高中（技校、职高、中专）毕业为 12 年、大专（含在读）为 14 年、大学本科（含在读）为 16 年、研究生（含在读）及以上为 19 年。

（三）统计分析

本研究采用 SPSS 21.0 统计分析软件对数据进行分析，主要分析方法包括描述统计、相关分析、回归分析等。

三　研究结果

（一）美好生活需要和心理健康的整体情况

本次调查中美好生活需要中国家社会、家庭关系和个人物质三个维度的均值、标准差及百分位得分如表 1-13 所示。

表 1-13　美好生活需要得分概况

项目	国家社会	家庭关系	个人物质
样本量	4276	4276	4276
均值	9.49	9.50	9.10
标准差	1.33	1.31	1.39
最小值	1.00	1.40	1.00
最大值	11.00	11.00	11.00
10%得分	8.00	8.00	7.60
20%得分	8.63	8.60	8.20

续表

项目	国家社会	家庭关系	个人物质
30%得分	9.00	9.00	8.60
40%得分	9.13	9.20	9.00
50%得分	9.63	9.60	9.20
60%得分	10.00	10.00	9.40
70%得分	10.38	10.40	9.80
80%得分	10.88	10.80	10.20
90%得分	11.00	11.00	10.80

美好生活需要量表的得分区间为 1~11 分，6 分为中间值。从表 1-13 可以看出，整体来讲，个体评价美好生活各个方面的重要程度均较高，都大于 9 分，其中国家社会维度和家庭关系维度的分数高于个人物质维度的重要性评分。百分位得分表示整个样本群体从低分到高分排序，在每整十百分位的得分情况。从表 1-13 可以看出，从低到高排序中，排名前 10% 的个体已经在各个维度的重要性评价上给出了 8 分左右的高分。而在得分最高的 10% 中，个体在国家社会维度和家庭关系维度上已经给出了最高分 11 分的重要性评价。

在本次调查中，心理健康部分抑郁、焦虑、压力三种消极情绪状态的均值、标准差及百分位得分如表 1-14 所示。

表 1-14 心理健康得分概况

项目	抑郁	焦虑	压力
样本量	4276	4276	4276
均值	2.22	2.19	2.30
标准差	0.73	0.65	0.65
最小值	1.00	1.00	1.00
最大值	4.00	4.00	4.00
10%得分	1.14	1.29	1.29
20%得分	1.43	1.57	1.71
30%得分	1.71	1.86	1.87
40%得分	2.00	2.00	2.14
50%得分	2.29	2.29	2.29
60%得分	2.57	2.57	2.57

续表

项目	抑郁	焦虑	压力
70% 得分	2.86	2.71	2.86
80% 得分	3.00	2.86	3.00
90% 得分	3.14	3.00	3.00

心理健康量表的得分区间为 1 ~ 4 分，其中 2.5 分为中间值。从表 1 - 14 可以看出，整体来讲，个体评价消极情绪状态的符合程度较低，都低于 2.5 分，说明整体的心理健康状态还是良好的。百分位得分表示整个样本群体从低分到高分排序，在每整十百分位的得分情况。从表 1 - 14 可以看出，从低到高排序中，排名前 10% 的个体在三种消极情绪状态上的符合程度较低，只比最低分 1 分高出一点点，而排名在 60% 的个体评分才超过中间值，说明 60% 的个体认为自己在三种消极情绪状态上的符合程度都偏向于不符合的一端，三种消极情绪状态排名 90% 的个体得分在 3 分或刚过 3 分，说明仅有 10% 的个体认为自己在三种消极情绪状态上的符合程度超过"比较符合"。

下面使用 Pearson 相关分析考察美好生活需要中国家社会、家庭关系、个人物质三个维度和抑郁、焦虑、压力三种消极情绪状态的关系，如表 1 - 15 所示。

表 1 - 15 美好生活需要与心理健康的相关分析

维度	国家社会	家庭关系	个人物质	抑郁	焦虑	压力
国家社会	1					
家庭关系	0.841**	1				
个人物质	0.788**	0.771**	1			
抑郁	- 0.353**	- 0.366**	- 0.203**	1		
焦虑	- 0.340**	- 0.346**	- 0.184**	0.874**	1	
压力	- 0.343**	- 0.339**	- 0.197**	0.877**	0.889**	1

$^{*}p < 0.05$，$^{**}p < 0.01$，$^{***}p < 0.001$，下同。

从表 1 - 15 可以看出，美好生活需要的三个维度和三种消极情绪状态之间都是显著的负相关关系，其中抑郁、焦虑、压力和国家社会维度、家庭关系维度呈现中等相关，与个人物质维度呈现弱相关。相关分析的结果说明，个体对美好生活需要的国家社会、家庭关系和个人物质方面的各个条目重要性评价越高，个体的抑郁、焦虑和压力的消极情绪状态越弱。

（二）美好生活需要对心理健康的整体影响

为了考察美好生活需要对心理健康的影响，本研究将使用分层回归分析，在第一层自变量中加入性别、年龄、受教育年限，第二层自变量中加入美好生活需要的国家社会、家庭关系和个人物质三个维度，以抑郁、焦虑和压力分别作为因变量，以此考察控制人口学变量之后美好生活需要对心理健康的影响。因变量为抑郁的回归分析结果如表1-16所示。

表1-16 美好生活需要对抑郁的回归分析

模型		非标准化系数		标准化系数	t	Sig.
		B	标准误	Beta		
1	常数	3.78	0.10		39.03	0.00
	性别	-0.39	0.02	-0.25	-17.02	0.00
	年龄	-0.01	0.00	-0.05	-3.21	0.00
	受教育年限	-0.06	0.01	-0.18	-12.12	0.00
2	常数	5.48	0.11		48.26	0.00
	性别	-0.31	0.02	-0.19	-14.34	0.00
	年龄	-0.01	0.00	-0.07	-5.23	0.00
	受教育年限	-0.06	0.01	-0.17	-12.62	0.00
	国家社会	-0.15	0.02	-0.28	-10.39	0.00
	家庭关系	-0.18	0.01	-0.32	-12.15	0.00
	个人物质	0.15	0.01	0.28	12.31	0.00

从表1-16可以看出，第一层单独加入人口学变量时，性别、年龄、受教育年限对抑郁的影响达到显著性水平，其中性别、年龄、受教育年限均为负向影响，表明：女性的抑郁程度低于男性；年龄越大，抑郁程度越低；受教育年限越长，抑郁程度越低。从标准化系数Beta来比较，性别对抑郁的影响最大，受教育年限次之，年龄对抑郁的影响最小。第一层模型可以解释因变量总变异的9.9%（$R^2=0.099$），模型可以显著解释因变量（$F=158.45，p<0.001$）。在第二层加入美好生活需要的三个维度后，人口学变量性别、年龄、受教育年限对抑郁的影响达到显著性水平，美好生活需要中国家社会、家庭关系和个人物质维度对抑郁的影响达到显著性水平。其中，人口学变量的影响均为负向，表明：女性的抑郁程度低于男性；年

龄越大，抑郁程度越低；受教育年限越长，抑郁程度越低。而三种美好生活需要中国家社会维度和家庭关系维度的影响为负向，个人物质维度的影响为正向，表明：个体评价国家社会方面的美好生活需要重要性越高，体验的抑郁程度越低；个体评价家庭关系方面的美好生活需要重要性越高，体验的抑郁程度越低；个体评价个人物质方面的美好生活需要重要性越高，体验的抑郁程度越高。从标准化系数 Beta 来比较，美好生活需要中三种需要重要性对抑郁的影响几乎相等，绝对值都在 0.3 左右。第二层模型整体可以解释因变量总变异的 24.2% （$R^2 = 0.242$），模型可以显著解释因变量（$F = 228.52$，$p < 0.001$）。加入美好生活需要的三个维度后，解释因变量的变异增加了 14.3 个百分点（$\Delta R^2 = 0.143$），并且这个变异的增加量达到了显著性水平（$F_{change} = 268.79$，$p < 0.001$）。

在第一层自变量中加入性别、年龄、受教育年限，第二层自变量中加入美好生活需要的国家社会、家庭关系和个人物质三个维度，以焦虑为因变量的回归分析结果如表 1 – 17 所示。

表 1 – 17　美好生活需要对焦虑的回归分析

模型		非标准化系数		标准化系数	t	Sig.
		B	标准误	Beta		
1	常数	3.48	0.09		39.66	0.00
	性别	− 0.32	0.02	− 0.23	− 15.42	0.00
	年龄	− 0.01	0.00	− 0.07	− 4.38	0.00
	受教育年限	− 0.05	0.01	− 0.16	− 10.27	0.00
2	常数	4.95	0.10		47.80	0.00
	性别	− 0.25	0.02	− 0.17	− 12.67	0.00
	年龄	− 0.01	0.00	− 0.09	− 6.49	0.00
	受教育年限	− 0.05	0.00	− 0.15	− 10.61	0.00
	国家社会	− 0.15	0.01	− 0.31	− 11.24	0.00
	家庭关系	− 0.15	0.01	− 0.29	− 11.06	0.00
	个人物质	0.14	0.01	0.30	12.97	0.00

从表 1 – 17 可以看出，第一层单独加入人口学变量时，性别、年龄、受教育年限对焦虑的影响达到显著性水平，其中性别、年龄、受教育年限均为负向影响，表明：女性的焦虑程度低于男性；年龄越大，其焦虑程度越低；

受教育年限越长，焦虑程度越低。从标准化系数 Beta 来比较，性别对焦虑的影响最大，受教育年限次之，年龄的影响最小。第一层模型可以解释因变量总变异的 8.1% （$R^2 = 0.081$），模型可以显著解释因变量（$F = 127.27$，$p < 0.001$）。在第二层加入美好生活需要的三个维度后，人口学变量性别、年龄、受教育年限对焦虑的影响达到显著性水平，美好生活需要中国家社会、家庭关系和个人物质维度对焦虑的影响达到显著性水平。其中，人口学变量的影响均为负向，表明：女性的焦虑程度低于男性；年龄越大，焦虑程度越低；受教育年限越长，焦虑程度越低。而三种美好生活需要中国家社会维度和家庭关系维度的影响为负向，个人物质维度的影响为正向，表明：个体评价国家社会方面的美好生活需要重要性越高，体验的焦虑程度越低；个体评价家庭关系方面的美好生活需要重要性越高，体验的焦虑程度越低；个体评价个人物质方面的美好生活需要重要性越高，体验的焦虑程度越高。从标准化系数 Beta 来比较，美好生活需要中三种需要重要性对焦虑的影响几乎相等，绝对值都在 0.3 左右。第二层模型整体可以解释因变量总变异的 21.9% （$R^2 = 0.219$），模型可以显著解释因变量（$F = 200.80$，$p < 0.001$）。加入美好生活需要的三个维度后，解释因变量的变异增加了 13.8 个百分点（$\Delta R^2 = 0.138$），并且这个变异的增加量达到了显著性水平（$F_{change} = 251.91$，$p < 0.001$）。

在第一层自变量中加入性别、年龄、受教育年限，第二层自变量中加入美好生活需要的国家社会、家庭关系和个人物质三个维度，以压力为因变量的回归分析结果如表 1-18 所示。

表 1-18　美好生活需要对压力的回归分析

模型		非标准化系数		标准化系数	t	Sig.
		B	标准误	Beta		
1	常数	3.50	0.09		40.23	0.00
	性别	-0.34	0.02	-0.24	-16.33	0.00
	年龄	0.00	0.00	-0.04	-2.47	0.01
	受教育年限	-0.05	0.01	-0.15	-9.84	0.00
2	常数	4.94	0.10		47.87	0.00
	性别	-0.27	0.02	-0.19	-13.66	0.00
	年龄	-0.01	0.00	-0.06	-4.37	0.00

续表

模型		非标准化系数		标准化系数	t	Sig.
		B	标准误	Beta		
2	受教育年限	− 0.04	0.00	− 0.14	− 10.12	0.00
	国家社会	− 0.15	0.01	− 0.31	− 11.29	0.00
	家庭关系	− 0.12	0.01	− 0.25	− 9.24	0.00
	个人物质	0.12	0.01	0.26	10.97	0.00

从表 1 - 18 可以看出，第一层单独加入人口学变量时，性别、年龄、受教育年限对压力的影响达到显著性水平，其中性别、年龄、受教育年限均为负向影响，表明：女性的压力程度低于男性；年龄越大，压力程度越低；受教育年限越长，压力程度越低。从标准化系数 Beta 来比较，性别对压力的影响最大，受教育年限次之，年龄的影响最小。第一层模型可以解释因变量总变异的 8.4%（$R^2 = 0.084$），模型可以显著解释因变量（$F = 131.18$，$p < 0.001$）。在第二层加入美好生活需要的三个维度后，人口学变量性别、年龄、受教育年限对压力的影响达到显著性水平，美好生活需要中国家社会、家庭关系和个人物质维度对压力的影响达到显著性水平。其中，人口学变量的影响均为负向，表明：女性的压力程度低于男性；年龄越大，压力程度越低；受教育年限越长，压力程度越低。而三种美好生活需要中国家社会维度和家庭关系维度的影响为负向，个人物质维度的影响为正向，表明：个体评价国家社会方面的美好生活需要重要性越高，体验的压力程度越低；个体评价家庭关系方面的美好生活需要重要性越高，体验的压力程度越低；个体评价个人物质方面的美好生活需要重要性越高，体验的压力程度越高。从标准化系数 Beta 来比较，国家社会对压力的影响最大，家庭关系和个人物质对压力的影响相差不多。第二层模型整体可以解释因变量总变异的 21.0%（$R^2 = 0.210$），模型可以显著解释因变量（$F = 190.00$，$p < 0.001$）。加入美好生活需要的三个维度后，解释因变量的变异增加了 12.6 个百分点（$\Delta R^2 = 0.126$），并且这个变异的增加量达到了显著性水平（$F_{change} = 227.91$，$p < 0.001$）。

（三）不同人群中美好生活需要对心理健康的影响

为了检验不同人口学变量对美好生活需要影响心理健康的调节效应，本研究根据方杰等（2015）的方法使用分层多元回归分析进行检验。为了减少共线性的影响，首先将所有自变量及调节变量进行中心化，然后将自变量和调节变量做乘积作为交互项，最后将自变量、调节变量和交互项分层加入回归方程，通过对 R^2 改变量的检验判断调节效应。

1. 不同性别人群中美好生活需要对心理健康的影响

为了考察不同性别人群中美好生活需要对心理健康的影响，下面将使用回归分析进行性别的调节效应检验，由于性别为二分变量，首先将性别转化为哑变量（1 = 男性，0 = 女性），在第一层中加入性别以及美好生活需要的国家社会、家庭关系和个人物质三个维度，在第二层中加入性别和美好生活需要的国家社会、家庭关系、个人物质三个维度的交互项，以抑郁作为因变量，以此考察性别对美好生活需要影响抑郁的调节作用，回归分析结果如表 1 - 19 所示。

表 1 - 19　性别对美好生活需要影响抑郁的调节效应检验

模型		非标准化系数		标准化系数	t	Sig.
		B	标准误	Beta		
1	常数	1.99	0.02		110.81	0.00
	性别	0.33	0.02	0.21	15.32	0.00
	国家社会	- 0.15	0.02	- 0.27	- 9.74	0.00
	家庭关系	- 0.18	0.02	- 0.33	- 12.45	0.00
	个人物质	0.15	0.01	0.28	12.03	0.00
2	常数	1.97	0.02		108.93	0.00
	性别	0.35	0.02	0.22	16.19	0.00
	国家社会	- 0.09	0.02	- 0.16	- 3.70	0.00
	家庭关系	- 0.10	0.02	- 0.17	- 4.07	0.00
	个人物质	0.07	0.02	0.13	3.35	0.00
	性别 × 国家社会	- 0.09	0.03	- 0.13	- 2.90	0.00
	性别 × 家庭关系	- 0.13	0.03	- 0.18	- 4.16	0.00
	性别 × 个人物质	0.11	0.03	0.17	4.39	0.00

从表 1 - 19 可以看出，第一层单独加入的性别和美好生活需要的国家社会、家庭关系、个人物质三个维度对抑郁的影响均达到显著性水平，其中国家社会和家庭关系为负向影响，性别和个人物质为正向影响，表明：男性的抑郁程度高于女性；个人对国家社会的重要性评分越高，抑郁程度越低；个人对家庭关系的重要性评分越高，抑郁程度越低；个人对个人物质的重要性评分越高，抑郁程度越高。从标准化系数 Beta 来比较，家庭关

系对抑郁的影响最大，国家社会和个人物质次之，性别的影响最小。第一层模型可以解释因变量总变异的 21.3% （$R^2 = 0.213$），模型可以显著解释因变量（$F = 290.36$，$p < 0.001$）。在第二层加入性别和美好生活需要三个维度的交互项之后，性别、三种美好生活需要对抑郁的影响仍达到显著性水平，其中国家社会和家庭关系为负向影响，性别和个人物质为正向影响，表明：男性的抑郁程度高于女性；个人对国家社会的重要性评分越高，抑郁程度越低；个人对家庭关系的重要性评分越高，抑郁程度越低；个人对个人物质的重要性评分越高，抑郁程度越高。相比第一层，第二层中国家社会、家庭关系和个人物质的影响效应均有减少，但性别的影响效应基本不变。而性别×国家社会、性别×家庭关系、性别×个人物质这三个交互项的影响也达到显著性水平，其中性别×国家社会和性别×家庭关系的影响为负向，性别×个人物质的影响为正向，表明：男性的抑郁程度受到国家社会重要性评分的影响小于女性；男性的抑郁程度受到家庭关系重要性评分的影响小于女性；男性的抑郁程度受到个人物质重要性评分的影响大于女性。第二层模型整体可以解释因变量总变异的 22.5% （$R^2 = 0.225$），模型可以显著解释因变量（$F = 178.03$，$p < 0.001$）。加入性别×国家社会、性别×家庭关系、性别×个人物质这三个交互项之后，解释因变量的变异增加了 1.2 个百分点（$\Delta R^2 = 0.012$），并且这个变异的增加量达到了显著性水平（$F_{change} = 22.42$，$p < 0.001$）。

在第一层中加入性别以及美好生活需要的国家社会、家庭关系和个人物质三个维度，在第二层中加入性别和美好生活需要的国家社会、家庭关系、个人物质三个维度的交互项，以焦虑作为因变量，以此考察性别对美好生活需要影响焦虑的调节作用，回归分析结果如表 1-20 所示。

表 1-20　性别对美好生活需要影响焦虑的调节效应检验

模型		非标准化系数		标准化系数	t	Sig.
		B	标准误	Beta		
1	常数	2.01	0.02		122.86	0.00
	性别	0.27	0.02	0.19	13.72	0.00
	国家社会	-0.14	0.01	-0.29	-10.54	0.00
	家庭关系	-0.15	0.01	-0.31	-11.37	0.00
	个人物质	0.14	0.01	0.30	12.65	0.00

续表

模型		非标准化系数		标准化系数	t	Sig.
		B	标准误	Beta		
2	常数	1.99	0.02		120.88	0.00
	性别	0.29	0.02	0.20	14.53	0.00
	国家社会	-0.10	0.02	-0.20	-4.44	0.00
	家庭关系	-0.08	0.02	-0.16	-3.61	0.00
	个人物质	0.08	0.02	0.17	4.19	0.00
	性别 × 国家社会	-0.07	0.03	-0.12	-2.63	0.01
	性别 × 家庭关系	-0.11	0.03	-0.17	-3.90	0.00
	性别 × 个人物质	0.09	0.02	0.15	3.81	0.00

从表1-20可以看出，第一层单独加入的性别和美好生活需要的国家社会、家庭关系、个人物质三个维度对焦虑的影响均达到显著性水平，其中国家社会和家庭关系为负向影响，性别和个人物质为正向影响，表明：男性的焦虑程度高于女性；个人对国家社会的重要性评分越高，焦虑程度越低；个人对家庭关系的重要性评分越高，焦虑程度越低；个人对个人物质的重要性评分越高，焦虑程度越高。从标准化系数 Beta 来比较，美好生活需要中国家社会、家庭关系和个人物质对焦虑的影响较大，性别对焦虑的影响较小。第一层模型可以解释因变量总变异的 19.6%（$R^2 = 0.196$），模型可以显著解释因变量（$F = 260.78$，$p < 0.001$）。在第二层加入性别和美好生活需要三个维度的交互项之后，性别、三种美好生活需要对焦虑的影响仍达到显著性水平，其中国家社会和家庭关系为负向影响，性别和个人物质为正向影响，表明：男性的焦虑程度高于女性；个人对国家社会的重要性评分越高，焦虑程度越低；个人对家庭关系的重要性评分越高，焦虑程度越低；个人对个人物质的重要性评分越高，焦虑程度越高。相比第一层，第二层中国家社会、家庭关系和个人物质的影响效应均有减少，但性别的影响效应基本不变。而性别 × 国家社会、性别 × 家庭关系、性别 × 个人物质这三个交互项的影响也达到显著性水平，其中性别 × 国家社会和性别 × 家庭关系的影响为负向，性别 × 个人物质的影响为正向，表明：男性的焦虑程度受到国家社会重要性评分的影响小于女性；男性的焦虑程度受到家庭关系重要性评分的影响小于女性；男性的焦虑程度受到个人物质重要性评分的影响大于女性。第二层模型整体可以解释因变量总变异的

20.7% （$R^2 = 0.207$），模型可以显著解释因变量（$F = 159.61$，$p < 0.001$）。加入性别×国家社会、性别×家庭关系、性别×个人物质这三个交互项之后，解释因变量的变异增加了1.1个百分点（$\Delta R^2 = 0.011$），并且这个变异的增加量达到了显著性水平（$F_{change} = 20.07$，$p < 0.001$）。

在第一层中加入性别以及美好生活需要的国家社会、家庭关系和个人物质三个维度，在第二层中加入性别和美好生活需要的国家社会、家庭关系、个人物质三个维度的交互项，以压力作为因变量，以此考察性别对美好生活需要影响压力的调节作用，回归分析结果如表1-21所示。

表1-21　性别对美好生活需要影响压力的调节效应检验

模型		非标准化系数		标准化系数	t	Sig.
		B	标准误	Beta		
1	常数	2.10	0.02		129.52	0.00
	性别	0.28	0.02	0.20	14.53	0.00
	国家社会	-0.15	0.01	-0.30	-10.79	0.00
	家庭关系	-0.13	0.01	-0.26	-9.54	0.00
	个人物质	0.12	0.01	0.26	10.79	0.00
2	常数	2.08	0.02		127.55	0.00
	性别	0.30	0.02	0.21	15.42	0.00
	国家社会	-0.09	0.02	-0.19	-4.32	0.00
	家庭关系	-0.05	0.02	-0.10	-2.25	0.02
	个人物质	0.05	0.02	0.11	2.73	0.01
	性别×国家社会	-0.08	0.03	-0.13	-2.97	0.00
	性别×家庭关系	-0.11	0.03	-0.18	-4.15	0.00
	性别×个人物质	0.10	0.02	0.16	4.24	0.00

从表1-21可以看出，第一层单独加入的性别和美好生活需要的国家社会、家庭关系、个人物质三个维度对压力的影响均达到显著性水平，其中国家社会和家庭关系为负向影响，性别和个人物质为正向影响，表明：男性的压力程度高于女性；个人对国家社会的重要性评分越高，压力程度越低；个人对家庭关系的重要性评分越高，压力程度越低；个人对个人物质的重要性评分越高，压力程度越高。从标准化系数 Beta 来比较，国家社会对压力的影响最大，家庭关系和个人物质的影响次之，性别影响最小。第一层模型可以解释因变量总变异的19.1%（$R^2 = 0.191$），模型可以显著解释因变量（$F =$

252.05，$p < 0.001$）。在第二层加入性别和美好生活需要三个维度的交互项之后，性别、三种美好生活需要对压力的影响仍达到显著性水平，其中国家社会和家庭关系为负向影响，性别和个人物质为正向影响，表明：男性的压力程度高于女性；个人对国家社会的重要性评分越高，压力程度越低；个人对家庭关系的重要性评分越高，压力程度越低；个人对个人物质的重要性评分越高，压力程度越高。相比第一层，第二层中国家社会、家庭关系和个人物质的影响效应均有减少，但性别的影响效应基本不变。而性别×国家社会、性别×家庭关系、性别×个人物质这三个交互项的影响也达到显著性水平，其中性别×国家社会和性别×家庭关系的影响为负向，性别×个人物质的影响为正向，表明：男性的压力程度受到国家社会重要性评分的影响小于女性；男性的压力程度受到家庭关系重要性评分的影响小于女性；男性的压力程度受到个人物质重要性评分的影响大于女性。第二层模型整体可以解释因变量总变异的20.4%（$R^2 = 0.204$），模型可以显著解释因变量（$F = 156.37$，$p < 0.001$）。加入性别×国家社会、性别×家庭关系、性别×个人物质这三个交互项之后，解释因变量的变异增加了1.3个百分点（$\Delta R^2 = 0.013$），并且这个变异的增加量达到了显著性水平（$F_{change} = 23.47$，$p < 0.001$）。

2. 不同年龄人群中美好生活需要对心理健康的影响

为了考察不同年龄人群中美好生活需要对心理健康的影响，下面将使用回归分析进行年龄的调节效应检验，在第一层中加入年龄以及美好生活需要的国家社会、家庭关系和个人物质三个维度，在第二层中加入年龄和美好生活需要的国家社会、家庭关系、个人物质三个维度的交互项，以抑郁作为因变量，以此考察年龄对美好生活需要影响抑郁的调节作用，回归分析结果如表1－22所示。

表1－22 年龄对美好生活需要影响抑郁的调节效应检验

模型		非标准化系数		标准化系数	t	Sig.
		B	标准误	Beta		
1	常数	2.22	0.01		219.89	0.00
	年龄	-0.01	0.00	-0.05	-3.64	0.00
	国家社会	-0.16	0.02	-0.30	-10.64	0.00
	家庭关系	-0.19	0.02	-0.35	-12.70	0.00
	个人物质	0.16	0.01	0.30	12.51	0.00

续表

模型		非标准化系数		标准化系数	t	Sig.
		B	标准误	Beta		
2	常数	2.22	0.01		219.48	0.00
	年龄	-0.01	0.00	-0.05	-3.50	0.00
	国家社会	-0.17	0.02	-0.31	-10.93	0.00
	家庭关系	-0.19	0.02	-0.34	-12.59	0.00
	个人物质	0.16	0.01	0.31	12.80	0.00
	年龄×国家社会	0.00	0.00	-0.03	-1.10	0.27
	年龄×家庭关系	0.00	0.00	-0.03	-1.05	0.29
	年龄×个人物质	0.01	0.00	0.09	3.40	0.00

从表1-22可以看出，第一层单独加入的年龄和美好生活需要的国家社会、家庭关系、个人物质三个维度对抑郁的影响均达到显著性水平，其中年龄、国家社会和家庭关系为负向影响，个人物质为正向影响，表明：年龄越大，抑郁程度越低；个人对国家社会的重要性评分越高，抑郁程度越低；个人对家庭关系的重要性评分越高，抑郁程度越低；个人对个人物质的重要性评分越高，抑郁程度越高。从标准化系数Beta来比较，家庭关系对抑郁的影响最大，国家社会和个人物质的影响次之，年龄影响最小。第一层模型可以解释因变量总变异的17.3%（$R^2 = 0.173$），模型可以显著解释因变量（$F = 223.61$，$p < 0.001$）。在第二层加入年龄和美好生活需要三个维度的交互项之后，年龄、三种美好生活需要对抑郁的影响仍达到显著性水平，其中年龄、国家社会和家庭关系为负向影响，个人物质为正向影响，表明：年龄越大，抑郁程度越低；个人对国家社会的重要性评分越高，抑郁程度越低；个人对家庭关系的重要性评分越高，抑郁程度越低；个人对个人物质的重要性评分越高，抑郁程度越高。相比第一层，第二层中国家社会、家庭关系和个人物质的影响效应基本不变，年龄的影响效应基本不变。而年龄×国家社会、年龄×家庭关系、年龄×个人物质三个交互项中，只有年龄×个人物质的影响达到显著性水平，并且为正向，表明：年龄越大的个体，其抑郁程度受到个人物质重要性评分的影响越大。第二层模型整体可以解释因变量总变异的17.6%（$R^2 = 0.176$），模型可以显著解释因变量（$F = 129.82$，$p < 0.001$）。加入年龄×国家社会、年龄×家庭关系、年龄×个人物质这三个交互项之后，解释因变量的变异增加了0.3个百

分点（$\Delta R^2 = 0.003$），并且这个变异的增加量达到了显著性水平（$F_{change} = 4.11$，$p < 0.01$）。

　　在第一层中加入年龄以及美好生活需要的国家社会、家庭关系和个人物质三个维度，在第二层中加入年龄和美好生活需要的国家社会、家庭关系、个人物质三个维度的交互项，以焦虑作为因变量，以此考察年龄对美好生活需要影响焦虑的调节作用，回归分析结果如表1-23所示。

表1-23　年龄对美好生活需要影响焦虑的调节效应检验

模型		非标准化系数		标准化系数	t	Sig.
		B	标准误	Beta		
1	常数	2.20	0.01		240.58	0.00
	年龄	-0.01	0.00	-0.07	-5.23	0.00
	国家社会	-0.16	0.01	-0.33	-11.50	0.00
	家庭关系	-0.16	0.01	-0.32	-11.64	0.00
	个人物质	0.15	0.01	0.32	13.20	0.00
2	常数	2.19	0.01		240.21	0.00
	年龄	-0.01	0.00	-0.07	-5.03	0.00
	国家社会	-0.17	0.01	-0.34	-11.81	0.00
	家庭关系	-0.16	0.01	-0.32	-11.54	0.00
	个人物质	0.15	0.01	0.33	13.52	0.00
	年龄×国家社会	0.00	0.00	-0.03	-1.13	0.26
	年龄×家庭关系	0.00	0.00	-0.04	-1.45	0.15
	年龄×个人物质	0.01	0.00	0.10	3.84	0.00

　　从表1-23可以看出，第一层单独加入的年龄和美好生活需要的国家社会、家庭关系、个人物质三个维度对焦虑的影响均达到显著性水平，其中年龄、国家社会和家庭关系为负向影响，个人物质为正向影响，表明：年龄越大，焦虑程度越低；个人对国家社会的重要性评分越高，焦虑程度越低；个人对家庭关系的重要性评分越高，焦虑程度越低；个人对个人物质的重要性评分越高，焦虑程度越高。从标准化系数Beta来比较，国家社会、家庭关系和个人物质对焦虑的影响都较大，年龄的影响较小。第一层模型可以解释因变量总变异的16.6%（$R^2 = 0.166$），模型可以显著解释因变量（$F = 212.89$，$p < 0.001$）。在第二层加入年龄和美好生活需要三个维度的交互项之后，年龄、三种美好生活需要对焦虑的影响仍达到显著性水平，其中年龄、国家社

会和家庭关系为负向影响，个人物质为正向影响，表明：年龄越大，焦虑程度越低；个人对国家社会的重要性评分越高，焦虑程度越低；个人对家庭关系的重要性评分越高，焦虑程度越低；个人对个人物质的重要性评分越高，焦虑程度越高。相比第一层，第二层中国家社会、家庭关系和个人物质的影响效应基本不变，年龄的影响效应基本不变。而年龄×国家社会、年龄×家庭关系、年龄×个人物质三个交互项中，只有年龄×个人物质的影响达到显著性水平，并且为正向，表明：年龄越大的个体，其焦虑程度受到个人物质重要性评分的影响越大。第二层模型整体可以解释因变量总变异的16.9%（$R^2 = 0.169$），模型可以显著解释因变量（$F = 124.17$，$p < 0.001$）。加入年龄×国家社会、年龄×家庭关系、年龄×个人物质这三个交互项之后，解释因变量的变异增加了0.3个百分点（$\Delta R^2 = 0.003$），并且这个变异的增加量达到了显著性水平（$F_{change} = 5.06$，$p < 0.01$）。

在第一层中加入年龄以及美好生活需要的国家社会、家庭关系和个人物质三个维度，在第二层中加入年龄和美好生活需要的国家社会、家庭关系、个人物质三个维度的交互项，以压力作为因变量，以此考察年龄对美好生活需要影响压力的调节作用，回归分析结果如表1－24所示。

表1－24　年龄对美好生活需要影响压力的调节效应检验

模型		非标准化系数		标准化系数	t	Sig.
		B	标准误	Beta		
1	常数	2.30	0.01		252.59	0.00
	年龄	0.00	0.00	− 0.05	− 3.30	0.00
	国家社会	− 0.16	0.01	− 0.33	− 11.61	0.00
	家庭关系	− 0.13	0.01	− 0.27	− 9.87	0.00
	个人物质	0.13	0.01	0.27	11.28	0.00
2	常数	2.30	0.01		252.17	0.00
	年龄	0.00	0.00	− 0.04	− 3.08	0.00
	国家社会	− 0.17	0.01	− 0.34	− 11.90	0.00
	家庭关系	− 0.13	0.01	− 0.27	− 9.78	0.00
	个人物质	0.13	0.01	0.28	11.61	0.00
	年龄×国家社会	0.00	0.00	− 0.03	− 1.17	0.24
	年龄×家庭关系	0.00	0.00	− 0.05	− 1.51	0.13
	年龄×个人物质	0.01	0.00	0.10	3.81	0.00

从表 1-24 可以看出，第一层单独加入的年龄和美好生活需要的国家社会、家庭关系、个人物质三个维度对压力的影响均达到显著性水平，其中年龄、国家社会和家庭关系为负向影响，个人物质为正向影响，表明：年龄越大，压力程度越低；个人对国家社会的重要性评分越高，压力程度越低；个人对家庭关系的重要性评分越高，压力程度越低；个人对个人物质的重要性评分越高，压力程度越高。从标准化系数 Beta 来比较，国家社会、家庭关系和个人物质对压力的影响都较大，年龄的影响较小。第一层模型可以解释因变量总变异的 15.3%（$R^2 = 0.153$），模型可以显著解释因变量（$F = 193.10$，$p < 0.001$）。在第二层加入年龄和美好生活需要三个维度的交互项之后，年龄、三种美好生活需要对压力的影响仍达到显著性水平，其中年龄、国家社会和家庭关系为负向影响，个人物质为正向影响，表明：年龄越大，压力程度越低；个人对国家社会的重要性评分越高，压力程度越低；个人对家庭关系的重要性评分越高，压力程度越低；个人对个人物质的重要性评分越高，压力程度越高。相比第一层，第二层中国家社会、家庭关系和个人物质的影响效应基本不变，年龄的影响效应基本不变。而年龄×国家社会、年龄×家庭关系、年龄×个人物质三个交互项中，只有年龄×个人物质的影响达到显著性水平，并且为正向，表明：年龄越大的个体，其压力程度受到个人物质重要性评分的影响越大。第二层模型整体可以解释因变量总变异的 15.6%（$R^2 = 0.156$），模型可以显著解释因变量（$F = 112.74$，$p < 0.001$）。加入年龄×国家社会、年龄×家庭关系、年龄×个人物质这三个交互项之后，解释因变量的变异增加了 0.3 个百分点（$\Delta R^2 = 0.003$），并且这个变异的增加量达到了显著性水平（$F_{change} = 4.90$，$p < 0.01$）。

3. 不同受教育程度人群中美好生活需要对心理健康的影响

为了考察不同受教育程度人群中美好生活需要对心理健康的影响，下面将使用回归分析进行受教育年限的调节效应检验，在第一层中加入受教育年限以及美好生活需要的国家社会、家庭关系和个人物质三个维度，在第二层中加入受教育年限和美好生活需要的国家社会、家庭关系、个人物质三个维度的交互项，以抑郁作为因变量，以此考察受教育年限对美好生活需要影响抑郁的调节作用，回归分析结果如表 1-25 所示。

表 1 – 25　受教育年限对美好生活需要影响抑郁的调节效应检验

模型		非标准化系数		标准化系数	t	Sig.
		B	标准误	Beta		
1	常数	2.22	0.01		223.35	0.00
	受教育年限	-0.06	0.01	-0.17	-12.23	0.00
	国家社会	-0.16	0.02	-0.29	-10.62	0.00
	家庭关系	-0.19	0.02	-0.34	-12.53	0.00
	个人物质	0.15	0.01	0.29	12.42	0.00
2	常数	2.22	0.01		223.13	0.00
	受教育年限	-0.06	0.01	-0.17	-12.10	0.00
	国家社会	-0.16	0.02	-0.29	-10.53	0.00
	家庭关系	-0.19	0.02	-0.34	-12.50	0.00
	个人物质	0.15	0.01	0.29	12.35	0.00
	受教育年限×国家社会	0.01	0.01	0.02	0.81	0.42
	受教育年限×家庭关系	0.00	0.01	0.00	0.00	1.00
	受教育年限×个人物质	-0.01	0.01	-0.03	-1.47	0.14

从表 1 – 25 可以看出，第一层单独加入的受教育年限和美好生活需要的国家社会、家庭关系、个人物质三个维度对抑郁的影响均达到显著性水平，其中受教育年限、国家社会和家庭关系为负向影响，个人物质为正向影响，表明：受教育年限越长，抑郁程度越低；个人对国家社会的重要性评分越高，抑郁程度越低；个人对家庭关系的重要性评分越高，抑郁程度越低；个人对个人物质的重要性评分越高，抑郁程度越高。从标准化系数Beta来比较，家庭关系对抑郁的影响最大，国家社会和个人物质的影响次之，受教育年限影响最小。第一层模型可以解释因变量总变异的 19.9%（$R^2 = 0.199$），模型可以显著解释因变量（$F = 264.69$，$p < 0.001$）。在第二层加入受教育年限和美好生活需要三个维度的交互项之后，受教育年限、三种美好生活需要对抑郁的影响仍达到显著性水平，其中受教育年限、国家社会和家庭关系为负向影响，个人物质为正向影响，表明：受教育年限越长，抑郁程度越低；个人对国家社会的重要性评分越高，抑郁程度越低；个人对家庭关系的重要性评分越高，抑郁程度越低；个人对个人物质的重要性评分越高，抑郁程度越高。相比第一层，第二层中国家社会、家庭关系和个人物质的影响效应基本不变，受教育年限的影响效应基本不变。而

受教育年限×国家社会、受教育年限×家庭关系、受教育年限×个人物质三个交互项影响均不显著，表明三种美好生活需要重要性评分对抑郁的影响不受到受教育年限的调节。第二层模型整体可以解释因变量总变异的 19.9%（$R^2 = 0.199$），模型可以显著解释因变量（$F = 151.60$，$p < 0.001$）。加入受教育年限×国家社会、受教育年限×家庭关系、受教育年限×个人物质这三个交互项之后，解释因变量的变异没有增加（$\Delta R^2 = 0.000$），该变异改变量没有达到显著性水平（$F_{change} = 0.857$，$p = 0.463$）。

在第一层中加入受教育年限以及美好生活需要的国家社会、家庭关系和个人物质三个维度，在第二层中加入受教育年限和美好生活需要的国家社会、家庭关系、个人物质三个维度的交互项，以焦虑作为因变量，以此考察受教育年限对美好生活需要影响焦虑的调节作用，回归分析结果如表1-26所示。

表1-26 受教育年限对美好生活需要影响焦虑的调节效应检验

模型		非标准化系数		标准化系数	t	Sig.
		B	标准误	Beta		
1	常数	2.20	0.01		242.54	0.00
	受教育年限	-0.04	0.00	-0.14	-9.89	0.00
	国家社会	-0.16	0.01	-0.32	-11.30	0.00
	家庭关系	-0.16	0.01	-0.31	-11.48	0.00
	个人物质	0.15	0.01	0.31	12.99	0.00
2	常数	2.20	0.01		242.41	0.00
	受教育年限	-0.04	0.00	-0.14	-9.81	0.00
	国家社会	-0.15	0.01	-0.31	-11.18	0.00
	家庭关系	-0.16	0.01	-0.31	-11.46	0.00
	个人物质	0.15	0.01	0.31	12.90	0.00
	受教育年限×国家社会	0.01	0.01	0.04	1.28	0.20
	受教育年限×家庭关系	0.00	0.01	0.00	-0.03	0.98
	受教育年限×个人物质	-0.01	0.01	-0.05	-2.30	0.02

从表1-26可以看出，第一层单独加入的受教育年限和美好生活需要的国家社会、家庭关系、个人物质三个维度对焦虑的影响均达到显著性水平，其中受教育年限、国家社会和家庭关系为负向影响，个人物质为正向影响，表明：受教育年限越长，焦虑程度越低；个人对国家社会的重要性评分越高，焦虑程度越低；个人对家庭关系的重要性评分越高，焦虑程度越低；个人对

个人物质的重要性评分越高，焦虑程度越高。从标准化系数 Beta 来比较，国家社会、家庭关系和个人物质的影响较大，受教育年限影响较小。第一层模型可以解释因变量总变异的 18.0%（$R^2 = 0.180$），模型可以显著解释因变量（$F = 233.84$，$p < 0.001$）。在第二层加入受教育年限和美好生活需要三个维度的交互项之后，受教育年限、三种美好生活需要对焦虑的影响仍达到显著性水平，其中受教育年限、国家社会和家庭关系为负向影响，个人物质为正向影响，表明：受教育年限越长，焦虑程度越低；个人对国家社会的重要性评分越高，焦虑程度越低；个人对家庭关系的重要性评分越高，焦虑程度越低；个人对个人物质的重要性评分越高，焦虑程度越高。相比第一层，第二层中国家社会、家庭关系和个人物质的影响效应基本不变，受教育年限的影响效应基本不变。而受教育年限×国家社会、受教育年限×家庭关系、受教育年限×个人物质三个交互项中，只有受教育年限×个人物质的影响达到 0.05 的显著性水平，表明：受教育年限越长，个体对个人物质重要性评分对焦虑的影响效应越小。第二层模型整体可以解释因变量总变异的 18.1%（$R^2 = 0.181$），模型可以显著解释因变量（$F = 134.65$，$p < 0.001$）。加入受教育年限×国家社会、受教育年限×家庭关系、受教育年限×个人物质这三个交互项之后，解释因变量的变异增加了 0.1 个百分点（$\Delta R^2 = 0.001$），该变异改变量没有达到显著性水平（$F_{change} = 2.15$，$p = 0.092$）。

在第一层中加入受教育年限以及美好生活需要的国家社会、家庭关系和个人物质三个维度，在第二层中加入受教育年限和美好生活需要的国家社会、家庭关系、个人物质三个维度的交互项，以压力作为因变量，以此考察受教育年限对美好生活需要影响压力的调节作用，回归分析结果如表 1-27 所示。

表 1-27　受教育年限对美好生活需要影响压力的调节效应检验

模型		非标准化系数		标准化系数	t	Sig.
		B	标准误	Beta		
1	常数	2.30	0.01		255.15	0.00
	受教育年限	-0.04	0.00	-0.14	-9.92	0.00
	国家社会	-0.16	0.01	-0.33	-11.57	0.00
	家庭关系	-0.13	0.01	-0.26	-9.68	0.00
	个人物质	0.13	0.01	0.27	11.15	0.00

续表

模型		非标准化系数		标准化系数	t	Sig.
		B	标准误	Beta		
2	常数	2.30	0.01		255.14	0.00
	受教育年限	-0.04	0.00	-0.14	-9.92	0.00
	国家社会	-0.16	0.01	-0.32	-11.45	0.00
	家庭关系	-0.13	0.01	-0.26	-9.63	0.00
	个人物质	0.12	0.01	0.26	11.02	0.00
	受教育年限×国家社会	0.01	0.01	0.06	2.00	0.05
	受教育年限×家庭关系	0.00	0.01	0.00	-0.14	0.89
	受教育年限×个人物质	-0.01	0.01	-0.07	-3.00	0.00

从表 1-27 可以看出，第一层单独加入的受教育年限和美好生活需要的国家社会、家庭关系、个人物质三个维度对压力的影响均达到显著性水平，其中受教育年限、国家社会和家庭关系为负向影响，个人物质为正向影响，表明：受教育年限越长，压力程度越低；个人对国家社会的重要性评分越高，压力程度越低；个人对家庭关系的重要性评分越高，压力程度越低；个人对个人物质的重要性评分越高，压力程度越高。从标准化系数 Beta 来比较，国家社会对压力的影响最大，家庭关系和个人物质的影响次之，受教育年限影响最小。第一层模型可以解释因变量总变异的 17.0%（$R^2 = 0.170$），模型可以显著解释因变量（$F = 218.83$，$p < 0.001$）。在第二层加入受教育年限和美好生活需要三个维度的交互项之后，受教育年限、三种美好生活需要对压力的影响仍达到显著性水平，其中受教育年限、国家社会和家庭关系为负向影响，个人物质为正向影响，表明：受教育年限越长，压力程度越低；个人对国家社会的重要性评分越高，压力程度越低；个人对家庭关系的重要性评分越高，压力程度越低；个人对个人物质的重要性评分越高，压力程度越高。相比第一层，第二层中国家社会、家庭关系和个人物质的影响效应基本不变，受教育年限的影响效应基本不变。而受教育年限×国家社会、受教育年限×家庭关系、受教育年限×个人物质三个交互项中，受教育年限×国家社会的影响达到 0.05 的显著性水平，为正向影响，受教育年限×个人物质的影响达到 0.001 的显著性水平，为负向影响，表明：受教育年限越长，个体对国家社会重要性评分对压力的影响效应越大；受教育年限越长，个体对个人物质重要性评分对压力的影响

效应越小。第二层模型整体可以解释因变量总变异的 17.2%（$R^2 =$ 0.172），模型可以显著解释因变量（$F = 126.86$，$p < 0.001$）。加入受教育年限 × 国家社会、受教育年限 × 家庭关系、受教育年限 × 个人物质这三个交互项之后，解释因变量的变异增加了 0.2 个百分点（$\Delta R^2 = 0.002$），该变异改变量达到了 0.05 的显著性水平（$F_{change} = 3.69$，$p < 0.05$）。

四　讨论

（一）美好生活需要和心理健康的整体情况

整体来讲，本次调查的样本中，个体对三种美好生活需要的重要性评价均较高。对美好生活需要的重要性评价体现了个体自己理想中的美好生活的样子，各个维度的重要性评分表达了这些项目在个体心目中的重要程度，是不是必不可少的、是不是组成美好生活的必要成分、是否能够体现个体的美好生活。对各个维度的评分均较高，说明个体认为国家社会的稳定、家庭关系的和谐和个人物质的丰富都是美好生活的重要组成部分，其中对国家社会和家庭关系的重要性评分高于对个人物质的重要性评分，说明个体认为理想的美好生活中，国家社会的稳定、家庭关系的和谐比个人物质的丰富更重要。

用于测量心理健康的三种消极情绪状态中，个体对压力的评分高于抑郁和焦虑，说明压力是更为常见、多发的消极情绪状态。从消极情绪的角度来说，抑郁和丧失活力、消极的自我评价、无望感等相关，焦虑和对未来的恐惧、明显的身体症状等相关，这两种消极情绪状态更偏病理性，因此出现的情景比较少见。而压力的感受则与难以放松、反应过激、易怒易激惹等相关，在生活中更为常见。

美好生活需要和消极的情绪状态均呈现显著的负相关。当个体对理想的美好生活充满憧憬时，可能会对各项需要的重要性评分较高，而此时评价自己的消极情绪状态则会较低，因此呈现负相关。或者从另一个角度来说，当个体陷入消极情绪状态时，对未来不抱希望、感到悲观，则会认为什么事情都不重要，因此可能会对美好生活需要的重要性评分较低。

（二）美好生活需要对心理健康的整体影响

整体来说，各项美好生活需要对心理健康的影响均显著，这与相关分析的结果一致。但是，在回归分析的结果中显示，国家社会和家庭关系维度对消极情绪状态的影响为负向，而个人物质的影响为正向，这与相关分析的结果不同。这可能是由于，在相关分析中，每两项相关是在不考虑其他变量存在的情况下进行的，而在回归分析中，每个变量的影响效应计算是基于其他变量存在的情况。相关分析中个人物质与三种消极情绪状态的负相关可能是由三种美好生活需要本身的共线性较强造成的，回归分析中的正向影响，才是个人物质真正对消极情绪状态的影响方向。国家社会和家庭关系的负向影响表明，个体越重视国家社会的稳定、家庭关系的和谐，自身感受到的消极情绪越弱。这可能是因为，个体不仅重视国家社会的稳定、家庭关系的和谐，还认为这两项的实现可能性很大，所以想到这些方面的重要程度时，往往体会到的是充满希望的积极感受。但是个人物质的丰富，可能让个体感受到消极的情绪状态，因为丰富自己所拥有的物质生活，需要更加努力的奋斗、更好的工作机会，这些并不是轻易可以获得的，因此会使个体产生更加消极的情绪感受，会感到无望、对未来略带恐惧甚至有压力感。

（三）不同人群中美好生活需要对心理健康的影响

为了进一步考察不同人群中美好生活需要对心理健康的影响，本研究还从不同性别、不同年龄、不同受教育程度的角度做调节效应的分析。

性别部分的研究发现，男性的抑郁、焦虑、压力程度均高于女性；男性的抑郁、焦虑、压力程度受到国家社会重要性评分的影响均小于女性；男性的抑郁、焦虑、压力程度受到家庭关系重要性评分的影响均小于女性；男性的抑郁、焦虑、压力程度受到个人物质重要性评分的影响均大于女性。由此可以看出，国家社会和家庭关系的重要性评分对消极情绪的负向影响在男性身上效果更小，但是个人物质的重要性评分对消极情绪的正向影响在男性身上效果更大。当今社会，对男性的要求中，对其物质持有量的要求确实与日俱增，尤其对于适婚年龄的男性，要求"有钱有车有房"，这对男性来说，无疑是重要的消极情绪来源。因此，越重视个人物质的男性，感受到的消极情绪越强。

年龄部分的研究发现，年龄越大，抑郁、焦虑、压力程度越低；年龄越大的个体，其抑郁、焦虑、压力程度受到个人物质重要性评分的影响越大。整体来说，年岁的增长意味着生活阅历的丰富、解决问题能力的增强，所以体验到的消极情绪状态越弱。但是个人物质重要性评分对于年龄越大的个体，影响越大，由于个人物质的影响为正向，意味着，年龄越大的个体，当他越重视个人物质时，感受到的消极情绪状态越强。这可能是因为，年龄越大，其改变职业的可能性越小，因此其大幅度提高收入的可能性越小。也就是说，年轻时可以随时增长职业技能，提高工资水平，感觉自己有很大的可能性"发大财"，但是年长者已经稳定了工作，其收入的增长幅度是可预见的，基本不会有忽然"发大财"的可能。所以越重视个人物质，意味着失望的可能性越大，就越容易产生消极的情绪体验。

受教育程度部分的研究发现，受教育程度越高，抑郁、焦虑、压力程度越低；受教育程度越高，个体对个人物质重要性评分对焦虑的影响效应越小；受教育程度越高，个体对国家社会重要性评分对压力的影响效应越大；受教育程度越高，个体对个人物质重要性评分对压力的影响效应越小。受教育程度越高，意味着个体所拥有的社会资源越丰富、解决问题能力越强，因此可以有效应对生活中的消极事件，体验到更低水平的消极情绪状态。这一点在焦虑和压力两种消极情绪中表现得更为显著，受教育程度扩大了国家社会对压力的负向影响，同时减弱了个人物质对焦虑和压力的正向影响。也就是说，受教育程度更高的个体，更加明白国家社会稳定的重要性，因此更重视国家社会的个体，体会到的消极情绪状态更弱。受教育程度更高的个体，其获取个人物质的能力更强，所以即使重视个人物质，也不会产生过多的压力和无助感。

第二章

━━━━━◆─○─❧─○─◆━━━━━

家庭：亲密关系

第一节　中国家庭亲近指数报告

一　研究背景

家文化是中国传统文化的核心，孟子曾说，"天下之本在国，国之本在家，家之本在身"，早在先秦时期，《诗经》中就有不少关于家庭的描述，开篇第一首《国风·周南·关雎》，正是表现了人们对幸福婚姻家庭的美好想象。到了汉代，先辈们倡导"百善孝为先""以孝治天下"的理念，使孝道开始从家庭伦理扩展成了社会伦理和政治伦理；在魏晋南北朝和唐宋时期，"家训"得到了发展，人们开始重视对家庭成员的教诫和训导；元明清时期，子女教育成为家庭的核心议题。从古到今，每个家庭成员在家庭里所遵循的家庭规则或是观念，都在影响和决定着社会的主流价值取向。

但是，随着社会的发展和时代的变迁，家庭关系受到了越来越多的外部冲击，随着家庭结构小型化，大家庭同住模式瓦解，过去一家人"围炉而坐"的情形正在消失；城市化进程的加速和居住环境的改善，使越来越多的个体私域空间开始出现，传统的讲求权威和秩序的家文化受到个体独立性的挑战。因此，在当下的环境下，家庭关系的研究，对于美好生活需要的满足以及社会幸福和谐有着非常重要的意义。

《民众美好生活需要测量分析报告（2020）》中的一篇报告（王俊秀、

刘晓柳，2020）指出，美好生活的构成包含了国家社会、家庭关系和个人物质三个层面，其中家庭关系中的家人团圆、家庭温馨、相亲相爱的家人、亲密爱人和爱情甜蜜则是美好生活的需要，而亲近的家庭关系则是美好生活需要的一个重要组成部分。

为了进一步研究中国家庭关系的现状，解读亲近感对于家文化建设的意义，以及探寻提升家庭亲近感的路径，中国社会科学院社会学研究所社会心理学研究中心、圣象集团和知萌咨询机构联合开展了"中国家庭亲近指数"的研究，直击当代中国家庭关系。

二 研究方法

（一）调查对象

调查通过收集整理有关家文化、家风家训、家庭关系的二手资料及学术论文，结合典型家庭面对面深度访谈和定量研究，获得了中国家庭亲近感研究的第一手资料。

深度访谈阶段，在北京、上海、广州、成都4个城市，开展了12户典型家庭的入户深度访谈，针对家庭亲近感现状以及场景进行挖掘。定量研究阶段，在北京、上海、广州、成都、南京、杭州、沈阳、西安、长沙、武汉10个城市，针对18~55岁当地常住居民开展了实地调查，每个城市200个样本，共计2000个样本。

（二）测量工具

课题组通过收集有关家文化、家风家训、家庭关系的二手资料及学术论文，以20世纪70年代学者本特森提出的代际团结理论为依据，结合访谈发现及专家意见，以及中国家庭的特征，对代际团结模型进行了修订，把家庭亲近感分成了五个维度，分别是居住紧密度、观念契合度、情感共鸣度、沟通紧密度和矛盾冲突度；同时根据这五个维度构建了一级指标和二级指标，力求全面测量当代中国家庭亲近感（见表2-1）。

表2-1 中国家庭亲近指数指标体系

一级指标	二级指标
居住紧密度	居住距离
	居住空间

续表

一级指标	二级指标
观念契合度	家庭信仰一致性
	家庭价值观一致性
	家庭决策一致性
情感共鸣度	相互信任度
	情感表达度
	情感包容度
沟通紧密度	沟通频率
	沟通方式有效度
	沟通时长
矛盾冲突度	矛盾频率
	矛盾影响关系程度
	矛盾解决有效度

（三）数据处理

本研究采用 SPSS 20.0 统计分析软件对数据进行分析，主要分析方法包括描述统计、相关分析、差异检验等。

（四）指数计算方法

1. 关于数据的信度和效度

（1）本年度指数，考虑到分析的维度，从性别、婚育状况、年龄以及家庭形态（如三口之家、三代同堂等）等方面进行人群圈定，确保样本的科学性研究价值。

（2）在置信水平为95%下，本次调查的抽样误差为 ±2.24%。95%的置信区间指调研数据覆盖真值的概率是95%，误差不超过2.24%，说明调研数据的可信度高。

（3）本年度指数采用最大方差法进行方差旋转，经主成分分析，该问卷的 KMO 值（适合做因子分析的程度）为 $0.798 > 0.7$，$p < 0.001$，说明效度较高；对问卷进行了内容一致性信度分析，该问卷信度为 0.673，说明信度较高。

2. 关于指数的计算方法

中国家庭亲近指数应用主成分分析法将指标因子进行正交变换，形成彼此之间相互独立的 k（$k < N$）维数据，得出"主成分"，利用"主成分"

确定影响权重，最终形成指数的区间。

中国家庭亲近指数分值采用标杆分析法获得，根据原始调研数据，将受访者评分最高的家庭亲近得分作为标杆，并将其赋值为 100 分。受访者家庭亲近评分与标杆评分对比，计算分值，得到家庭亲近得分。

3. 关于指数的数据说明

本研究中出现的 95 后为 1995～2000 年出生的人，90 后为 1990～1994 年出生的人，85 后为 1985～1989 年出生的人，80 后为 1980～1984 年出生的人，70 后为 1970～1979 年出生的人，65 后为 1965～1969 年出生的人。

三 研究发现

(一) 指数总发现

中国家庭亲近指数是以家庭生活空间为场景和载体，对中国家庭在相处和沟通互动的模式、频度、广度、深度基础上形成的个体感受和心理体验进行的测量。测量指标为五个维度，分别是居住紧密度，即家庭成员地缘邻近程度与家庭空间大小；观念契合度，即家庭成员在价值观、态度和信仰上的一致性程度；情感共鸣度，即家庭成员在理解、信任、尊重上所持有的积极情感；沟通紧密度，即家庭成员互动的频率及互动的效果；矛盾冲突度，即家庭成员矛盾发生的频率以及家庭矛盾的解决方式。

根据测算，中国家庭亲近指数为 73.14，近 1/4 的家庭感到非常亲近，但是，总体的亲近感还有很大的提升空间（见表 2-2）。

表 2-2 家庭关系的亲近感

单位：%

表现	占比
非常亲近	23.8
比较亲近	53.4
一般	20.0
不太亲近	2.5
非常不亲近	0.2

资料来源：中国社会科学院社会学研究所社会心理学研究中心、圣象集团与知萌咨询机构于 2019 年 6 月，针对 10 个城市 18～55 岁居民联合开展的"中国家庭亲近指数"定量调查（$N = 2000$）。下同。

根据不同家庭在亲近指标五个维度上的表现，将中国家庭类型分为完美和谐型、细水长流型、矛盾冲突型、价值观一致型、沟通紧密型、情感共鸣型和空间团结型。

　　调查显示，五成左右中国家庭为细水长流型，家庭成员在观念上、情感上、沟通上表现一般；17.6%的家庭居住距离较近，依靠空间团结维系亲近感；完美和谐型的家庭只占2.1%（见表2-3）。如何为家庭营造更加亲近的氛围成为一半左右中国家庭的目标。

表 2 - 3　各家庭类型占比

单位：%

表现	占比	备注
细水长流型	50.4	代表家庭在中国家庭亲近指数指标体系五个维度上表现均一般
空间团结型	17.6	代表家庭成员几代人之前居住在一起
价值观一致型	13.3	代表家庭成员在价值观念上经常保持一致
沟通紧密型	10.1	代表家庭成员沟通频率较高
情感共鸣型	5.2	代表家庭成员相互尊重、信任
完美和谐型	2.1	代表家庭成员居住距离较近、沟通频繁、价值观一致、相互尊重和信任，并且矛盾冲突较少
矛盾冲突型	1.6	代表家庭成员矛盾较为突出

（二）家庭亲近指数和美好生活、幸福感之间的关系

　　指数的相关分析结果显示，亲近指数与美好生活息息相关。数据显示，对美好生活的评分越高，亲近指数越高，最高为85.67（见图2-1）；因此

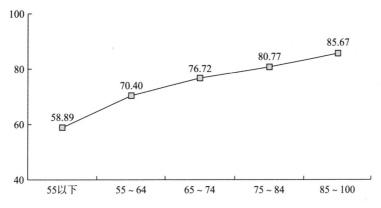

图 2 - 1　美好生活与亲近指数的关系

　　说明：1. 亲近指数是指家庭的亲近程度，满分为100；2. 美好生活评分是指当下人们对美好生活状况的打分，满分为100。

生活越美好，家庭越亲近。

调查显示，亲近指数与幸福感正相关。数据显示，大家对幸福感的评分越高，亲近指数越高（见图 2 - 2）。因此幸福感越强，家庭越亲近。

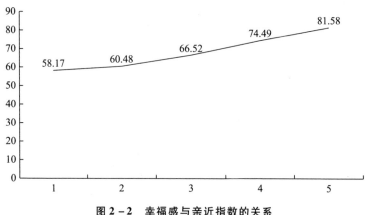

图 2 - 2　幸福感与亲近指数的关系

（三）家庭亲近感的八大挑战

通过对相关指标和维度的解读和分析，课题组总结了中国家庭亲近感面临的八大挑战。

1. 焦虑与忙碌：1/3 的人在家庭日常生活中"失陪"

每个人都渴望拥有一个温馨、和睦的家庭，但是，由于太忙，对家人的陪伴、关怀已渐渐被忽视。有些因忙碌而不回家的人，将这种时常的缺席归咎于生活压力太大，工作、生活节奏快。调查显示，67.4% 的人平均工作时长为 8 ~ 10 小时（见表 2 - 4），其中，有 26.6% 的人表示经常加班，加班导致和家人待在一起的时光减少，30.0% 的人由于频繁加班而很少与家人共进晚餐，而加班频率与亲近指数息息相关，加班频率越低，家庭越亲近，加班频率越高，家庭亲近感越弱。

表 2 - 4　工作日工作时长

单位：%

时长	占比
8 小时以下	27.8
8 ~ 10 小时	67.4
10 ~ 12 小时	3.8
12 小时以上	1.0

2. 被挤压的沟通：家人面对面沟通时间在减少

快节奏的生活，剥夺了人们太多时间，忙于工作带来的是与家人沟通的时间和场景减少。调查显示，工作日下班后，44.3%的人与家人相处交流时长在1小时及以内（见表2-5）。

表2-5　下班后回家与家人交流时长

单位：%

时长	占比
1小时及以内	44.3
1~3小时（含）	42.9
3~5小时（含）	8.0
5小时以上	4.7

同时，随着代际的变化，与家人沟通的时间也逐渐减少，其中70后与家人沟通时长为1.80小时，80后与家人沟通时长为1.77小时，85后与家人沟通时长为1.74小时，90后与家人沟通时长为1.35小时，95后与家人沟通时长为1.24小时；90后和95后与家人沟通的时间低于全国平均值。

然而，有效的沟通是增强家庭亲近感的有效方式。调查显示，沟通时间长的家庭，家庭亲近感也强。其中，与家庭成员沟通时长在1小时及以内的亲近指数是70.81，与家庭成员沟通时长在5小时以上的亲近指数是76.24（见图2-3）。

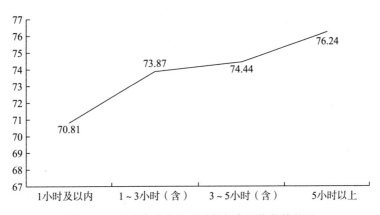

图2-3　与家庭成员沟通时长与亲近指数的关系

3. 手机夺走的亲近感：虚拟的高频互动背后，却抢走了深度的陪伴

互联网进入家庭，直接塑造了新的家庭生活模式，移动互联网的发展，

加强了家人之间的联系。但是，互联网带来的隔离也造成了场景的分化，让家人即便身处共有的家庭空间中，也不去尝试融入同一情境。此外，互联网对社会场景与物质地点的分离同样淡化了家庭人际关系，人们在数字虚拟世界中的联系扼杀了现实生活中的交流。

调查显示，下班后，很多人依然离不开手机，与手机"相处"的平均时长为 2.09 小时，而手机让沟通陪伴质量下降，也成为很多家庭面临的问题。在越发壮大的"低头族"中，不乏为人父母者。做"屏奴"家长，边玩手机边陪孩子成为新的"冷暴力"。调查显示，20.9% 的父母表示在与孩子相处时经常看手机，70.8% 的父母表示与孩子相处时偶尔看手机，仅有 8.3% 的父母与孩子相处时不看手机。表 2-6 展示了手机对家庭关系的影响。

表 2-6　手机对家庭关系的影响

单位：%

常见行为	占比
回家吃饭时，你想和爱人说几句话，他却一直在玩手机	57.4
当你和孩子交谈的时候，他们一边说着"我听着呢"一边在玩手机	56.1
夫妻间睡前各玩各的手机	63.8

4. 夫妻关系的隐形疏离："情感倦怠"值得关注

在家庭中，夫妻关系才是家庭关系的核心，但是，随着独生子女的增加，有孩子的家庭基本把注意力聚焦在孩子身上，亲子关系占据了家庭关系的核心，夫妻之间的沟通也在减少。调查显示，夫妻沟通少成为当下夫妻关系面临的矛盾。

曾有学者专门提出了"婚姻倦怠"问题，研究指出，城市居民的婚姻倦怠率为 26.6%，城市居民的婚姻倦怠问题不容忽视，因为它不仅直接影响家庭亲近感，还会影响家庭的稳定。本次研究显示，年纪越大，婚姻倦怠越明显，亲近情感的保鲜成为问题，65 后的夫妻平均每天交流时长仅有 0.98 小时。而深究原因，发现夫妻之间缺乏精神的共鸣或许是亲近感疏离的主要原因，41.6% 的被调查对象表示，夫妻间很少支持各自的爱好。此外，患上"家庭情感表达尴尬症"的人群相当普遍，甚至大部分人认为"爱不需要表达"（见表 2-7）。

表 2－7　如何看待家人间的情感表达

单位：%

观点	占比
家人间怎样都能原谅，不需要特别去表达	36.8
照顾好一家老小就是对家人的爱，不需要其他的表达方式	29.8
努力工作挣钱养家就是对家人的爱，不需要特别去表达	29.7

资料来源：中国妇女杂志社，2017。

5. 亲子关系：低质量的陪伴与父亲的缺位

父母的陪伴在孩子的成长过程中具有重要的作用，但是，调查显示，有 30.4％的家庭没有时间陪伴孩子。忙碌与疲惫是亲子失陪"共伤"，当下家长认为陪伴孩子很重要，然而，很多时候我们会看到，父母陪着孩子时却在玩手机或做别的事情，进而忽视了孩子，所以，陪着还是高质量陪伴，值得深思。表 2－8 展示了智能手机对亲子关系的影响。

表 2－8　智能手机对亲子关系的影响

单位：%

常见行为	占比
父母工作日下班后陪伴孩子时仍用智能手机	26.3
将智能手机/平板电脑作为安抚孩子的工具	36.3

高质量的陪伴来自亲子的沉浸时光，共同阅读也成为深度陪伴的重要场景。本次调研发现，真正身体力行陪孩子读书的家庭占比仅为 12.9％，在家长陪孩子阅读中，妈妈成为主力，而爸爸仅占 1.25％。爸爸陪伴孩子阅读的时间少之又少。

6. 年岁渐老的父母：情感需求常被年轻人忽视

通常有了孩子之后，一家人更多的是围着孩子转，与父母的亲近感相对不如孩子，调查显示，目前在各组家庭关系中，86.0％的家庭与孩子之间感到比较亲近，78.8％的家庭与父母之间感到比较亲近，78.3％的家庭感到夫妻比较亲近。城市居住模式，越发强化了个体的漂泊感，很多孩子搬离父母居住的家，也造成了与父母的距离，很多父母甚至成为"无奈的独居者"，在邻里相见不相识的城市社区，人际交往与情感互动贫乏，加剧了家庭破碎的负面效应，父母无法得到近距离的情感支持，虚拟的情感表达可以暂时缓解他们的情感需求，但是，他们无法获得真正的情感亲近。

在谈到回去看望父母的频次时，有 45.7% 的人表示一个月及以上才回家一次。在提到与父母的沟通方式时，与父母同住的人中，40.8% 的人较少跟父母沟通聊天；未和父母同住的人中，65.9% 的人通过打电话的方式与父母沟通；33.6% 的人通过微信视频的方式与父母沟通；32.6% 的人通过微信语音的方式与父母沟通。但即使在与父母沟通中，子女也更多关注父母的健康与饮食，较少关注父母的情感需求，仅有 33.8% 的人关心父母的情感问题（见表 2 - 9、表 2 - 10）。

表 2 - 9 与父母沟通的方式

单位：%

沟通方式	占比
打电话	65.9
微信视频	33.6
微信语音	32.6
微信打字	18.0

表 2 - 10 关注父母哪些问题

单位：%

常见问题	占比
健康	90.2
饮食	71.0
安全	58.7
情感（如孤独）	33.8
住房条件	21.8
其他	2.1

7. 年轻人对私域空间的追求：家居话语权的旁落

在互联网普及的今天，年青一代从出生就伴随着互联网一同成长，他们通过网络查询到他们想知道的信息，在获取知识的同时，也在逐渐减少对父母的依赖，致使老一辈父母为先的观念受到巨大挑战。调查发现，年轻人在家居决策中重要性越发突出，在装修时，年轻人越来越自主地决定家居风格、品牌和产品，其中 85 后占比为 36.9%，90 后占比为 36.9%（见表 2 - 11）。

表 2 - 11　装修时，家居风格、品牌、产品由自己决定

单位：%

不同代际	占比
80 后	43.5
85 后	36.9
90 后	36.9

8. 家居氛围里的关系投射：被冰冷界面约束的亲近感

中国的家文化最终在居住空间里得到充分体现，由于居住形态的变化以及城市化进程，从过去独立院落的四合院、大杂院、平房到福利房时代的筒子楼、排子楼、单元再到商品房时代的小高层、高层住宅、别墅，越来越多的住宅形态，也在无形中改变着家庭关系。

随着工业化和城市化的不断演进，家居空间被各种冰冷的化学材料包围，身处各种化学材料充斥的家居空间中，家庭温馨的视觉感受变弱，影响家庭成员的亲近体验，研究显示，冷色系、灰色系和暗色系的家具搭配让家居空间更加冰冷，温馨的家居氛围和智能的家居氛围更能增添家的亲近感（见图 2 - 4）。

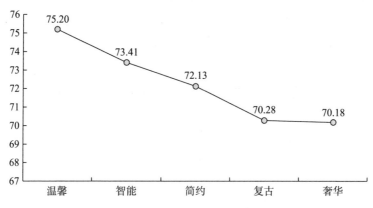

图 2 - 4　不同家居氛围的家庭亲近指数

四　对策与建议

总结和分析影响家庭亲近感的因素，最终可以归结为两个方面：一是心理距离，即我们和家人之间关系的远近；二是空间距离，即和家人之间居住的距离远近，以及家庭居住空间带来的氛围和体验，都在影响中国家

庭的亲近关系。如何提升亲近感？根据本次研究结果，课题组认为，家庭亲近感提升，可以从情感弥合和空间营造两个维度来进行。

（一）情感弥合：主动的有意识的亲近表达

家庭成员的亲近感不仅仅是居住上的近距离，更多的是内心的零距离。无话不谈、相互关心、相互理解信任、三观一致等都是对亲近感最好的理解。

随着互联网的发展，家人的面对面沟通变得越发稀少，一部手机几乎可以完成所有的事情，但是，科技的冰冷始终需要有温度的接触才更能感知亲近，情感的表达，需要在家庭空间中放下手机，无论是对父母、夫妻还是孩子，都应该保证每个相处的时刻是高质量的、不受信息干扰的，才能更好地提升情感的依赖度和依托度。

从夫妻角度，更好的家庭分工成为增进夫妻关系的润滑剂，夫妻间对于家庭事务的共同承担，也会在一定程度上促进夫妻关系的亲近，同时，夫妻间培养共同爱好，也是增加亲近时刻和提升亲近感的重要方法。

从父母角度，要记得离家再远也要常回家看看，并要带上诚挚的问候。礼物对于父母来说，不仅仅是礼物本身，更是子女表达关爱的一种形式。调查显示，回家看望父母，93.8%的人会带上礼物，礼物涵盖了从外在的衣服鞋包，到关注健康的保健品和健康外在用品以及父母日常生活用品。

从亲子角度，低质量陪伴与父亲的缺位成了当下影响亲子关系的一大隐患，放下手机给孩子多一些陪伴，多营造一些亲子时光，对孩子的身心成长有很重要的作用。

从整体家庭的角度，可以设定一个家庭纪念日。调查发现，有特定的家庭纪念日有助于提升家庭亲近感，包括给长辈过生日、给孩子过生日、给爱人过生日和结婚纪念日。

（二）空间营造：家居空间里的亲近感

除了从情感角度提升亲近感外，家居空间的氛围营造也可以提升家人的亲近感。家居环境越来越注重私密空间，尤其到了冬天会忍不住待在家中，而一个家的整体设计以及细节都需要很好地思考；营造一个温馨舒适的家居空间，就是营造一种温馨幸福感，会让你和家人在里面待得更轻松。

首先，客厅作为主厅，依然是家人亲近的核心场景，在客厅看电视和聊天成为家庭成员最具仪式感的举动，无论是在客厅一起看电视还是聊天，都是家人沟通的重要场景。除此之外，厨房逐渐成为亲近感的表达空间，厨房不应是冷冰冰的厨具厨电的叠加，消费者希望自己的厨房更有亲近感，开放式厨房空间，不仅可以展示自己的厨艺，还可以享受与家人一起创造美食的美好时光。

其次，色彩与光线的组合，让我们开始思考屋子的朝向，让房间拥有更大的着光面积，让客厅敞亮，让卧室静谧，让阳台温暖，让书房宁静，让厨房通透，让卫生间柔和；用色彩营造亲近感，在房间里营造出适宜的氛围，使其更加满足功能性需求，或者展现出不同的风格、不同的色彩搭配和尝试，在让房间更具个性的同时，也呈现了一种生活态度。

"家"，是我们人类栖居与生活的处所，也是我们心灵憩息的港湾，数千年来，中华民族在"家"这个充满温馨意蕴的空间中起居吃喝、繁衍生息，也用勤劳和智慧，建设自己的家园，打造"家文化"，从而使我们的"家"越来越美丽，也使得家文化的内涵越来越丰富，其核心精神也更加激扬和璀璨，而亲近感作为家庭关系的衡量标准，不仅是美好生活和幸福生活的重要组成部分，也是建设家文化的重要落脚点。无论时代如何变化，无论经济社会如何发展，家庭亲近感都是增进家庭关系的重要承载主体，值得各界关注。

第二节 婚姻满意度的影响因素

一 引言

婚姻生活是幸福人生的重要组成部分，有关婚姻满意度的研究随着1929 年社会学家 G. Hamilton《婚姻研究》的出版而逐渐开展（参见连东琴、史慧颖、范玲霞，2014）。从 20 世纪 60 年代开始，西方社会不断攀升的离婚率引起社会各界的广泛关注，婚姻质量的研究也成为十分活跃的主题。大量研究报告了美满婚姻会有效提高主观幸福感（Carr et al. , 2014；郑振华、彭希哲，2019），研究者甚至还用微观计量学方法计算出，和睦的婚姻给人们带来的幸福价值约为 10 万美元 / 年（Blanchflower and Oswald，2004）。人们也越来越认识到，婚姻质量不仅直接影响夫妻双方的身心健康，关系到下一代的成长和幸福，还会对社会的和谐与有序造成一系列影响。

婚姻质量（marital quality）是对婚姻整体状态的综合评定（Glenn，1975），婚姻满意度是其中一项重要的构成指标。例如，Johnson 等（1986）

提出了一个婚姻质量测量模型（JWEB），认为需从婚姻满意度、婚姻互动、婚姻冲突、婚姻问题、离异倾向五个维度进行分析；我国学者崔丽娟（1995）认为婚姻质量体现在两个方面：婚姻满意度及婚姻冲突的程度；徐安琪和叶文振（1998）认为婚姻质量主要由婚姻满意度、夫妻交流、婚姻冲突几个方面决定。也有不少学者仅用婚姻满意度来反映婚姻质量，主要评价夫妻双方对婚姻关系多个层面的满意程度（Norton，1983；Glenn，1998）。

从以上看法中可以概括出来，婚姻质量包括客观和主观两个主要指标。客观指标更为看重婚姻调适（marital adjustment），即关注婚姻关系本身，强调婚姻质量的客观性，认为婚姻质量就是夫妻关系的客观调适质量，是一个多维度的概念，经常以夫妻双方互动的模式、冲突的数量、交流状况以及夫妻之间关系的结构特征等作为测量指标，研究者可以按照社会或文化标准对这些指标进行客观评价；主观指标更强调婚姻满意度（marital satisfaction），关注个体对婚姻的感性认知和体会，认为对婚姻的满意与否是一个主观的、单一维度的概念，是个体的内在层面对婚姻关系的整体感觉。关注婚姻满意度的研究者多采用单一维度测量，典型的测量方式就是请受访者对婚姻关系中自己感受到的快乐或满意程度进行主观的评价（袁莉敏等，2007）。本研究主要探讨婚姻质量的主观指标——婚姻满意度。

国内关于婚姻满意度的研究起步较晚，但取得了不少成果（例如，徐安琪、叶文振，1998；程灶火等，2004）。但研究比较分散，调查在不同地域中进行，样本量相对不大，探讨的影响因素主要集中在经济与人口学因素以及夫妻互动的客观指标，对于自己的主观及心理因素（例如，个人价值观、人格特点）的探讨不够充分。

本研究使用 2017 年社会心态调查数据，初步探讨以下几个问题：①婚姻满意度是否存在性别差异；②生命周期的不同阶段婚姻满意度是否存在差异；③个人的社会经济地位因素是否影响婚姻满意度；④个人价值观（家庭价值观、物质主义价值观）对于婚姻满意度有什么样的影响。

二 研究方法

（一）数据来源

研究数据来源于 2017 年社会心态调查。2017 年社会心态调查（Chinese Social Mentality Survey，CSMS 2017）由中国社会科学院社会学研究所社会心理学研究中心编制，于 2016 年 8 月到 2017 年 4 月，通过智媒云图研发的问卷调研 App "问卷宝"，向在线样本库的全国用户（约 110 万人，覆盖全国 346 个地级城市）推送问卷，随后依靠用户分享问卷的方式来进行滚雪球式发放。问卷收回后，利用测谎题、答题完成情况等对问卷进行筛选。调查最初共收回全部作答问卷 24364 份，筛选后最终得到有效成人问卷 22154 份。本研究针对已婚或同居人群，故选取其中有效样本 9052 人，年龄在 20 ～ 69 岁。

（二）测量工具

1. 婚姻满意度测量

婚姻满意度问卷包括 3 个题目，采用 7 点计分（1 = 非常不同意，7 = 非常同意）。题目例如："您对您夫妻之间关系的满意程度有多少？"数据分析表明，量表的 KMO 值为 0.76，Bartlett's 球形检验结果显著（$p <$ 0.01），说明该样本适合做主成分分析。采用最大方差法进行主成分分析，取特征根大于 1，得到单因子结构，该模型可以解释总变异的 88.55%（见表 2 - 12）。该量表的内部一致性系数为 0.94。

表 2 - 12　婚姻满意度的因子分析结果

题目	因子载荷
您对配偶满意程度	0.95
您对夫妻关系的满意程度	0.95
您对婚姻满意程度	0.93

2. 个人价值观测量

物质主义价值观：Richins 和 Dawson（1992）指出，物质主义价值观是一种强调人生中最重要的事情是物质拥有和财富积累的价值观。高物质主义者有三个主要特点：认为物质拥有和财富获得是生活的核心内容；相信通过物质拥有和财富获得能收获快乐；用一个人拥有物质和财富的数量和质量来界定个人成功（Richins and Dawson，1992）。Kasser 和 Ryan 进一步扩展了物质主义的内涵，把赢得外部奖赏或社会认可、获得荣耀、追求功成名就作为目标追求的价值观，视为物质主义价值观。高物质主义者看重的是金钱、名誉、声望、自我形象等，这些人的自我价值需要通过外在标签显示出来（Kasser and Ryan，1996）。

物质主义价值观问卷选自 Kasser 和 Ryan（1996）编制的目标追求指数问

卷（Aspiration Index，AI）。该问卷中物质主义价值观（外在追求价值观）问卷包括 14 个题目，考察一些特定的生活目标对个体的重要程度，包括财富成功、社会认可、形象出众三项核心内容（李原，2018）。问卷采用 7 点计分（1 = 非常不重要，7 = 非常重要），得分越高，表明个体对此目标越看重。题目例如："在经济上获得成功"（财富成功）、"被众人钦佩和羡慕"（社会认可）、"对自己的外在形象感到满意"（形象出众）。根据问卷结构计算出物质主义三个成分的分数，进一步对三个成分进行探索性因子分析，可以看到稳定的单一结构。各成分在相应的因子上载荷均高于 0.80，可以解释 72.24% 的总变异。问卷的内部一致性系数为 0.86，符合测量学要求。

看重家庭价值观：看重家庭价值观问卷选自 Kasser 和 Ryan（1996）编制的目标追求指数问卷，在亲密关系价值观测量中选择 3 个与看重家庭亲密和情感专一有关的题目，题目例如："与自己所爱的人共度一生""婚姻从始而终"。问卷采用 7 点计分（1 = 非常不重要，7 = 非常重要），得分越高，表明个体对此目标越看重。对三个题目进行探索性因子分析，可以看到稳定的单一结构。各题目在相应的因子上载荷均高于 0.85，可以解释 76.24% 的总变异。问卷的内部一致性系数为 0.86，符合测量学要求。

3. 主观社会阶层测量

采用国内外研究中常用的阶梯量表，给受访者呈现标注了 1 到 10 数字的阶梯图形，1 代表处于社会的底层，10 代表处于社会的最上层，让他们报告自己目前处于哪个层级（高文珺，2017）。本研究在原始数据的基础上，进一步将主观社会阶层概括为五级：低阶层（1~2 分），中低阶层（3~4 分），中等阶层（5~6 分），中高阶层（7~8 分）和高阶层（9~10 分）。

变量的基本特征描述如表 2-13 所示。

表 2-13　变量的基本特征描述

变量	均值	标准差	说明
婚姻满意度	5.19	1.24	最小值 1 分，最大值 7 分，分数越高，婚姻满意感越高
个人价值观：看重家庭价值观	5.81	1.16	最小值 1 分，最大值 7 分，分数越高，越看重相应价值观
个人价值观：物质主义价值观	4.35	0.83	最小值 1 分，最大值 7 分，分数越高，越看重相应价值观
性别	0.49	0.50	女性 = 0，男性 = 1

续表

变量		均值	标准差	说明
年龄		33.26	8.23	
城镇户口		0.50	0.50	农村户口=0，城镇户口=1
城市发展水平	一线城市	0.16	0.36	非一线城市=0，一线城市=1
	新一线城市	0.18	0.38	非新一线城市=0，新一线城市=1
	二线城市	0.17	0.38	非二线城市=0，二线城市=1
	三线城市	0.19	0.40	非三线城市=0，三线城市=1
	四线及以下城市	0.19	0.40	非四线及以下城市=0，四线及以下城市=1
职业层级		1.63	0.58	基础职业层级=1，中间职业层级=2，优势职业层级=3
家庭收入		2.59	0.83	较低收入=1，中低收入=2，中等收入=3，中高收入=4，较高收入=5
受教育程度		2.49	0.80	初中毕业及以下=1，高中（技校、职高、中专）毕业=2，大专或大学本科毕业（含在读）=3，研究生（含在读）及以上=4
主观社会阶层		4.62	1.74	最小值1分，最大值10分，分数越高，主观社会阶层越高

三 数据分析结果

（一）婚姻满意度基本描述

数据分析结果表明，我国已婚人群的婚姻满意度得分为 5.37 ± 1.24，高于测量的中间值4分（测量得分在1分到7分之间：1代表非常不满意，2代表不满意，3代表不太满意，4代表中立，5代表比较满意，6代表满意，7代表非常满意）。说明我国民众的婚姻满意度较高。

不过婚姻满意度在不同的社会人群中有所分化。以下从基本人口学因素（性别、年龄），地域因素（户口所在地、城市发展水平），社会经济地位因素（家庭收入、受教育程度、职业层级、主观社会阶层），个人价值观（看重家庭价值观、物质主义价值观）几个方面来具体探讨。

（二）基本人口学因素

1. 性别

婚姻满意度存在性别差异，男性显著高于女性（$t = 6.88$，$p < 0.01$）

（见表 2 -14 和图 2 -5）。已有研究也指出，男性和女性的家庭期待显著不同，家庭角色和家庭分工有着不同的要求，婚姻满意度常常表现出明显的性别差异。因此以下探讨始终把性别因素纳入分析框架中。

表 2 - 14　不同性别的婚姻满意度

性别	N	M	SD
女性	4582	5. 10	1. 26
男性	4369	5. 28	1. 21
t	6. 88 **		

注：M：均值；SD：标准差；$^* p < 0.05$，$^{**} p < 0.01$；样本存在缺失值。下同。

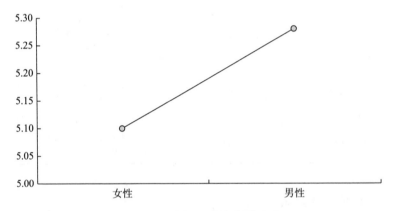

图 2 - 5　不同性别的婚姻满意度

2. 年龄

我们把受访者按照年龄分组：20 岁组（年龄介于 20 ~ 29 岁），30 岁组（年龄介于 30 ~ 39 岁），40 岁组（年龄介于 40 ~ 49 岁），50 岁组（年龄介于 50 ~ 59 岁），60 岁组（年龄介于 60 ~ 69 岁）。不同年龄组的婚姻满意度如表 2 - 15、图 2 - 6 所示。

表 2 - 15　不同年龄组的婚姻满意度

年龄组	总体			男性			女性			t
	N	M	SD	N	M	SD	N	M	SD	
20 岁组	3511	5. 20	1. 24	1456	5. 32	1. 23	2055	5. 12	1. 25	4. 67 **
30 岁组	3841	5. 18	1. 23	2088	5. 25	1. 20	1753	5. 11	1. 26	3. 36 **
40 岁组	1144	5. 16	1. 27	623	5. 24	1. 23	521	5. 06	1. 31	2. 40 *

续表

年龄组	总体			男性			女性			t
	N	M	SD	N	M	SD	N	M	SD	
50 岁组	330	5.17	1.19	140	5.49	1.01	190	4.94	1.25	4.27**
60 岁组	125	5.24	1.13	62	5.48	1.18	63	5.00	1.03	2.42**
F	0.36			2.39*			1.19			

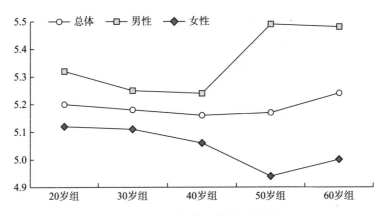

图 2 - 6　不同年龄组的婚姻满意度

在总体样本上，不同年龄组的婚姻满意度不存在显著差异（$F = 0.36$，$p > 0.05$）。分别对男性和女性样本进行考察，可以看到不同年龄组的男性在婚姻满意度上存在差异，且达到统计显著性水平（$F = 2.39$，$p < 0.05$），不同年龄组的女性在婚姻满意度上的差异未达到统计显著性水平（$F = 1.19$，$p > 0.05$）。

男性样本的总体性趋势为，50 岁以上各年龄组的婚姻满意度高于 50 岁以下各年龄组，也就是说，50 岁以上男性的婚姻满意度有所提升。对于女性样本来说，50 岁以上各年龄组的婚姻满意度最低，不过与其他年龄组相比，这种差异未达到显著性水平。另外，所有年龄组都存在性别差异，男性比女性的婚姻满意度更高，不过在 50 岁组和 60 岁组中，两性之间的差异进一步拉大，这两个年龄组中，男性的婚姻满意度有提升趋势，女性的婚姻满意度则有降低趋势。

（三）地域因素

1. 户口所在地

农村户口和城镇户口群体的婚姻满意度如表 2 - 16、图 2 - 7 所示。

表 2－16 不同户口所在地的婚姻满意度

户口	总体			男性			女性			t
	N	M	SD	N	M	SD	N	M	SD	
农村户口	4511	5.19	1.23	2079	5.30	1.20	2432	5.08	1.24	6.03 **
城镇户口	4440	5.19	1.25	2290	5.26	1.21	2150	5.12	1.28	3.72 **
t	0.08			1.34			0.85			

总体样本上，农村户口与城镇户口群体的婚姻满意度并无统计上的显著差异。男性群体和女性群体的分组检验与总体样本的结果一致。不过，与城镇户口相比，农村户口群体的性别差异更为明显。

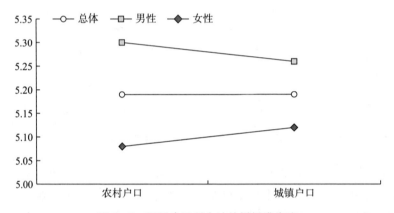

图 2－7 不同户口所在地的婚姻满意度

2. 城市发展水平

根据第一财经的城市划分标准，将我国城市划分为一线城市、新一线城市、二线城市、三线城市、四线及以下城市。不同发展水平城市的婚姻满意度如表 2－17、图 2－8 所示。从总体样本可以看到，新一线城市与三线城市的婚姻满意度最高，其次是二线城市和四线及以下城市，一线城市的婚姻满意度最低（$F = 2.95$，$p < 0.05$）。男性群体中可以看到一致的趋势：新一线城市与三线城市的婚姻满意度最高，其次是二线城市和四线及以下城市，一线城市的婚姻满意度最低（$F = 4.00$，$p < 0.01$）。女性群体中，不同发展水平的城市之间婚姻满意度无显著差异（$F = 0.36$，$p > 0.05$）。另外，一线城市的男性与女性婚姻满意度差异不显著；其他发展水平的城市均表现为男性婚姻满意度显著高于女性。

表 2-17 不同发展水平城市的婚姻满意度

城市发展水平	总体			男性			女性			t
	N	M	SD	N	M	SD	N	M	SD	
一线	1292	5.10	1.22	701	5.14	1.17	591	5.06	1.26	1.17
新一线	1514	5.24	1.20	773	5.34	1.16	741	5.13	1.23	3.27**
二线	1509	5.17	1.24	725	5.25	1.23	784	5.09	1.25	2.64**
三线	1872	5.23	1.25	904	5.36	1.19	968	5.11	1.30	4.31**
四线及以下	2764	5.18	1.25	1266	5.28	1.24	1498	5.10	1.25	3.80**
F	2.95*			4.00**			0.36			

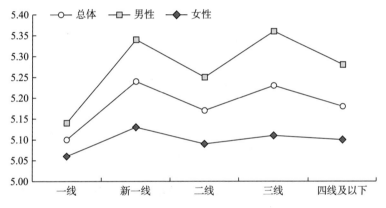

图 2-8 不同发展水平城市的婚姻满意度

(四) 社会经济地位因素

1. 家庭收入

本研究选择的样本地域跨度较大，由于不同地区绝对收入水平相差较大，我们选取了"家庭在当地相对生活水平"作为综合指标来衡量家庭的收入状况。不同家庭收入群体的婚姻满意度如表 2-18、图 2-9 所示。

表 2-18 不同家庭收入群体的婚姻满意度

家庭收入	总体			男性			女性			t
	N	M	SD	N	M	SD	N	M	SD	
较低	927	4.78	1.44	440	4.99	1.41	487	4.59	1.44	4.30**
中低	2917	5.03	1.25	1442	5.15	1.20	1475	4.90	1.29	5.38**

续表

家庭收入	总体			男性			女性			t
	N	M	SD	N	M	SD	N	M	SD	
中等	4238	5.32	1.17	2005	5.38	1.16	2233	5.27	1.17	2.85**
中高	886	5.45	1.12	482	5.45	1.15	404	5.45	1.09	0.20
较高	84	5.40	1.32	54	5.33	1.36	30	5.52	1.26	0.65
F	62.27**			16.03**			50.48**			

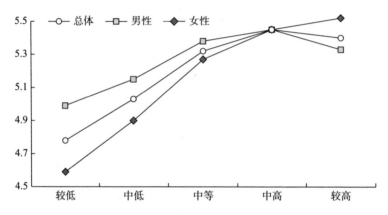

图 2 - 9　不同家庭收入群体的婚姻满意度

家庭收入水平与婚姻满意度之间密切相关。明显的趋势表现为，随着家庭收入提高，婚姻满意度也在提高。不过，家庭收入达到中高及以上水平的群体，婚姻满意度不再提升（$F = 62.27$，$p < 0.01$）。男性受访者中，家庭收入较低人群的婚姻满意度最低；家庭收入中高人群的婚姻满意度最高；其他群体的婚姻满意度处于中间水平，且差异显著（$F = 16.03$，$p < 0.01$）。女性受访者中，家庭收入较低人群的婚姻满意度最低；而后随着家庭收入提高，婚姻满意度也在不断提高（$F = 50.48$，$p < 0.01$）。另外，家庭收入较低、中低和中等群体中，女性的婚姻满意度均低于男性；但随着家庭收入的提高，婚姻满意度的性别差距也在缩小；在家庭收入中高和较高人群中，婚姻满意度不再表现出性别差异。

2. 受教育程度

在调查中我们把受教育程度分成四类：初中毕业及以下，高中（技校、职高、中专）毕业，大专或大学本科毕业（含在读），研究生（含在读）及以上。不同受教育程度群体的婚姻满意度如表 2 - 19、图 2 - 10 所示。

受教育程度与婚姻满意度的总体表现为，随着受教育程度的提高，婚姻满意度提高（$F = 16.10$，$p < 0.01$）。在男性受访者中，初中毕业及以下群体与其他所有类别的婚姻满意度差异达到显著性水平，其他人群之间差异不显著（$F = 3.93$，$p < 0.01$）。在女性受访者中，受教育程度与婚姻满意度的影响表现得更为明显。随着受教育程度的提高，婚姻满意度逐渐提升，而且所有类别的差异均达到统计显著性水平（$F = 10.04$，$p < 0.01$）。另外，初中毕业及以下、高中（技校、职高、中专）毕业、大专或大学本科毕业（含在读）群体中，女性的婚姻满意度均低于男性，但性别之间的差距在逐渐缩小；研究生（含在读）及以上群体中，婚姻满意度不存在性别差异。

表 2 – 19　不同受教育程度群体的婚姻满意度

受教育程度	总体			男性			女性			t
	N	M	SD	N	M	SD	N	M	SD	
初中毕业及以下	1289	5.00	1.29	517	5.11	1.30	772	4.92	1.28	2.63**
高中（技校、职高、中专）毕业	2598	5.16	1.26	1157	5.27	1.24	1441	5.07	1.27	4.07**
大专或大学本科毕业（含在读）	4659	5.23	1.21	2384	5.29	1.18	2275	5.16	1.25	3.68**
研究生（含在读）及以上	506	5.37	1.18	365	5.36	1.18	141	5.39	1.18	0.30
F	16.10**			3.93**			10.04**			

3. 职业层级

本研究参照李春玲、刘森林（2018）的分类，将职业划分为三个层级：基础职业层级（包括商业、服务业人员，产业工人，农业劳动者和城乡无业、失业、半失业者），中间职业层级（包括专业技术人员，办事人员，自由职业者），优势职业层级（包括国家机关、党群组织、企业、事业单位负责人）。不同职业层级群体的婚姻满意度如表 2 – 20、图 2 – 11 所示。

总体样本的差异检验表明，不同职业层级之间婚姻满意度的差异不显著（$F = 0.68$，$p > 0.05$）。男性受访者中，随着职业层级的提高，婚姻满意度出现一定的下降趋势，但在统计上未达到显著性水平（$F = 2.00$，$p > 0.05$）；女性受访者中，基础职业层级与中间职业层级群体在婚姻满意度上

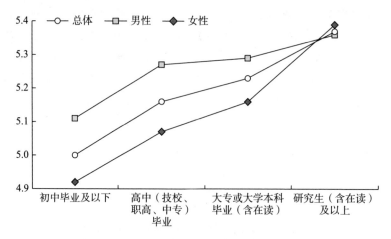

图 2-10　不同受教育程度群体的婚姻满意度

差异不显著，但优势职业层级人群的婚姻满意明显升高（$F = 4.12$，$p < 0.05$）。另外，基础职业层级、中间职业层级人群中，女性的婚姻满意度均显著低于男性；但在优势职业层级群体中，表现出女性婚姻满意度高于男性的趋势，不过这种差异在统计上未达到显著性水平。

表 2-20　不同职业层级群体的婚姻满意度

职业层级	总体			男性			女性			t
	N	M	SD	N	M	SD	N	M	SD	
基础职业层级	3540	5.19	1.23	1642	5.31	1.19	1942	5.08	1.25	5.51**
中间职业层级	4504	5.18	1.24	2355	5.25	1.22	2195	5.09	1.26	4.55**
优势职业层级	433	5.25	1.28	251	5.15	1.30	190	5.35	1.25	1.65
F	0.68			2.00			4.12*			

4. 主观社会阶层

除了家庭收入、受教育程度、职业层级这些客观社会经济地位指标，人们是否对自己所属的社会阶层有相应的心理预期和认同，也可能影响到婚姻满意度。主观社会阶层（Subjective Social Status，SSS）指的是一种阶层认同，即个人对自己在社会阶层结构中所占据位置的感知（张海东、杨城晨，2017）。客观社会经济地位与主观社会阶层之间关系紧密，但也存在一定差异。高文珺指出，客观社会经济地位会影响当前主观社会阶层的感知，但对阶层预期影响较小（高文珺，2017）。不同主观社会阶层群体的婚

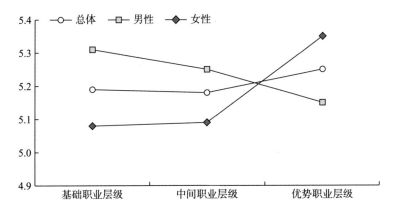

图 2 - 11　不同职业层级群体的婚姻满意度

姻满意度如表 2 - 21、图 2 - 12 所示。

表 2 - 21　不同主观社会阶层的婚姻满意度

主观社会阶层	总体			男性			女性			t
	N	M	SD	N	M	SD	N	M	SD	
低阶层	984	4.84	1.40	466	4.99	1.39	518	4.70	1.41	3.29**
中低阶层	2960	5.03	1.23	1439	5.19	1.16	1521	4.88	1.27	7.01**
中等阶层	3977	5.36	1.16	1898	5.42	1.15	2079	5.30	1.17	3.23**
中高阶层	855	5.40	1.22	456	5.37	1.24	399	5.44	1.19	0.91
高阶层	175	4.78	1.31	110	4.77	1.36	65	4.81	1.23	0.19
F	63.88**			21.08**			48.81**			

　　总体样本中主观评价低阶层和高阶层的婚姻满意度最低；主观评价中等阶层和中高阶层的婚姻满意度最高；中低阶层的婚姻满意度处于中间位置。男性样本中的变化趋势类似。女性样本中，主观评价为低阶层、中低阶层与高阶层的婚姻满意度差异不显著，处于较低水平；主观评价为中等阶层和中高阶层的婚姻满意度最高。另外，婚姻满意度的性别差异仅表现在低阶层、中低阶层和中等阶层上。对于中高阶层和高阶层来说，婚姻满意度并未表现出性别差异。

　　（五）个人价值观

　　本研究包括两类价值观：看重家庭价值观和物质主义价值观。看重家庭价值观，即看重家庭亲密关系、注重情感专一与稳定的价值观。物质主义价值观，则把赢得外部奖赏或社会认可、获得荣耀、追求功成名就作为

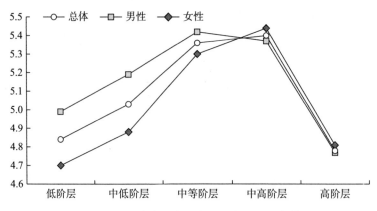

图 2 - 12　不同主观社会阶层的婚姻满意度

目标追求（李原，2018）。

从回归模型中可以看到，总体样本中，个人基本人口学因素、社会经济地位因素这些客观指标可以解释 3% 的婚姻满意度变异；在控制了个人的基本人口学因素、社会经济地位因素这些客观指标后，个人价值观（物质主义价值观与看重家庭价值观）进一步可以解释 12% 的婚姻满意度变异，这表明对于婚姻满意度来说，个人价值观的解释力更强、影响力更大。同时可以看到，物质主义价值观的影响系数 B = - 0.05，看重家庭价值观的影响系数为 B = 0.40，说明看重家庭价值观提升了婚姻满意度，物质主义价值观降低了婚姻满意度（见表 2 - 22）。换句话说，越看重金钱、成就、社会地位，对婚姻越不满意；越看重家庭稳定、情感专一，对婚姻的评价越正向。

在回归模型中我们也可以看到性别差异的影响。在男性群体中，个人价值观（看重家庭价值观和物质主义价值观）可以解释 18% 的总体变异，女性群体中仅解释 11% 的变异。看重家庭价值观对于婚姻满意度的正向影响，在男性群体中更为明显（$B_{男}$ = 0.44，$B_{女}$ = 0.35），物质主义价值观对于婚姻满意度的负向影响，在女性群体中更为明显一些（$B_{女}$ = - 0.06，$B_{男}$ = - 0.04）。

表 2 - 22　婚姻满意度的回归模型

变量	总体（N = 8575）		男性（N = 4248）		女性（N = 4327）	
	Step1	Step2	Step1	Step2	Step1	Step2
控制变量						
年龄	0.00	- 0.00	0.00	0.00	- 0.02	- 0.00

续表

变量	总体 （$N = 8575$）		男性 （$N = 4248$）		女性 （$N = 4327$）	
	Step1	Step2	Step1	Step2	Step1	Step2
性别	0.07**	0.09**	—	—	—	—
城镇户口	− 0.03**	− 0.02	− 0.03*	− 0.02	− 0.03	− 0.02
社会经济地位变量						
职业层级	− 0.04**	0.00	− 0.06**	0.00	− 0.01	0.01
受教育程度	0.04**	0.03**	0.04*	0.03*	0.03	0.03
家庭收入	0.13**	0.14**	0.11**	0.12**	0.15**	0.16**
主观社会阶层	0.05**	0.07**	0.02	0.04*	0.09**	0.10**
个人价值观变量						
物质主义价值观		− 0.05**		− 0.04**		− 0.06**
看重家庭价值观		0.40**		0.44**		0.35**
AdjR^2	0.03	0.15	0.02	0.20	0.05	0.16
ΔR^2		0.12		0.18		0.11
F	41.73**	203.98**	12.45**	137.99**	34.60**	101.45**

四　讨论

（一）婚姻满意度的性别影响

对于婚姻满意度的性别比较，国内外的研究很多。Bernard（1972）的研究结论认为两性在婚姻中得到的好处差别很大。妻子比丈夫承受着更多的紧张、忧虑，往往更敏感地觉察到婚姻互动的不足，对婚姻的期待更高；而男性对夫妻关系持更乐观的态度，对感情的要求较低，所以女性更多地对婚姻感到失望和不满。Norton（1983）的研究却证实，大部分妻子对婚姻感到满足，程灶火等（2004）的研究发现和 Norton 的研究结果类似，认为夫妻双方对婚姻质量的感受基本是一样的。

本研究发现，总体样本上表现出显著性别差异，但从细分人群中可以看到，有的细分群体并未表现出显著性别差异 ［例如，一线城市、研究生（含在读）及以上学历、家庭收入中高及以上的群体］，有的细分人群中性别之间婚姻满意度差距明显拉大（例如，农村户口、家庭收入中低的群体）。可见，单从性别本身分析婚姻满意度差异并不足够，未来需要深入探讨其他因素与性别之间的交互作用。

（二）社会经济地位因素的影响

研究得到的结果较为一致，家庭收入、受教育程度、职业层级、主观社会阶层的结果均表明，随着社会经济地位提高，总体上婚姻满意度更高。换句话说，婚姻质量确实需要一定客观条件和经济基础的保证。不过，家庭收入中高及以上、主观社会阶层评定中高及以上的群体，婚姻满意度的提高并不明显，有的细分群体甚至有所减弱（例如，主观社会阶层评定为高阶层的群体）。

（三）个人价值观的影响

本研究主要探讨了两类价值观：看重家庭价值观和物质主义价值观。研究结果表明，看重家庭价值观提升了婚姻满意度，物质主义价值观降低了婚姻满意度。换句话说，个体对于金钱、名誉声望、自我形象等越看重，对婚姻越不满意；个体越看重家庭稳定、情感专一，对婚姻的自我评价越正向。

看重家庭价值观正向影响婚姻满意度，这一点比较好理解。当个体看重家庭稳定、夫妻关系亲密和谐、感情上专一与承诺时，也会在行动上有更多的付出和兑现，由此带来的婚姻质量相对较高。

对于物质主义价值观，已有研究表明，物质主义价值观与个体的生活质量、幸福感、社会适应性负相关，高物质主义者获得的家庭关系、社会支持也更低（Kasser，2002；Sheldon et al.，2004），这些影响同样也会带来婚姻质量较低。究其原因，Kasser 认为当高物质主义者把拥有经济成功和获得社会认可看得比其他人生目标更为重要时，他们更多关注交易性人际关系（exchange interpersonal relationship），把他人"物化"，在人际交往过程中更多进行"他能为我做什么"的功利性考虑，即使对于亲密关系也是如此，这伤害了家庭质量以及婚姻质量的基石（Kasser，2002）。

作为初步探讨，本研究存在一定的不足之处。前文指出，为了全面理解婚姻质量，应该采集客观的婚姻调适指标和主观的婚姻满意度指标，我们的研究只是从婚姻满意度这一主观指标反映婚姻质量，未来还需更全面地探讨婚姻质量的指标及其影响因素。另外，婚姻质量是夫妻两个人互动的结果，仅仅从单方视角看待婚姻满意度，本身就存在一定的局限，未来应该补充夫妻配对样本的分析。

第三节 子女和家长品行期待一致性与道德推脱

一 问题的提出

社会快速转型下，道德成为人们讨论的一个重要问题。经常可以听到人们对社会道德现状不满，"世风日下"似乎成了一种永久的抱怨，最常见的说法包括"道德滑坡""道德沦丧""道德危机""道德困境"等。甚至有学者认为道德滑坡是一个有目共睹的事实（孙立平，2001），整个社会陷入一种道德焦虑的状态。随之而来的问题是，当人们感到社会的道德环境不良时，他们的道德行为会做怎样的因应调整？是依从社会倡导的"从我做起"做道德楷模，还是出于自我保护而不去追求独善其身，或是选择放松道德修养随波逐流？个体的道德认知决定着个体的道德行为，社会比较一致的道德认知同样决定着个体的道德认知、道德态度和道德行为，也决定着社会的道德行为；一代人的道德认知和道德态度也影响下一代的道德态度和道德行为。因此，社会道德影响个体儿童、青少年道德态度和道德行为，其中更为重要的是家长的道德认知、道德态度和道德行为影响子女的道德认知、道德态度和道德行为。从道德测量角度，家长对于子女的道德品行期待是家长以及整个社会价值观的最直接和真实的体现。可以说，中国社会从来没有像现在这样重视教育，在家庭教育的投入上前所未有，"别让孩子输在起跑线上"是在竞争激烈的社会最能抓住家长的一句话。但目前的教育中道德教育处于怎样的地位？不让孩子输在起跑线上的努力包含道德教育吗？面对社会竞争，家长希望孩子处于不败之地，家长的教育导向是"做事"，还是"做人"？廖申白（2004）认为"做人"的观念关注的主要不是高尚与超卓，而是某些基础性的德行。无论是学校教育还是家庭教育，如何做人都是教育的核心问题。目前中小学教育以知识传授为主，甚至过度看重考分，重教书而忽视了育人。让孩子成为怎样的人是家长教育最重要的设计，目前教导学生做人的任务主要靠家长来完成，因此，家长的价值观对于学生价值观和道德品行的养成至关重要。家长对子女的教育都有意无意地传递着他们的价值观，包括个人价值观和社会性价值观（杨宜音，1998）。家长用有意无意的行动、有声无声的语言传递出要子女如何做人、做什么样的人的信息，家长从自身社会经验出发总结人生的生存价值理念。不同时期的子女可能在生命的不同时期接受和修正家长传递出的价值观，来适应社会生活。因此本研究关心的核心问题就是家长对于子女"做人"品行的期待作为一种基本的社会价值观是如何体现的？子女对于家长的"做人"品行期待是如何理解的？家长的"做人"品行期待与子女感受到的品行期待是否一致，或者说，一致性程度有多高？最后，这种各自的"做人"品行价值观，以及二者的一致性与道德态度和道德行为间的关系如何？

那么，如何衡量道德对于家长和学生的约束性？最能衡量道德约束性的应该是道德行为的弹性。不道德行为的定义和合理化是人们常用的策略。班杜拉（Bandura）的社会认知理论提出了道德推脱（moral disengagement）的概念来解释这一心理过程。班杜拉认为大多数人建立了个人的道德行为标准，这些标准起着自我调节作用，可以引导良好的行为，制止不良行为，而与道德标准相左的行为会导致个体的内疚和自责。因此，个体的行为通常是与其内部的道德标准相符合的，但是这一自我调节功能只有在被激活时才能起作用。班杜拉研究发现，道德推脱可以使道德自我调节功能有选择地激活或失效，当个体违反其道德标准时，可以通过道德推脱使道德的自我调节功能失效，进而摆脱内疚和自责，因此，具有高道德推脱的个体更有可能做出不道德行为。班杜拉认为道德推脱是个体的特定认知倾向，通过重新定义自己的行为使其伤害性更小，最大限度地减少自己在行为后果中的责任，降低对受伤目标的认同，班杜拉的道德推脱可以解释为什么正常人做了不道德行为而没有明显的内疚和自责（杨继平等，2010）。

班杜拉认为道德自我调节功能可以通过八个相互关联的推脱机制失效，这八个推脱机制分别是：道德辩护、委婉标签、有利比较、责任转移、责任分散、忽视或扭曲结果、非人性化、责备归因，如图 2 - 13 所示。道德辩护、委婉标签、有利比较这三个推脱机制通过对应该受到谴责的行为进行认知重建，提高其道德可接受性。具体地，通过道德辩护，个体对伤害他人的行为进行重新解释，使之在道德上看似是合理的。委婉标签是个体通过道德上中立的语言使原本应受谴责的行为变得似乎不再那么有害，甚至是有益的。有利比较主要是个体把不道德行为与更有害的行为进行比较，使原本不可接受的行为变得看似可以接受。责任转移、责任分散、忽视或扭曲结果这几个推脱机制是发生在个体掩盖或扭曲有害行为时。责任转移是当个体认为他的行为直接来自权威要求时，会将自己行为的责任归因于权威人物，否认自己在不道德行为中的责任。责任分散是指没有一个组织成员觉得应该为集体的不道德行为承担责任。忽视或扭曲结果是指个体可能会通过对某一特定行为后果的扭曲，而不产生明显的内疚和自责。非人性化和责备归因这两个机制可以通过降低对受害者的认同而摆脱道德的责备。非人性化是指个体通过在认知上把一些人贬低，使自己的内部道德标准和自责情绪不被激活，从而对这些人进行长期的伤害。责备归因是通过罗列受害者的过错而使自己免除责任（杨继平等，2010）。

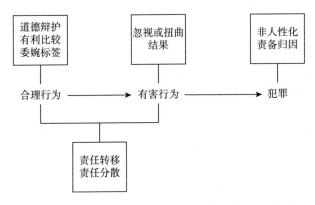

图 2-13 道德推脱在不同行为中的道德自我调节的选择性失效机制

基于以上的讨论，本研究试图探讨家长与子女在做什么样的人上的品行期待及其一致性，家长与子女在道德推脱上的差异，以及如何做人的期待与道德推脱之间的关联。

二 研究方法

（一）样本与调查方式

本研究采用问卷调查形式，样本选取某市某区 3 个不同类型居住区的小学、初中和高中各一所，分别选取小学五年级、初中二年级和高中二年级各 2 个班级的学生为调查对象，也就是共有 18 个班级，共计 683 名同学参与调查。抽取的班级每个学生对应一份问卷，问卷分为两部分，包含学生回答部分和家长回答部分。调查由专业调查人员组织完成，学生问卷在学校填写完成后收回，家长问卷由学生带回请家长完成，两部分问卷全部完成才是有效问卷，合并后按照一份问卷录入。

调查问卷除基本人口变量信息外包含两部分内容。一是做人品行期待问卷，这个问卷改编自多个价值观量表，主要考察家长希望子女成为具有怎样品行的人，子女所理解的家长希望自己成为具有怎样品行的人，以及二者之间的一致性，问卷分为子女问卷和家长问卷，题目相同，都是 26 个题目，学生的指导语是"你觉得你的父母有多强的意愿让你成为具有以下特点的人"，家长的指导语是"你有多强的意愿让你孩子成为具有以下特点的人"，采用李克特 5 点量表计分，"非常不愿意"、"比较不愿意"、"无所谓"、"比较愿意"和"非常愿意"分别计 1 分、2 分、3 分、4 分和 5 分。二是道德推脱问卷，采用王兴超等（2013）修订的《道德推脱问卷》，这一问卷分为道德辩护、委婉标签、有利比较、责任转移、责任分散、扭曲结果、非人性化和责备归因 8 个维度，每个维度有 4 个题目，共 32 个题目，采用李克特 5 点评分，"完全不赞同"、"基本不赞同"、"不确定"、"基本赞同"和"完全赞同"分别计 1 分、2 分、3 分、4 分和 5 分，得分越高表示道德推脱水平越高。

（二）样本基本情况

共有 683 名学生和 683 名家长参加了调查，其中男生 337 人，女生 346 人；家长中男性 245 人，女性 438 人。学生来自小学五年级 222 人，初中二年级 231 人，高中二年级 230 人。其中，独生子女 532 名，非独生子女 151 名；具有本市户籍的 566 人，非本市户籍的 117 人。

三 研究结果

（一）做人品行期待

1. 学生感知的家长做人品行期待

表 2-23 为做人品行期待问卷各项得分的均值排序，将学生所认为的父母对自己做人品行期待的得分从高到低排序，排在前面的品行是诚实、坚强、善良、勤劳和宽容等中国人传统价值观中的优秀品行，排在最后的是不怕吃亏、有信仰、服从、支配别人、依赖等特点。

表 2-23 学生感知家长做人品行期待

价值观	个案数	最小值	最大值	均值	标准差
诚实的人	683	1	5	4.83	0.536
坚强的人	683	1	5	4.78	0.532
善良的人	683	1	5	4.78	0.565
勤劳的人	683	1	5	4.74	0.558

续表

价值观	个案数	最小值	最大值	均值	标准差
宽容的人	683	1	5	4.69	0.640
踏实的人	683	1	5	4.66	0.683
有同情心的人	683	1	5	4.64	0.692
勇敢的人	683	1	5	4.61	0.704
有正义感的人	683	1	5	4.60	0.725
独立的人	683	1	5	4.58	0.854
有社会责任的人	683	1	5	4.55	0.707
有创造力的人	683	1	5	4.52	0.766
慷慨的人	683	1	5	4.52	0.796
节俭的人	683	1	5	4.45	0.778
有成就感的人	683	1	5	4.40	0.816
有经济头脑的人	683	1	5	4.33	0.831
有雄心的人	683	1	5	4.31	0.870
无私的人	683	1	5	4.27	0.977
自由的人	683	1	5	4.21	1.033
刚直的人	683	1	5	4.21	1.001
舒适的人	683	1	5	4.17	1.006
不怕吃亏的人	683	1	5	4.06	1.065
有信仰的人	683	1	5	4.00	1.070
服从的人	683	1	5	3.16	1.325
支配别人的人	683	1	5	2.96	1.251
依赖的人	683	1	5	1.96	1.200

2. 家长对子女做人品行期待

表2-24是家长对子女做人品行期待得分的均值排序，由高到低排在前面的分别是善良、诚实、勤劳、宽容和坚强等，与子女排在前面的几项相同，只是排序略有差异。排在后面的分别是舒适、自由、服从、支配别人和依赖，与子女的后几个特点相似，但有差异。

表2-24 家长对子女做人品行期待

价值观	个案数	最小值	最大值	均值	标准差
善良的人	683	1	5	4.89	0.361

续表

价值观	个案数	最小值	最大值	均值	标准差
诚实的人	683	1	5	4.88	0.411
勤劳的人	683	1	5	4.86	0.418
宽容的人	683	1	5	4.86	0.418
坚强的人	683	1	5	4.84	0.465
独立的人	683	1	5	4.84	0.494
有同情心的人	683	1	5	4.82	0.449
有正义感的人	683	1	5	4.81	0.493
有创造力的人	683	1	5	4.80	0.497
有社会责任的人	683	1	5	4.80	0.474
踏实的人	683	1	5	4.79	0.485
勇敢的人	683	1	5	4.77	0.530
有成就感的人	683	1	5	4.68	0.610
慷慨的人	683	1	5	4.60	0.680
节俭的人	683	1	5	4.59	0.692
有经济头脑的人	683	1	5	4.52	0.698
有信仰的人	683	1	5	4.47	0.796
无私的人	683	1	5	4.41	0.843
不怕吃亏的人	683	1	5	4.40	0.830
有雄心的人	683	1	5	4.39	0.843
刚直的人	683	1	5	4.33	0.886
舒适的人	683	1	5	4.17	1.032
自由的人	683	1	5	4.14	1.056
服从的人	683	1	5	3.34	1.197
支配别人的人	683	1	5	2.82	1.156
依赖的人	683	1	5	1.88	1.180

分别考察父亲角色和母亲角色对子女做人品行期待的差异，结果如表2-25所示，除了在支配别人这一特点上父亲得分高于母亲外，其余各项并无显著差异。

表 2 - 25　父亲与母亲对子女品行期待得分的差异

价值观	家长性别	N	均值	标准差	t 值	p 值
舒适的人	男	245	4.14	1.098	-0.538	0.591
	女	438	4.19	0.995		
诚实的人	男	245	4.88	0.386	-0.183	0.855
	女	438	4.88	0.425		
勤劳的人	男	245	4.88	0.396	0.710	0.478
	女	438	4.85	0.430		
慷慨的人	男	245	4.58	0.724	-0.796	0.426
	女	438	4.62	0.655		
有同情心的人	男	245	4.82	0.435	0.085	0.932
	女	438	4.82	0.457		
善良的人	男	245	4.90	0.324	0.878	0.380
	女	438	4.88	0.381		
勇敢的人	男	245	4.74	0.584	-1.208	0.228
	女	438	4.79	0.497		
独立的人	男	245	4.79	0.609	-1.841	0.066
	女	438	4.87	0.414		
宽容的人	男	245	4.84	0.435	-0.817	0.414
	女	438	4.87	0.408		
节俭的人	男	245	4.65	0.677	1.639	0.102
	女	438	4.56	0.700		
服从的人	男	245	3.42	1.218	1.410	0.159
	女	438	3.29	1.184		
无私的人	男	245	4.42	0.834	0.242	0.809
	女	438	4.40	0.850		
踏实的人	男	245	4.80	0.487	0.154	0.878
	女	438	4.79	0.485		
不怕吃亏的人	男	245	4.41	0.843	0.295	0.768
	女	438	4.39	0.824		
刚直的人	男	245	4.33	0.878	0.026	0.979
	女	438	4.33	0.891		
支配别人的人	男	245	2.94	1.200	2.084	0.037
	女	438	2.75	1.126		

续表

价值观	家长性别	N	均值	标准差	t 值	p 值
依赖的人	男	245	1.98	1.283	1.512	0.131
	女	438	1.83	1.117		
自由的人	男	245	4.14	1.100	0.021	0.983
	女	438	4.14	1.032		
有信仰的人	男	245	4.44	0.840	-0.852	0.394
	女	438	4.49	0.771		
有社会责任的人	男	245	4.79	0.489	-0.131	0.896
	女	438	4.80	0.466		
有成就感的人	男	245	4.71	0.623	0.952	0.341
	女	438	4.66	0.602		
有创造力的人	男	245	4.82	0.456	0.550	0.583
	女	438	4.79	0.519		
有正义感的人	男	245	4.83	0.480	0.795	0.427
	女	438	4.80	0.501		
坚强的人	男	245	4.84	0.477	-0.339	0.735
	女	438	4.85	0.459		
有雄心的人	男	245	4.38	0.910	-0.134	0.893
	女	438	4.39	0.804		
有经济头脑的人	男	245	4.49	0.744	-0.934	0.351
	女	438	4.54	0.671		

3. 子女与家长做人品行期待对比

表 2 - 26 为子女与家长做人品行期待差异的比较，从均值来看，"自由"、"依赖"和"支配别人"三项的平均得分子女高于家长，但只有"支配别人"一项存在显著差异。"舒适"一项家长与子女的平均得分相同。其余各项做人品行期待上家长的得分都高于子女认知的家长做人品行期待的得分，且除了"有雄心"一项外，均存在不同程度的显著差异。也就是家长在多数品行上对子女有更高期待。

表 2 - 26　子女与家长做人品行期待差异分析

价值观	组别	N	均值	标准差	t 值	p 值
舒适的人	家长	683	4.17	1.032	-0.053	0.958
	学生	683	4.17	1.006		
诚实的人	家长	683	4.88	0.411	2.097	0.036
	学生	683	4.83	0.536		
勤劳的人	家长	683	4.86	0.418	4.447	0.000
	学生	683	4.74	0.558		
慷慨的人	家长	683	4.60	0.680	2.156	0.031
	学生	683	4.52	0.796		
有同情心的人	家长	683	4.82	0.449	5.801	0.000
	学生	683	4.64	0.692		
善良的人	家长	683	4.89	0.361	4.165	0.000
	学生	683	4.78	0.565		
勇敢的人	家长	683	4.77	0.530	4.732	0.000
	学生	683	4.61	0.704		
独立的人	家长	683	4.84	0.494	6.863	0.000
	学生	683	4.58	0.854		
宽容的人	家长	683	4.86	0.418	5.807	0.000
	学生	683	4.69	0.640		
节俭的人	家长	683	4.59	0.692	3.637	0.000
	学生	683	4.45	0.778		
服从的人	家长	683	3.34	1.197	2.550	0.011
	学生	683	3.16	1.325		
无私的人	家长	683	4.41	0.843	2.935	0.003
	学生	683	4.27	0.977		
踏实的人	家长	683	4.79	0.485	3.973	0.000
	学生	683	4.66	0.683		
不怕吃亏的人	家长	683	4.40	0.830	6.490	0.000
	学生	683	4.06	1.065		
刚直的人	家长	683	4.33	0.886	2.348	0.019
	学生	683	4.21	1.001		
支配别人的人	家长	683	2.82	1.156	-2.135	0.033
	学生	683	2.96	1.251		

续表

价值观	组别	N	均值	标准差	t 值	p 值
依赖的人	家长	683	1.88	1.180	−1.228	0.220
	学生	683	1.96	1.200		
自由的人	家长	683	4.14	1.056	−1.321	0.187
	学生	683	4.21	1.033		
有信仰的人	家长	683	4.47	0.796	9.267	0.000
	学生	683	4.00	1.070		
有社会责任的人	家长	683	4.80	0.474	7.638	0.000
	学生	683	4.55	0.707		
有成就感的人	家长	683	4.68	0.610	7.062	0.000
	学生	683	4.40	0.816		
有创造力的人	家长	683	4.80	0.497	8.003	0.000
	学生	683	4.52	0.766		
有正义感的人	家长	683	4.81	0.493	6.415	0.000
	学生	683	4.60	0.725		
坚强的人	家长	683	4.84	0.465	2.382	0.017
	学生	683	4.78	0.532		
有雄心的人	家长	683	4.39	0.843	1.738	0.082
	学生	683	4.31	0.870		
有经济头脑的人	家长	683	4.52	0.698	4.726	0.000
	学生	683	4.33	0.831		

4. 做人品行期待量表的结构

对学生与家长做人品行期待问卷分别进行因子分析，将家长问卷和子女问卷提取的因子进行比较，确定具有一致性的 21 个共同题目作为做人品行期待量表，该量表包含 3 个因子，具体题目如表 2 - 27 所示。三个因子分别命名为"个人内在品行"、"社会适应性品行"和"自主性"，"个人内在品行"因子更关注个人做人的基本品行；"社会适应性品行"更强调个人外在的具有社会适应性的品行；"自主性"强调的是个人是否具有独立、不依赖的人格。

表 2 – 27 　做人品行期待量表结构

价值观	因子
诚实的人	因子 1：个人内在品行
勤劳的人	
慷慨的人	
有同情心的人	
善良的人	
勇敢的人	
宽容的人	
无私的人	
踏实的人	
不怕吃亏的人	
刚直的人	
服从的人	因子 2：自主性
支配别人的人	
依赖的人	
有社会责任的人	因子 3：社会适应性品行
有成就感的人	
有创造力的人	
有正义感的人	
坚强的人	
有雄心的人	
有经济头脑的人	

　　使用快速聚类的方法，先按社会适应性将样本聚类为高社会适应性和低社会适应性两类，然后再按个人内在品行聚类为高个人内在品行与低个人内在品行两类，再进行组合可以得到如表 2 – 28 所示的四类。其中属于高个人内在品行、低社会适应性品行的为 95 人，占 13.91%；属于高个人内在品行、高社会适应性品行的为 445 人，占 65.15%；属于低个人内在品行、低社会适应性品行的为 100 人，占 14.64%；属于低个人内在品行、高社会适应性品行的为 43 人，占 6.30%。

表2-28　个人内在品行与社会适应性品行交叉分析

项目		社会适应性品行	
		高	低
个人内在品行	高	445（65.15%）	95（13.91%）
	低	43（6.30%）	100（14.64%）
合计		195	488

表2-29为家长对子女做人品行期待与学生感知的家长做人品行期待差异分析，与表2-28相似，在个人内在品行和社会适应性品行两个维度上家长的平均得分都高于子女，而在自主性上则家长的得分低于子女，通过独立样本 t 检验发现在三个维度上都存在十分显著的差异。

表2-29　学生与家长做人品行期待差异分析

维度	组别	N	均值	标准差	t 值	p 值
个人内在品行	家长	683	4.6925	0.39210	6.016	0.000
	学生	683	4.5465	0.49861		
社会适应性品行	家长	683	4.6921	0.43438	7.414	0.000
	学生	683	4.4978	0.52959		
自主性	家长	683	3.1991	0.61668	-2.263	0.024
	学生	683	3.2772	0.65801		

（二）道德推脱

1. 家长和子女道德推脱倾向比较

表2-30是学生与家长在道德推脱各维度上得分的比较，可以看到学生与家长在各维度上的平均得分都不高，最高得分为学生在"责任转移"维度上的2.478，介于基本不赞成到不确定之间。学生在道德推脱各维度上的得分均值都高于家长，经检验学生与家长在各个维度上的得分差异在统计上都是极其显著的，这说明学生对于不道德行为的容忍度较高，更有可能会为自己做出的不道德行为开脱。

表2-30　家长和子女在道德推脱各维度上得分的比较

维度	组别	N	均值	标准差	t 值	p 值
道德辩护	学生	683	1.858	0.637	11.432	0.000
	家长	683	1.506	0.496		

维度	组别	N	均值	标准差	t 值	p 值
委婉标签	学生	683	2.049	0.702	10.258	0.000
	家长	683	1.689	0.592		
有利比较	学生	683	1.741	0.628	6.725	0.000
	家长	683	1.535	0.400		
责任转移	学生	683	2.478	0.796	11.154	0.000
	家长	683	2.023	0.710		
责任分散	学生	683	1.987	0.682	8.593	0.000
	家长	683	1.697	0.561		
扭曲结果	学生	683	1.867	0.716	8.185	0.000
	家长	683	1.583	0.556		
非人性化	学生	683	1.838	0.658	7.846	0.000
	家长	683	1.582	0.544		
责备归因	学生	683	1.608	0.540	6.989	0.000
	家长	683	1.420	0.451		

2. 男生和女生道德推脱比较

如表 2-31 所示，男生与女生在道德推脱各维度上除"责任分散"差异不显著外，男生平均得分均高于女生。

表 2-31　男生和女生在道德推脱各维度上的得分差异

维度	学生性别	N	均值	标准差	t 值	p 值
道德辩护	男	337	1.915	0.681	2.270	0.024
	女	346	1.804	0.587		
委婉标签	男	337	2.128	0.739	2.923	0.004
	女	346	1.972	0.657		
有利比较	男	337	1.805	0.673	2.623	0.009
	女	346	1.679	0.574		
责任转移	男	337	2.543	0.829	2.110	0.035
	女	346	2.415	0.759		
责任分散	男	337	2.010	0.719	0.849	0.396
	女	346	1.965	0.644		

维度	学生性别	N	均值	标准差	t 值	p 值
扭曲结果	男	337	1.962	0.777	3.454	0.001
	女	346	1.774	0.640		
非人性化	男	337	1.914	0.697	2.996	0.003
	女	346	1.764	0.609		
责备归因	男	337	1.700	0.607	4.470	0.000
	女	346	1.517	0.448		

3. 父亲和母亲道德推脱比较

表 2 - 32 为家长中父亲与母亲在道德推脱各维度上的得分差异，除"有利比较"一个维度外，其余各维度上均存在不同程度的显著差异，且父亲道德推脱得分均高于母亲。

表 2 - 32　父亲和母亲道德推脱得分差异分析

维度	家长性别	N	均值	标准差	t 值	p 值
道德辩护	男	245	1.596	0.552	3.404	0.001
	女	438	1.455	0.456		
委婉标签	男	245	1.820	0.663	4.159	0.000
	女	438	1.615	0.535		
有利比较	男	245	1.580	0.542	1.756	0.080
	女	438	1.510	0.473		
责任转移	男	245	2.102	0.779	2.096	0.037
	女	438	1.978	0.666		
责任分散	男	245	1.782	0.614	2.839	0.005
	女	438	1.650	0.522		
扭曲结果	男	245	1.677	0.612	3.164	0.002
	女	438	1.530	0.515		
非人性化	男	245	1.645	0.599	2.177	0.030
	女	438	1.546	0.507		
责备归因	男	245	1.495	0.514	3.085	0.002
	女	438	1.377	0.406		

4. 独生子女和非独生子女道德推脱比较

表 2 - 33 为学生中独生子女与非独生子女道德推脱各维度上的得分差

异比较，结果显示独生子女的道德推脱平均得分高于非独生子女，但只在责任转移和扭曲结果两个维度上存在显著差异。

表 2 - 33　独生子女和非独生子女道德推脱得分差异比较

维度	是否为独生子女	N	均值	标准差	t 值	p 值
道德辩护	独生	532	1.871	0.629	0.965	0.335
	非独生	151	1.815	0.6623		
委婉标签	独生	532	2.071	0.674	1.399	0.163
	非独生	151	1.972	0.793		
有利比较	独生	532	1.760	0.623	1.496	0.135
	非独生	151	1.674	0.643		
责任转移	独生	532	2.517	0.792	2.404	0.017
	非独生	151	2.341	0.799		
责任分散	独生	532	2.009	0.678	1.565	0.118
	非独生	151	1.911	0.693		
扭曲结果	独生	532	1.904	0.718	2.537	0.011
	非独生	151	1.737	0.696		
非人性化	独生	532	1.852	0.651	1.018	0.309
	非独生	151	1.790	0.681		
责备归因	独生	532	1.609	0.512	0.114	0.909
	非独生	151	1.603	0.631		

5. 不同年级学生道德推脱比较

表 2 - 34 为分年级比较的学生道德推脱得分，可以看出，各年级学生的道德推脱得分无论是在各个维度上还是在总均分上都存在较为显著的差异。具体地，初中二年级学生在八个维度和总均分上得分均为最低；小学五年级学生和高中二年级学生在各维度上的得分各有高低，但在总均分上小学五年级学生道德推脱的得分最高。

表 2 - 34　分年级学生道德推脱得分方差分析

维度	年级			F 值	p 值
	小学五年级	初中二年级	高中二年级		
道德辩护	2.07	1.69	1.83	21.285	0.000
委婉标签	2.25	1.87	2.03	16.828	0.000

续表

维度	年级			F 值	p 值
	小学五年级	初中二年级	高中二年级		
有利比较	1.77	1.61	1.84	8.453	0.000
责任转移	2.65	2.27	2.53	13.842	0.000
责任分散	2.11	1.81	2.05	13.178	0.000
扭曲结果	1.88	1.71	2.02	11.056	0.000
非人性化	1.91	1.73	1.88	4.453	0.012
责备归因	1.58	1.52	1.72	8.256	0.000
道德推脱总均分	2.02	1.77	1.98	15.916	0.000

（三）做人品行期待与道德推脱

1. 个人内在品行与道德推脱

如表 2 - 35 所示，运用快速聚类的方法将学生分为高个人内在品行与低个人内在品行两组，比较发现两组学生在道德推脱各维度上都存在极其显著的差异，相对于高个人内在品行的学生来说，低个人内在品行的学生道德推脱得分更高。

表 2 - 35　学生个人内在品行得分高低在道德推脱各维度上的差异分析

维度	组别	N	均值	标准差	t 值	p 值
道德辩护	高个人内在品行	540	1.798	0.617	-4.950	0.000
	低个人内在品行	143	2.089	0.659		
委婉标签	高个人内在品行	540	1.970	0.691	-5.860	0.000
	低个人内在品行	143	2.348	0.665		
有利比较	高个人内在品行	540	1.655	0.588	-6.754	0.000
	低个人内在品行	143	2.068	0.667		
责任转移	高个人内在品行	540	2.403	0.796	-5.125	0.000
	低个人内在品行	143	2.762	0.732		
责任分散	高个人内在品行	540	1.904	0.661	-6.359	0.000
	低个人内在品行	143	2.301	0.670		
扭曲结果	高个人内在品行	540	1.780	0.695	-6.353	0.000
	低个人内在品行	143	2.200	0.702		
非人性化	高个人内在品行	540	1.753	0.631	-6.742	0.000
	低个人内在品行	143	2.157	0.663		

续表

维度	组别	N	均值	标准差	t 值	p 值
责备归因	高个人内在品行	540	1.552	0.524	-5.348	0.000
	低个人内在品行	143	1.818	0.551		

2. 社会适应性品行与道德推脱

由表 2-36 可知，社会适应性品行得分高的组与社会适应性品行得分低的组在道德推脱各维度上的得分均存在极其显著的差异，相对于社会适应性品行得分低的组，社会适应性品行得分高的组在道德推脱各维度上的得分更低。

表 2-36 社会适应性品行得分高低在道德推脱各维度上的差异

维度	组别	N	均值	标准差	t 值	p 值
道德辩护	低社会适应性品行	195	2.070	0.632	5.580	0.000
	高社会适应性品行	488	1.775	0.620		
委婉标签	低社会适应性品行	195	2.260	0.627	5.345	0.000
	高社会适应性品行	488	1.965	0.714		
有利比较	低社会适应性品行	195	1.947	0.651	5.545	0.000
	高社会适应性品行	488	1.659	0.599		
责任转移	低社会适应性品行	195	2.755	0.673	6.389	0.000
	高社会适应性品行	488	2.367	0.815		
责任分散	低社会适应性品行	195	2.185	0.649	4.861	0.000
	高社会适应性品行	488	1.908	0.680		
扭曲结果	低社会适应性品行	195	2.099	0.709	5.461	0.000
	高社会适应性品行	488	1.774	0.699		
非人性化	低社会适应性品行	195	2.110	0.651	7.084	0.000
	高社会适应性品行	488	1.729	0.629		
责备归因	低社会适应性品行	195	1.772	0.542	5.113	0.000
	高社会适应性品行	488	1.542	0.526		

3. 不同个人内在品行、社会适应性品行下的道德推脱

个人内在品行得分高低与社会适应性品行得分高低可以分为四种组合，如图 2-14 所示，对这四种类型学生道德推脱八个维度上的得分进行比较可以看出，第一类是个人内在品行得分高而社会适应性品行得分低的学生，其与个人内在品行得分低而社会适应性品行得分高的学生在"道德辩护"、

"责备归因"、"非人性化"和"责任转移"上得分相近；第二类是个人内在品行得分高且社会适应性品行得分高的学生，其在道德推脱八个维度上得分都最低；第三类是个人内在品行得分低且社会适应性品行得分低的学生，其在道德推脱各个维度上得分都最高；第四类是个人内在品行得分低而社会适应性品行得分高的学生，其在"扭曲结果"、"责任分散"、"委婉标签"和"有利比较"等道德推脱的维度上得分更高。

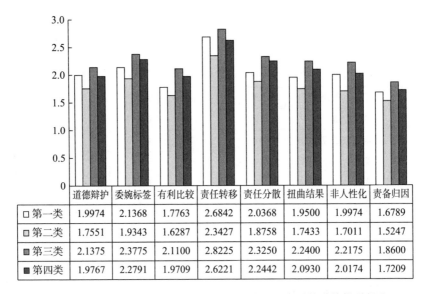

	道德辩护	委婉标签	有利比较	责任转移	责任分散	扭曲结果	非人性化	责备归因
□ 第一类	1.9974	2.1368	1.7763	2.6842	2.0368	1.9500	1.9974	1.6789
□ 第二类	1.7551	1.9343	1.6287	2.3427	1.8758	1.7433	1.7011	1.5247
▨ 第三类	2.1375	2.3775	2.1100	2.8225	2.3250	2.2400	2.2175	1.8600
■ 第四类	1.9767	2.2791	1.9709	2.6221	2.2442	2.0930	2.0174	1.7209

图 2 - 14　不同个人内在品行、社会适应性品行类型的道德推脱得分

图 2 - 15 为四种做人品行期待类型下道德推脱总均分的排序，可以看

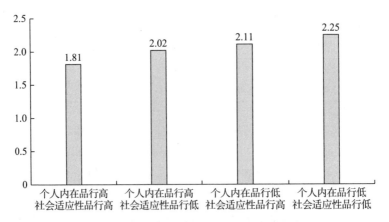

图 2 - 15　四种做人品行期待类型道德推脱的比较

到类似图 2 – 16 的结果，社会适应性品行得分高的学生道德推脱的得分低于社会适应性品行得分低的学生，而不管社会适应性品行得分高低，个人内在品行得分高的学生在道德推脱上的得分都要低于个人内在品行得分低的学生，似乎说明个人内在品行对个体道德推脱的影响更大。

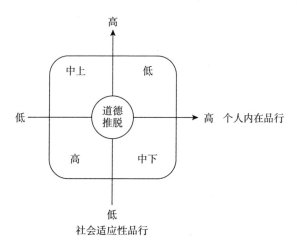

图 2 – 16　做人品行期待与道德推脱

四　结论和讨论

（一）家长与子女做人品行期待的一致性与差异性

1. 一致性

本研究发现无论是子女还是家长，在做人品行上都尊崇传统价值观，传统的优秀做人品行依然被视为最重要的价值观。子女认知的家长对自己做人品行期待与家长实际做人品行期待具有高度一致性，表现在一些基本的个人内在品行上，如家长和子女都把诚实、坚强、善良、勤劳和宽容等个人内在品行列为最重要的品行价值，而服从、支配别人、依赖等则处于相对次要地位。家长的父亲角色和母亲角色在子女做人品行期待上没有显著差异。

2. 差异性

虽然家长与子女在做人品行期待各项，以及因子分析后的"个人内在品行"、"社会适应性品行"和"自主性"三个维度上差异并不大，但是，子女与家长之间在做人品行期待的多数题目和三个维度上都存在不同程度的显著差异，且表现为家长对子女做人品行期待高于子女的认知。在这一点上，家庭教育不仅重视知识、能力的培养，育人要求也并未忽视。

（二）道德推脱与道德策略

从问卷调查结果看，家长与子女都表现出较低的道德推脱倾向。比较一致的结果是：在道德推脱的各个维度上子女的道德推脱均高于家长；道德推脱表现出明显的性别差异，基本上男性的道德推脱高于女性（除子女在"责任分散"上差异不显著和家长在"有利比较"上不显著）；独生子女的道德推脱高于非独生子女。从年级上看，小学、初中和高中组在道德推脱的平均分上表现为由高到低，然后再高的起伏，这种现象值得关注。个体的学校教育阶段是受道德教化的最重要阶段，在这个阶段个体的道德认知逐渐成熟（皮亚杰，1981；科尔伯格，2004），但这是否意味着个体违背道德行为就会逐渐减少呢？本研究对于三个年龄段的横断研究表明，青少年道德推脱并非一个逐渐降低的过程。这是否意味着随着年龄增加，个体对于不良道德环境的了解加深，但又迫于社会环境下的道德压力而采取了各种形式的道德推脱，道德推脱成为人们的道德策略？这值得进一步探索。

（三）育什么样的人？

做人是中国传统文化中一直特别重视的，做什么样的人在传统文化中也有深刻的体现，在社会转型和中西文化融合的大背景下，教育要培养什么样的人成为一个新的问题。不只是教育工作者，每个家长都在思考和实践着这一问题。本研究发现如果把做人分为侧重培育人的个人内在品行和社会适应性品行的话，这种类型学的分类对应了明显的道德策略。这两类品行兼高对应的是最低的道德推脱，其次是高个人内在品行和低社会适应性品行，再次是低个人内在品行和高社会适应性品行，最高的道德推脱对应的是二者均低。这样的话，教育的策略是更重视个人内在基本品行的提高。

第三章

职场：创业心态

第一节 创业心态区域和城市比较研究

一 引言

本研究是继创业心态2016～2017年度报告（陶雪婷、应小萍，2017）之后，分析比较创业心态在不同区域及城市间异同的一项研究。研究基于六大地区、不同发展水平城市、城市群等划分方法，分析创业心态的区域和城市比较结果，探讨创业心态的特征，选取"创业心态调查2016～2017"中的8359名未创业者作为被调查者，从社会心态角度研究民众在创新创业中体验到的具有弥散性的社会心境状态（应小萍，2016）。在本研究中将创业心态界定为三个层面，创业倾向、创业能力和创业环境感知，创业能力又包括创业资源感知、创业安全感、创新自我效能感、日常创造性。

继2014年在夏季达沃斯论坛开幕式上李克强总理提出"大众创业、万众创新"，2019年6月5日在国务院常务会议上再次提出将"双创"引向深入的措施。① 2019年6月13～19日，举行了全国大众创业万众创新活动周，以浙江杭州为主会场，设北京、深圳、上海、成都、武汉、合肥、西安和沈阳八个分会场，并向各省区市的37个分会场进行同步直播，全面展

---

① 参见中国政府网会议新闻（http://www.gov.cn/guowuyuan/cwhy/20190605c17/index.htm）和新闻解读（https://m.thepaper.cn/newsDetail_forward_3612138）。

示各地"双创"发展成果，激发民众创新创业创造活力。① 随着"双创"的深入，结合各地的发展水平，开展适合地方的创新创业活动是大趋势。这为探讨创业心态的区域和城市的特点提供了现实和实践的依据。

《中国区域创新能力评价报告》是每年发布，具有连续性的年度研究报告，利用政府发布的大量与创新相关的公开统计数据，在对国家区域创新能力进行追踪分析的同时，也对各省区市的区域创新能力进行每年排名和历年排名变化分析，报告有助于地方政府了解本地区创新能力发展，也为学习其他地区的优秀创新活动提供了一个平台。创业能力的区域比较为创业心态的地域和城市比较提供了依据。

六大地区由东北、环渤海、东南、中部、西南和西北六个地区组成。东北地区即东三省，包括黑龙江省、吉林省和辽宁省。环渤海地区为北京市、天津市、河北省和山东省四省市。东南地区为上海市、江苏省、浙江省、福建省和广东省五省市。中部地区将河南省、湖北省、湖南省、安徽省和江西省五个省份包括在内。西南地区包括重庆市、四川省、云南省、海南省、贵州省、广西壮族自治区、西藏自治区。西北地区包括山西省、陕西省、甘肃省、宁夏回族自治区、内蒙古自治区、新疆维吾尔自治区和青海省。

一线、二线、三线、四线、五线城市等的不同发展水平城市划分虽然不是学术概念，但已被媒体广泛使用，将城市粗略分类用于分析城市经济状况（倪鹏飞、李肃，2015）。不同发展水平城市的划分根据第一财经发布的《2016 中国城市商业魅力排行榜》城市名单，将全国 338 个地级以上城市依据商业资源集聚度、城市枢纽性、城市人活跃度、生活方式多样性和未来可塑性五大指标划分为一线城市、新一线城市、二线城市、三线城市、四线城市和五线城市。一线城市 4 个，包括北京、上海、深圳和广州。新一线城市 15 个，包括两个直辖市、七个省会城市以及六个经济发达计划单列市，即成都、杭州、武汉、天津、南京、重庆、西安、长沙、青岛、沈阳、大连、厦门、苏州、宁波、无锡。二线城市 30 个，包括福州、合肥、郑州、哈尔滨、佛山、济南、东莞、昆明、太原、南昌、南宁、温州、石家庄、长春、泉州、贵阳、常州、珠海、金华、烟台、海口、惠州、乌鲁

---

① 以山西和河北的双创活动周为例，参见 http://www.sx.xinhuanet.com/2019 - 06/14/c_1124620676.htm 和 http://www.he.xinhuanet.com/xinwen/2019 -06/13/c_1124615662.htm。

木齐、徐州、嘉兴、潍坊、洛阳、南通、扬州、汕头。三线城市 70 个，四线城市 90 个，五线城市 129 个，本研究将四线城市和五线城市合并为"四线及以下城市"进行分析。

城市群是由聚集在地域上集中分布着的若干大城市和特大城市而来，也因而成为分析区域发展，预测未来城市与区域演化发展趋势的依据。本研究选取十大城市群中，在目前研究中国城市化中应用较广，也是城市化的主导力量的长三角、珠三角、京津冀城市群进行比较分析（曾鹏、毕超，2015；黄洁等，2014）。长三角城市群包括一线城市上海；江苏和浙江的新一线城市南京、杭州、宁波、苏州和无锡，江苏和浙江的二线城市常州、南通、嘉兴、绍兴、台州，江苏和浙江的三线城市扬州、泰州、镇江、湖州，浙江的四线城市舟山。珠三角城市群包括一线城市深圳和广州；广东的新一线城市东莞，二线城市佛山、中山、惠州，三线城市珠海、江门、肇庆。京津冀城市群包括一线城市北京、新一线城市天津；河北省的二线城市石家庄、保定，三线城市唐山、廊坊、秦皇岛、沧州，四线城市张家口、承德。

二 方法

（一）调查对象

创业心态调查在问卷宝 App 上发布，数据收集时间为 2016 年 11 月 20 日至 2017 年 2 月 20 日，选取工作状态为非创业，并有所在城市信息的有效样本 8395 人。其中男性 4367 人，占全体被调查者的 52.0%，女性 4028 人，占 48.0%；18～28 岁 4821 人，占 57.4%，28 岁以上 3574 人，占 42.6%；受教育程度为专科及以下的为 4659 人，占 55.5%，本科及以上 3736 人，占 44.5%；本地户籍 6077 人，占 72.4%，外地户籍 2318 人，占 27.6%。

（二）创业心态的测量

创业心态的测量包括创业倾向、创业能力和创业环境感知三个方面，共六个变量（陶雪婷、应小萍，2017）。

1. 创业倾向

创业倾向变量包括三个题项，创业兴趣、三年内创业可能性和创业准备，采用李克特 5 点量表自我评价创业倾向状况，1 代表"完全不符合"，5 代表"完全符合"；三题的内部一致性系数为 0.782，创业倾向的测量信度较好，符合心理学测量标准；得分越高表示创业倾向越高。

2. 创业能力

创业能力包括四个变量，即创业资源感知、创业安全感、创新自我效能感和日常创造性。

创业资源感知包括四个题项，自我评价具有创业所需资金、社会资源、项目和管理能力的情况（师保国等，2017），采用李克特5点量表，1代表"完全不符合"，5代表"完全符合"；四题的内部一致性系数为0.850，信度较好；得分越高表示个体对创业资源的感知越好。

创业安全感是将创业风险感知两题项反向计分后而来（丛中、安莉娟，2004），两题的皮尔逊相关系数为0.577；得分越高表示被调查者创业安全感越强。

创新自我效能感包括六个题项（Tierney and Farmer，2002，2011），采用李克特5点量表，1代表"完全不符合"，5代表"完全符合"，反映被调查者对于根据自己所拥有的能力去完成创新工作的自信程度；量表的内部一致性系数为0.828，信度较好；得分越高表示自我创新效能感越强。

日常创造性包括七个题项，采用李克特5点量表，从1"从不"到5"总是"自我评价个体在日常生活中创造性行为发生的频率。量表的内部一致性系数为0.862，信度较好；分数越高表示被调查者的日常创造性越强。

3. 创业环境感知

创业环境感知包括两个题项，采用李克特5点量表对环境适合创业和当前创业机会进行评价，两题的皮尔逊相关系数为0.513；得分越高表示个体对创业环境的感知越好。

（三）区域和城市划分

将8395名被调查者的所在城市根据六大地区划分后，东南地区占41.7%，中部地区占17.4%，环渤海地区占17.0%，西南地区占10.0%，西北地区占7.6%，东北地区占6.4%。

根据城市发展水平划分进入此次研究分析的被调查者的所在城市，一线城市占全体的18.3%；新一线城市占17.0%；二线城市占20.9%；三线城市占18.4%；四线及以下城市占25.4%。

在本研究中，参与创业心态调查的非创业者来自长三角城市群1119人，珠三角城市群1512人，京津冀城市群723人。

三 结果分析

采用单因素方差分析和事后检验比较分析创业心态在六大地区、不同发展水平的城市、城市群中的差异；在长三角、珠三角和京津冀城市群，用独立样本 t 检验比较分析创业心态在不同性别、年龄、受教育程度和户籍群体间的差异（Maes et al.，2014）。创业心态分为创业倾向、创业能力和创业环境感知三个方面。

（一）六大地区

1. 创业倾向

如图 3–1 所示，六大地区民众的创业倾向按得分高低排序，依次为西北地区、环渤海地区、东北地区、西南地区、东南地区和中部地区。创业倾向分数均在 1~5 分的中间值 3 分以上。单因素方差分析结果显示，六大地区民众创业倾向分数不存在显著差异。表明民众的创业积极性和为创业所做的准备在中等水平，且在六大地区之间没有大的差别，地理位置没有影响民众的创业倾向。

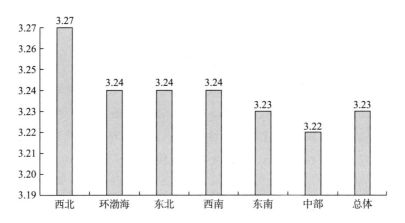

图 3–1 六大地区的创业倾向

2. 创业能力

六大地区民众的创业资源感知按得分高低排序，依次为东南地区、东北地区、西南地区、环渤海地区、西北地区、中部地区（见图 3–2）。六大地区民众的创业资源感知分数均较低，低于 1~5 分的中间值 3 分。单因素方差分析和事后检验结果显示，东南地区、东北地区、环渤海地区民众的创业资源感知分数显著高于中部地区。表明六大地区民众对创业资源感知均不高，东部地区民众比中部地区民众感知到具有更好创业所需要的资金、项目和管理能力等资源。

六大地区民众的创业安全感按得分高低排序，依次为东北地区、环渤海地区、西北地区、东南地区、中部地区、西南地区（见图 3－2）。东北地区民众的创业安全感相对于其他地区最高，也是唯一高于 1～5 分中间值 3 分的，其他五个地区民众的创业安全感得分虽然低于但接近 3 分。单因素方差分析和事后检验结果显示，东北地区民众的创业安全感显著高于东南、中部和西南地区。表明六大地区的创业安全感均在中等程度，不高也不低。

六大地区民众的创新自我效能感分数均超过了 3 分，按得分高低排序，依次为东北地区、环渤海地区、西北地区、东南地区、中部地区、西南地区（见图 3－2）。单因素方差分析和事后检验结果显示，东北地区民众的创新自我效能感显著高于其他五个地区；环渤海地区民众的创新自我效能感略高于西北地区民众，但显著高于东南地区、中部地区和西南地区民众；西北地区民众的创新自我效能感只显著高于西南地区。表明东北地区民众对自己处理创新工作的能力具有较强的自信，而西南地区民众对自我处理创新工作的能力的自信相对较弱。

六大地区民众的日常创造性分数均低于 2.5 分，低于 1～5 分的中间值 3 分，按得分高低排序，依次为西北地区、东南地区、环渤海地区、东北地区、中部地区和西南地区（见图 3－2）。单因素方差分析和事后检验结果显示，六大地区民众的日常创造性不存在显著差异。表明参与本次调查的民众的日常创造性均较低，且六大地区间民众在日常创造性上没有差别。

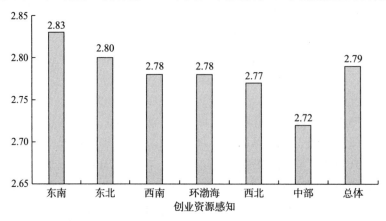
创业资源感知

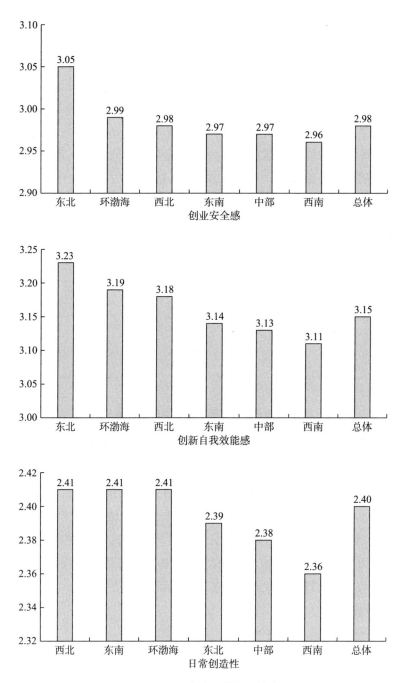

图 3-2 六大地区的创业能力

总体而言，在六大地区中，中部地区民众的创业能力较差，相较于其他地区排在最后，东北地区民众的创业能力较强，排在其他地区之前。

3. 创业环境感知

六大地区民众的创业环境感知按得分高低排序，依次为西北地区、环渤海地区、东南地区、西南地区、东北地区、中部地区（见图3-3）。单因素方差分析和事后检验结果显示，中部地区民众对创业环境感知最差，低于总体平均数，但只和东南地区存在显著差异（$p < 0.05$）；其他地区民众的创业环境感知得分不存在显著差异。表明六大地区民众均对目前的创业环境和创业机会感知介于不好不坏之间，稍高于1~5分的中间值3分。

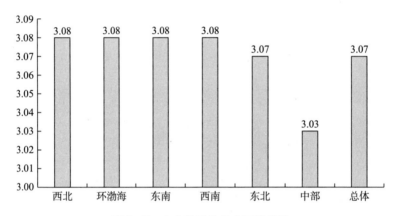

图3-3 六大地区的创业环境感知

（二）不同发展水平城市

1. 创业倾向

按城市发展水平不同划分后的城市类别，民众的创业倾向按得分高低排序，依次为四线及以下城市、新一线城市、三线城市、二线城市、一线城市（见图3-4）。经单因素方差分析，五类城市民众的创业倾向无显著差异。表明不同发展水平城市民众的创业倾向没有受城市发展水平影响，五类城市均具有较好的创业倾向，超过中间值3分。

2. 创业能力

按照不同发展水平城市民众创业资源感知的得分高低排序，依次为一线城市、二线城市、新一线城市、四线及以下城市、三线城市（见图3-5）。五类城市民众均对创业所需的资源感知不高，低于3分。三线城市民众对创业资源感知最差，但单因素方差分析和事后检验结果显示，其只与一线民众的创业资源感知存在显著差异，其他不同发展水平城市间民众的创业

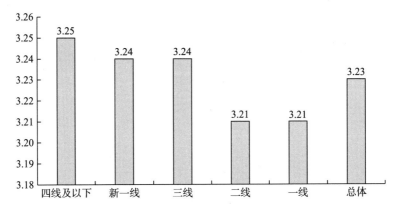

图 3 - 4　不同发展水平城市的创业倾向

资源感知不存在显著差异。

　　按不同发展水平城市民众的创业安全感得分高低排序，依次为新一线城市、一线城市、四线及以下城市、三线城市、二线城市（见图 3 - 5）。五类城市民众的创业安全感分数也不高，只有新一线城市民众的创业安全感高于 3 分，其他类城市虽然接近 3 分但都低于 3 分。单因素方差分析和事后检验结果显示，二线城市民众的创业安全感只显著低于新一线城市；其他一线城市、三线城市、四线及以下城市之间，不存在显著差异。

　　不同发展水平城市民众的创新自我效能感按得分高低排序，依次为新一线城市、二线城市、三线城市、四线及以下城市、一线城市（见图 3 - 5）。单因素方差分析和事后检验结果显示，新一线城市民众的创新自我效能感比一线城市显著更高。

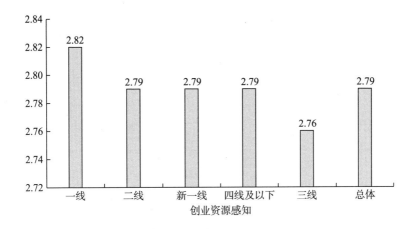

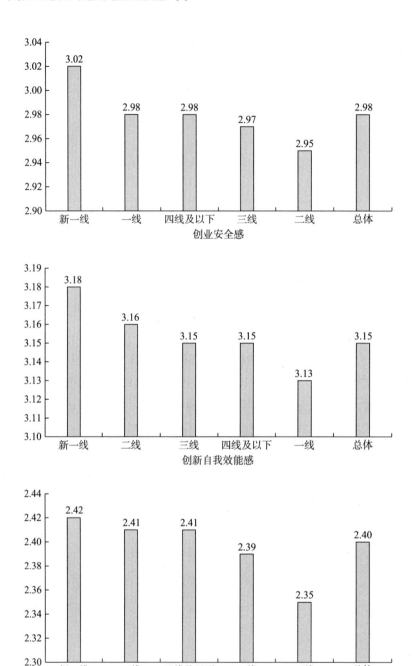

图 3 - 5 不同发展水平城市的创业能力

日常创造性按得分高低排序，依次为新一线城市、二线城市、四线及以下城市、一线城市、三线城市（见图3-5）。单因素方差分析和事后检验结果显示，三线城市民众的日常创造性最低，显著低于新一线城市、二线城市和四线及以下城市。

3. 创业环境感知

五类城市中，民众的创业环境感知得分均高于1～5分中间值3分，按得分高低排序，依次为一线城市、新一线城市、四线及以下城市、三线城市、二线城市（见图3-6）。单因素方差分析和事后检验结果显示，一线城市、新一线城市、四线及以下城市民众的创业环境感知显著高于二线城市。二线城市和三线城市民众的创业环境感知均低于总体均分，且两者间无显著差异。

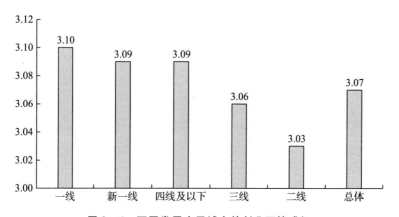

图3-6　不同发展水平城市的创业环境感知

总体而言，在不同发展水平的五类城市中，在创业倾向上无显著差异。三线城市民众的创业能力较差，特别是落后于新一线城市。新一线城市的经济发展紧追在一线城市后，反映在民众的创业心态上，新一线城市民众的创业能力也不输一线城市的民众。特别是反映自我能力能否完成创新行为的自信程度的创新自我效能感，一线城市民众反而最差，显著低于新一线城市。新一线城市在展示自我活力的同时，也向一线城市提出挑战。二线和三线城市虽然经济发展水平高于四线及以下城市，但其民众的创业能力并没有强于四线及以下城市。一线城市和新一线城市提供了较好的创业环境和创业机会，民众也感受到了这种机会。四线及以下城市民众与一线和新一线城市民众持平的较好的创业环境感知，一方面说明"大众创业、万众创新"，另一方面也对二线和三线城市的创新创业发展提出了更高的要求。

（三）一线城市北上深广

从以上分析可以看到，一线城市的创业心态状况并没有和经济水平类似，领先于其他城市。对四个一线城市做进一步的分析，比较北上深广四个特大城市之间在创业心态上的差异，并和总体8395人的均分做比较。

1. 创业倾向

如图3-7所示，经单因素方差分析发现，北上深广四个特大城市的民众在创业倾向上不存在显著差异，从创业倾向的得分高低排序看，广州第一，深圳第二，上海和北京在其后。但从图3-7中可以看到北京民众的创业倾向（3.16）远低于所有参与此次调查民众的总体均分（3.23）。

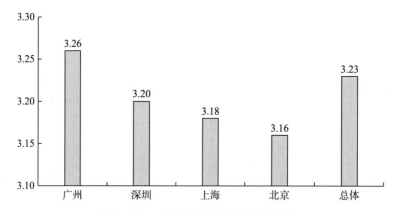

图3-7 一线城市北上深广的创业倾向

2. 创业能力

四大一线城市民众在创业资源感知得分上按高低排序，依次为广州、深圳、上海和北京（见图3-8）。经单因素方差分析和事后检验，北京民众的创业资源感知最差，显著低于广州和深圳。

一线城市民众创业安全感得分和总体均分持平，按得分高低排序后，排名依次为广州、上海、北京和深圳（见图3-8），单因素方差分析结果显示，四大一线城市民众之间的创业安全感无显著差异。

按创新自我效能感得分高低排序后，四大一线城市的排名依次为北京、上海、深圳和广州（见图3-8），经单因素方差分析和事后检验发现，北京民众的创新自我效能感显著高于广州。

四大一线城市民众的日常创造性得分低于或接近总体均分，按得分高低排序后，城市排名依次为广州、北京、深圳和上海（见图3-8），经单因素方差分析发现，北上深广民众之间的日常创造性无显著差异。

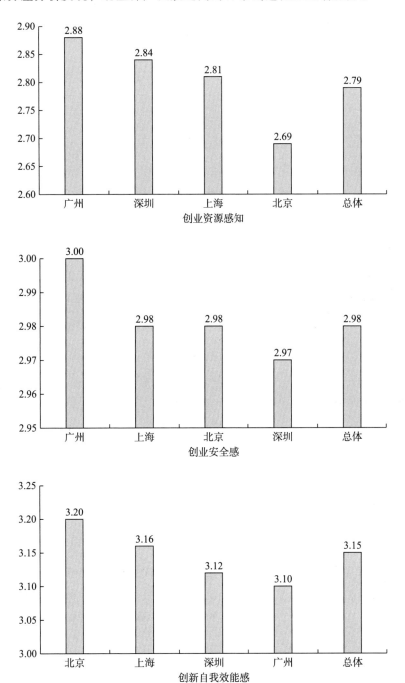

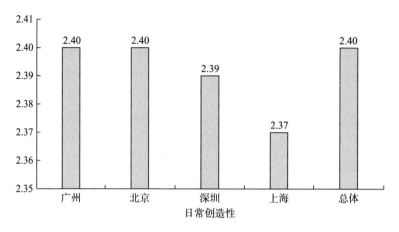

图 3 - 8　一线城市北上深广的创业能力

3. 创业环境感知

四大一线城市民众的创业环境感知得分高于或接近总体均分，按得分高低排序后的城市排名依次为广州、北京、深圳和上海（见图 3 - 9），经单因素方差分析发现，四大一线城市民众的创业环境感知不存在显著差异。

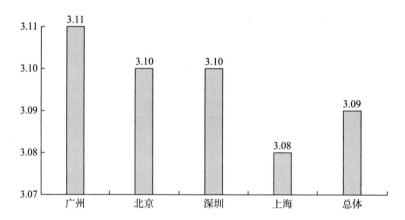

图 3 - 9　一线城市北上深广的创业环境感知

总体而言，四大一线城市民众在创业倾向、创业安全感、日常创造性和创业环境感知上均无显著差异。就广州而言，虽然近年来，深圳的经济发展水平正在超越广州，但从民众的创业心态看，并不比深圳弱，仍旧存在很大的发展潜力。北京相比其他三大一线城市，虽然在创新自我效能感上排在首位，但在创业资源感知上排名垫底且低于总体均分，在创业倾向和创业环境感知方面也没有好于其他三大一线城市。对于北京的这种现象，需要进一步深入分析北京的创业政策，以及民众的创业期望；同时也有助于深入研究创业心态中各成分之间的内在关系，如深入探讨创新自我效能感和创业资源感知之间的内在机制。

（四）长三角、珠三角和京津冀城市群

1. 创业倾向

长三角、珠三角和京津冀城市群民众在创业倾向上得分持平（见图3-10），经单因素方差分析发现，三个城市群之间不存在显著差异。经独立样本 t 检验分析发现，长三角城市群民众在创业倾向上存在显著的性别差异，男性创业倾向显著高于女性，更愿意考虑在近期创业并为创业做了较好的准备；珠三角和京津冀城市群创业倾向虽然男性也高于女性群体，但不存在显著差异。年龄和受教育程度对三大城市群的创业倾向产生影响。京津冀和长三角城市群外地民众的创业倾向显著高于本地民众；而珠三角城市群本地和外地民众的创业倾向基本持平。

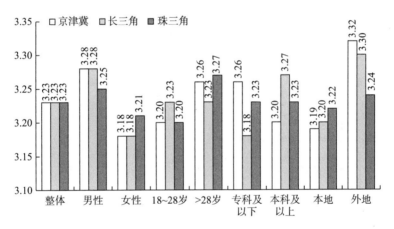

图3-10 长三角、珠三角、京津冀城市群的创业倾向

2. 创业能力

按创业资源感知得分高低排名，珠三角城市群、长三角城市群、京津冀城市群依次降低（见图3-11），但单因素方差分析结果显示，三大城市群民众在创业资源感知上不存在显著差异。长三角城市群男性比女性有更高的创业倾向，且差异显著；珠三角和京津冀城市群不存在显著性别差异。珠三角城市群28岁以上群体的创业倾向高于28岁及以下群体；其他两个城市群不存在年龄差异。珠三角城市群本地民众比外地民众感受到了更为充分的创业资源，且差异显著；其他两个城市群不存在户籍差异。

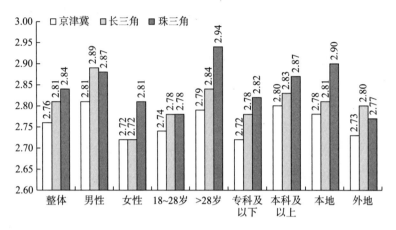

图 3–11 长三角、珠三角、京津冀城市群的创业资源感知

创业安全感得分按高低排序，长三角、京津冀、珠三角城市群依次降低（见图 3–12），单因素方差分析结果显示，三大城市群在创业安全感上不存在显著差异。珠三角城市群男性比女性有更高的创业安全感，外地民众比本地民众有更高的创业安全感，且差异显著，其他两个城市群在性别和户籍上不存在显著差异。年龄和受教育程度对三个城市群的创业安全感没有显著影响。

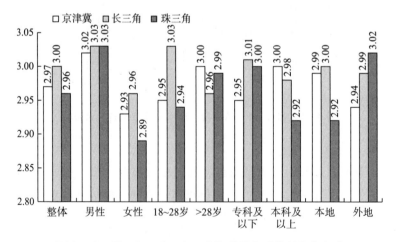

图 3–12 长三角、珠三角、京津冀城市群的创业安全感

创新自我效能感得分按高低排序，依次为京津冀城市群、长三角城市群、珠三角城市群（见图 3–13），经单因素方差分析和事后检验发

现，京津冀城市群和长三角城市群民众的创新自我效能感分别高于珠三角城市群，且差异显著。珠三角城市群民众的创新自我效能感存在显著的年龄差异，年龄越大越对自己进行创新活动的能力保持高度自信；其他两个城市群民众的创新自我效能感不存在年龄差异。京津冀、长三角和珠三角三大城市群中均存在显著的受教育程度差异，受教育程度越高创新自我效能感越高。性别和户籍对三个城市群民众的创新自我效能感均没有显著影响。

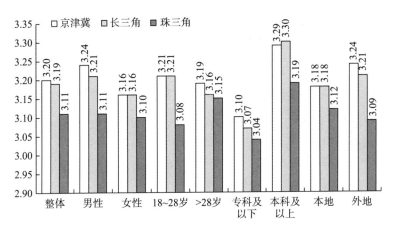

图 3 – 13　长三角、珠三角、京津冀城市群的创新自我效能感

日常创造性得分均较低且低于 2.5 分，得分按高低排序，珠三角、京津冀、长三角城市群依次降低（见图 3 – 14），单因素方差分析结果显示，三大城市群民众在日常创造性上无显著差异。京津冀城市群和长三角城市群在日常创造性上存在显著性别、年龄和受教育程度的差异，男性的日常创造性显著高于女性，28 岁及以下年轻人的日常创造性高于 28 岁以上人群，本科及以上学历人群的日常创造性高于专科及以下群体。珠三角城市群民众在日常创造性上不存在性别、年龄和受教育程度的显著差异。户籍对三大城市群均没有显著影响。

3. 创业环境感知

三大城市群民众的创业环境感知得分按高低排序，依次为长三角、珠三角、京津冀城市群（见图 3-15），单因素方差分析结果显示，三大城市群民众的创业环境感知无显著差异。珠三角城市群本地民众比外地民众对创业环境有更好的感知，且差异显著；长三角和京津冀城市群民众在户籍

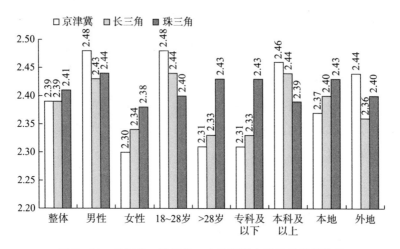

图 3－14　长三角、珠三角、京津冀城市群的日常创造性

上无显著差异。性别、年龄和受教育程度对三个城市群民众的创业环境感
知无显著影响。

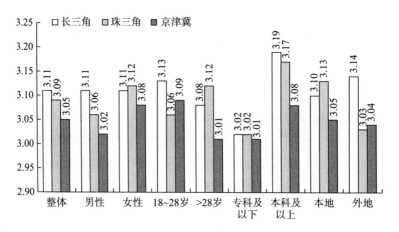

图 3－15　长三角、珠三角、京津冀城市群的创业环境感知

总体而言，长三角、珠三角和京津冀三大城市群在创业心态上的差异
并不显著，创业倾向、创业环境感知均没有显著差异；创业能力上除了创
新自我效能感存在差异，三大城市群的民众在创业资源感知、创业安全感、
日常创造性上不存在显著差异。对不同性别、年龄、受教育程度、户籍群
体进行比较分析后发现，三大城市群民众的创业心态在不同人群中存在不
同程度的差异。

四　结论

通过对六大地区、不同发展水平城市、一线城市北上深广、长三角/珠三角/京津冀三大城市群民众的创业心态分析，得到以下初步结论。

不同地区、不同发展水平城市、北上深广一线城市、三大城市群民众在创业倾向上不存在显著差异。长三角城市群的男性比女性、外地人群比本地人群有更高的创业倾向。京津冀城市群外地人群比本地人群有更高创业倾向。

对创业能力的区域和城市比较分析后发现，民众的创业能力在不同地区和不同发展水平城市存在一定差异，在长三角、珠三角和京津冀城市群内也存在性别、年龄、受教育程度和户籍上的一定差异。

不同地区和不同发展水平城市的民众在创业环境感知上存在一定的差异，而一线城市北上深广和长三角、珠三角、京津冀城市群的民众在创业环境感知上不存在显著差异。珠三角城市群的本地人群比外地人群感受到目前更好的创业环境和创业机会。

第二节　从创业心态调查看"大众创业、万众创新"

《中共中央关于制定国民经济和社会发展第十三个五年规划的建议》中把创新和创业作为培育发展新动力的手段，提出要"激发创新创业活力，推动大众创业、万众创新，释放新需求，创造新供给，推动新技术、新产业、新业态蓬勃发展，加快实现发展动力转换"。这一经济转型的规划无疑是符合社会发展规律的，目标是巨大的，影响将是长远的，关系到国力提升和可持续发展的前景。如何推动转型目标的实现？如何激发大众创业的活力？如何推动万众创新？创新的关键是人的观念和行为的创新，了解目前民众创新、创业心态对于理解和制定创新、创业政策具有重要意义。基于这样的目的，我们进行了全国创业心态调查，了解目前创业者的特点和未来趋势，探究创新和创业的基础环境和动力，以及一些不利因素，提出未来创新和创业引导性的政策建议。

本研究采用移动客户端在线问卷调查方法，问卷通过凯迪数据研究中心研发的问卷调研 App"问卷宝"，向在线样本库的全国用户发布，调查样本库包括全国各省区市约 110 万人，覆盖全国 346 个地级城市。调查问卷分为主问卷和附加题，附加题由系统给完成主问卷的前 3 000 名有效被调查者推送，额满即结束推送。问卷于 2015 年 11 月 24 日 0 时正式上线，2015 年 12 月 2 日 14 时结束数据收集。共收集到主问卷样本12427 份，经查验，剔除无效问卷 233 份，最终获得有效样本 12194 份，有效率为 98.1%；附加题共收获样本 3008 份。调查样本来自全国各省区市，样本分布呈现东部较为密集的形态，对比全国人口密度，尽管样本分布存在偏差，但基本与中国人口分布特点相似。本次调查涉及的主要变量包括：性别、年龄、受教育程度、城乡类别等人口学变量；经济收入、主观社会阶层等社会阶层地位变量；生活满意度、社会信任等社会认知变量；创业意愿、近期创业可能性、创业准备、创业动机、创业能力、创新能力等创业主观因素变量；创业环境，包括创业机会、创业条件、社会环境和未来预期等创业风险认知和创业成功评价。本次创业心态调查的主要结果如下。

一 创业心态调查的主要结果

（一）创业者所占比例不高

被调查者中属于创业者的共 1550 人，占 13.17%。属于非创业者的共10217 人，占 86.83%。

（二）不同性别中的创业者比例接近

虽然被调查者中男性创业者多于女性，但在各自性别中的比例接近，被调查者中男性有 13.5% 的人创业，女性有 12.4% 的人创业，在统计上差异并不显著。

（三）年龄越大者创业者比例越高

在不同年龄的被调查者中，26~35 岁组的创业者比例最高，约占四成；其次是 16~25 岁组，占比超过 1/3；36~45 岁组占 14.2%；46~55 岁组占5.8%。考察创业者在不同年龄段中所占比例，15 岁及以下组和 56 岁及以上组人数偏低，代表性差，之外的四组中，年龄越大创业的比例越高，由高到低，46~55 岁组的比例为 22.1%，36~45 岁组为 15.4%，26~35 岁组为 14.0%，16~25 岁组为 10.1%。

（四）除博士学历外其他学历者中创业者比例接近

不同受教育程度的被调查者中创业者和非创业者的比例除博士研究生外都很接近，博士研究生中创业者比例高达 42.4%，初中及以下学历创业者比例最低，为11.5%，中等受教育程度和硕士研究生中创业者的比例略高于平均数13.2%，大学专科和大学本科组略低于平均数，但四组之中创业者的比例非常接近。

（五）外地户口、农村户口在创业者中所占比例高

被调查者中，本地城镇户口占33.0%，本地农村户口占36.0%，外地城镇户口占14.2%，外地农村户口占16.8%。而在创业者中，农村户口所占比例高于城镇户口，其中本地农村户口占比最高，为31.7%，外地农村户口占22.3%，本地城镇户口占29.0%，外地城镇户口所占比例最低，为17.1%。

（六）潜在创业者约占三成

非创业者表示有兴趣创业的比例过半，其中，"非常有兴趣"的占12.4%，"比较有兴趣"的占42.1%，合计为54.5%。创业兴趣"一般"的比例为32.1%；对创业"不太感兴趣""完全没有兴趣"的比例分别是10.2%和3.2%，合计为13.4%，不到一成半。被调查者中三年内"一定会"创业的比例为7.4%，"很可能"创业的比例为28.1%，二者合计为35.5%；6.2%被调查的非创业者在为创业做"充分准备"，29.3%的属于"有所准备"，合计为35.5%。

（七）主动创业者的比例为四成多

创业者的创业动机和非创业者如果创业可能的动机比较接近，创业者由于就业不理想或就业困难而创业的比例为37.4%，放弃就业而创业的比例为41.4%，属于政策或他人激励创业的比例为15.7%；非创业者如果创业可能的这三类动机的比例分别为37.9%、44.8%和17.4%。

（八）创业者自认为成功的约占三成，非创业者认为成功的机会约二成

被调查的创业者认为自己创业非常成功的占12.7%，比较成功的占17.5%，两项合计为30.2%。非创业者认为自己如果创业成功的可能性为0的占2.6%，10%~20%的占19.2%，30%~40%的占29.5%，50%的占29.3%，60%~70%的占13.5%，80%~90%的占4.0%，100%的比例为1.9%，也就是认为自己成功可能性大于失败的比例合计为19.4%。

（九）影响创业成功的因素是个人能力和人脉经验

创业者对于影响创业成功的因素的观点接近，选择最多的是个人能力和人脉经验，32.5%的创业者和33.6%的非创业者选择了个人能力，27.8%的创业者和30.1%的非创业者选择了人脉经验；其次是创新思维和专业技术，创业者的比例是 14.8%，非创业者的比例为 13.1%；最后是专业技术，创业者和非创业者选择的比例分别为 12.8% 和 9.2%。

（十）创新能力越强创业越成功

创业者在创新能力量表上的得分显著高于非创业者。创新能力与创业者自我选择的创业成功呈显著正相关，创新能力越强创业越成功。创新能力与非创业者的创业意愿呈显著正相关，创新能力越强创业意愿越强。

（十一）创业环境评价较低

创业者认为目前创业环境非常适合创业的比例低于非创业者，仅为 6.1%，非创业者为 11.2%。创业者认为比较适合创业的比例也低于非创业者，为 27.7%，非创业者为 33.4%。

二 目前创业的基础和未来创业政策建议

（一）激发更多"新型创业者"

大众创业、万众创新的基础是什么？也就是目前的创业者和创新者是否可以承担推动社会发展的重任？除了创业和创新的制度因素是否可以满足创业、创新行为外，创业者是否具备创业的心理和能力？创业心态是大众创业的重要基础。

著名的社会学先驱韦伯曾分析了思想观念和意识在社会历史演进中的作用，认为新教伦理产生了"资本主义精神"，是资本主义的起源。在他的影响下，之后的研究者开始重视文化和心理对社会发展的影响，出现了认为现代化要建立在"人的现代化"基础上的社会学家英克尔斯（Alex Inkeles）的理论，认为成就动机的增强是推动社会发展的力量的社会心理学家麦克莱兰（David McLelland）的"成就需求"理论，也出现了经济学家埃弗里特·哈根（Everett Hagen）的"创新性人格"理论等。哈根认为典型的传统社会和现代社会具有不同的人格综合特征。他提出了"创新性人格"的概念，认为传统社会的产物和其持续运行的先决条件是"权威人格"，而创新性人格是现代产物和功能性先决条件，有助于产生自我持久性的变革和创新，这种变革和创新会使生活方式、生活标准、价值观、技术等发生革命性巨变。

从创业心态调查的结果看，非创业者表示有兴趣创业的比例为 54.5%，这是未来创业和创新的重要的人力资本基础。创业者的创业动机和非创业者未来创业可能的动机比较接近，放弃就业而创业的比例为 41.4%，这是创业和创新激励的基础，是可以转化为创新社会的动力。创业者把个人能力看作影响创业成功的首要因素；创新能力越强，创业比例和创业意愿越高，这些观念不断深入人心，可以使人们逐渐认识到个体是推动社会发展的重要动力，使每个人都能够融入社会发展的实践中。这些都是大众创业和万众创新的重要基础和动力之源。

经济社会转型需要具有创新性人格的"新型创业者"，按照哈根的观点，创新性人格是经济增长、企业精神扩散和资本形成的先决条件。具有创新性人格的人具有创造性、好奇心和开放等特点。而在目前这样高度信息化、全球化的时代，新型创业者除了具备创新性人格以外，还必须具备创新能力和使用网络新技术的能力，熟悉现代资本运作，具有敏锐的市场洞察力等。调查的总体印象是创业者中新型创业者比例不足，未来政府的创业政策应该是提升创业者中新型创业者的数量和比例。

经济社会转型需要具有创新性人格的新型创业者，作为经济和社会转型的国家创新是少数人难以推动和承担的，必将是全社会集体努力的结果，也依赖良好的集体心态。从目前创业者的构成看，虽然在总量上青年是创业队伍的主体，但从不同年龄组分布的比例看，青年创业者占比并不高，甚至低于中年。不同文化程度的被调查者中创业者的比例非常接近，除去样本量较少的博士学历外，受过高等教育者并没有比受过中等教育和初等教育者涌现更多创业者，也就是教育对于创业的影响是不明显的。从创业者的创业动机和非创业者可能创业的动机看，近四成的人把创业作为就业不理想和就业困难的被动选择，属于政策或他人激励创业的占比不到两成。整个创业者中农村户口所占比例高于城镇户口，外地户口的创业者占比高于本地户口者。综合这些数据，我们感到新型创业者群体依然有待扩大，还不能有力地支持经济社会转型的实现。未来的创业政策要进一步激发青年的创业和创新活力，推动高知识阶层的创业和创新，重视就业的同时更要加强对创业者的培养和扶植。

（二）培育创业环境，激励创业动机

调查显示，目前非创业者中对创业"非常有兴趣"的仅占 12.4%，三年内"一定会"创业的比例为 7.4%，只有 6.2% 的非创业者在为创业做"充分准备"。这些数据说明，目前潜在的创业者比例偏低，创业者后备力量不足，大众创业的基础还很弱。创业者对于创业环境的评价不高，创业者认为目前的环境非常适合创业的比例仅为 6.1%，低于非创业者；创业者认为比较适合创业的比例也低于非创业者。未来的创业政策和创业服务的重点是培育创业环境，虽然政府在大力简化行政审批手续，但创业者满意的创业环境还要依赖宏观经济形势改善，良好的创业服务环境建设，优惠的创业税收政策，较低的融资门槛等，只有综合的创业环境改善才能激发更多人加入创业者行列。

（三）建立创业保障平台，降低创业风险

目前的创业环境下，创业比例较低的一个原因是创业成功率不高。创业者认为自己创业非常成功和比较成功的比例合计为30.2%。非创业者认为如果自己创业，在80%以上成功率的比例只有5.9%。非创业者对于创业的风险评价高于创业者。这就使相当数量的职业规划中首选就业来规避创业的不稳定和不确定。未来的经济发展和社会服务需要数量庞大的小微企业，也需要大量的创业者，这也是未来扩大就业的主要途径。各级政府应该把搭建创业保障平台作为推动创业的突破口，从降低创业风险入手，为创业者改善创业的基本条件，提高创业者风险管理能力，重视创业能力培训，提供适合不同创业者的创业孵化和扶植基地，在创业启动投融资优惠政策外，也可以采用创业保险的形式降低和化解创业的风险，提高创业成功率。

（四）以万众创新作为大众创业的坚实基础

通过调查发现，创业者和非创业者的创新能力得分略高于中等程度，创业者的创新能力得分显著高于非创业者。创业者创新能力越高，自我评价的创业成功得分也越高。非创业者创新能力得分越高，创业意愿越强。这说明创新是影响创业的重要因素。但目前的创业者中属于创新型创业的比例并不高，如选择全新业态的仅占两成，非创业者假如创业选择可能性最高的是传统业态加资源优势。创业者和非创业者选择最多的影响创业成功的因素是个人能力和人脉经验，选择创新思维和专业技术的比例较低。因此，大众创业要以更广泛的创新为基础，从个人创新能力的培养入手逐渐培养创新性人格，形成创新型社会，推动制度创新，使科技创新和信息技术的发展与人们的创新行为有机结合，形成大众创业的核心动力。

第四章

社区：社区建设

第一节　社会道德和社会价值观建设：以北京市 A 区为例

一　引言

为了全面推进文明城区创建工作再上新台阶，唱响社会主义核心价值观主旋律，培育良好的社会公共道德和社会风尚，全面提高区文明指数，进一步提高居民文明素质，北京市 A 区文明办提出了打造思想高地、完善诚信体系、树立道德风尚、推进社会治理、推进社会法制、改善居民生活、完善公共服务、提升人文环境、美化城市环境和加强未成年人教育等十项任务。

在这十项任务中，打造思想高地、推进社会法制和树立道德风尚是文明创建的核心环节，也是最难以突破的部分，需要认真研究居民的价值观念、法制观念和道德观念等社会心态，才能有的放矢地提出切实可行的路径。这次调查的目的是就 A 区居民社会心态中的社会道德、社会法制观念和社会价值观进行调查，了解居民道德观念、法制观念和价值观念的特点，为 A 区文明办做决策提供参考。

本次调查以入户调查的形式抽取了 A 区辖区内各社区居民514人，其中男性256人，女性258人；年龄层次上，18～25岁19人，26～30岁29人，31～35岁102人，36～40岁91人，41～50岁104人，51～55岁93人，56～60岁31人，61～70岁45人。

按照受教育程度分类，小学毕业及以下受访者 3 人，初中毕业 53 人，高中（技校、职高、中专）毕业 138 人，大专（含在读）120 人，大学本科（含在读）170 人，研究生（含在读）及以上 30 人。

按照家庭月收入（包括工资收入、补贴、投资、兼职等）进行分类，2000 元及以下的受访者 3 人，2001～6000 元 149 人，6001～10000 元 159 人，10001～15000 元 132 人，15001～30000 元 62 人，30001～45000 元 5 人，45001～60000 元 2 人，60000 元以上 2 人。

工作状态上，在职工作者 385 人，离退、辞职 115 人，全日制学生 7 人，无工作者 7 人。

职业类型上，国家机关、党群组织、企业、事业单位负责人 42 人，专业技术人员 116 人，办事人员和有关人员 120 人，商业服务业人员 72 人，服务性工作人员 105 人，生产工人、运输工人和有关人员 39 人，不便分类的其他从业人员 6 人。[1]

按照工作单位性质分类，党政机关 20 人，事业单位 96 人，国有企业 202 人，外资企业 23 人，合资企业 23 人，私营企业 121 人，其他单位 15 人。

本次调查的主要内容为社会道德和社会价值观，基本调查结果如下。

二　社会道德

本次调查中社会道德方面包括公共道德、私人道德以及社会道德、遵纪守法和社会风气评价。近年来不断发生的一些社会事件使人们得出"中国人道德滑坡""道德失范"等判断。如何反映一个时期、一个群体社会道德状况，我们区分了公共道德和私人道德，也就是在公共场所需要遵守的道德和个人领域需要遵守的道德，即公德和私德。在衡量公德、私德状况时我们采用了道德容忍度的概念，分为公共道德容忍度和私人道德容忍度。道德容忍度可以反映人们能够接受的道德底线，通过道德容忍度的比较可以发现人们社会道德观念的变化。公共道德容忍度和私人道德容忍度与社会道德的相互约束和个人道德自律直接相关。

（一）社会道德行为自我评价

本研究采用公共道德容忍度和私人道德容忍度量表测量了 A 区居民的公

---

① 不同类别统计，有的有缺失值。下同。

共道德行为和私人道德行为。测量十六种有违社会道德的行为的频率，结果如表4-1所示，在十六项代表性社会道德行为中，在公共场所用手机大声交谈、说脏话、撒谎、购买假冒品牌商品、着急时插队买票、不珍惜公共资源（如不随手关自来水）、贪便宜买可能来路不正的东西、为办事送重礼或重金属于私人道德范围。伪造手续领取福利补贴、不注重公共场所卫生（如乱丢垃圾）、偷税漏税、拿公家东西私用、吸毒、占用人行道停车、破坏生态环境（滥杀动物，毁坏植物）、接受贿赂属于公共道德范围。

表4-1　个人自评的社会道德行为

单位：人，%

社会道德行为			没有	极少	比较少	比较多	很频繁
私人道德	在公共场所用手机大声交谈	人数	321	151	31	10	1
		占比	62.45	29.38	6.03	1.95	0.19
	说脏话	人数	359	133	18	3	1
		占比	69.84	25.88	3.50	0.58	0.19
	撒谎	人数	385	113	12	4	0
		占比	74.90	21.98	2.33	0.78	0.00
	购买假冒品牌商品	人数	289	174	43	8	0
		占比	56.23	33.85	8.37	1.56	0.00
	着急时插队买票	人数	423	80	8	3	0
		占比	82.30	15.56	1.56	0.58	0.00
	不珍惜公共资源（如不随手关自来水）	人数	464	43	6	1	0
		占比	90.27	8.37	1.17	0.19	0.00
	贪便宜买可能来路不正的东西	人数	433	58	21	2	0
		占比	84.24	11.28	4.09	0.39	0.00
	为办事送重礼或重金	人数	434	61	17	2	0
		占比	84.44	11.87	3.31	0.39	0.00
公共道德	伪造手续领取福利补贴	人数	508	3	3	0	0
		占比	98.83	0.58	0.58	0.00	0.00
	不注重公共场所卫生（如乱丢垃圾）	人数	427	70	14	3	0
		占比	83.07	13.62	2.72	0.58	0.00
	偷税漏税	人数	509	1	4	0	0
		占比	99.03	0.19	0.78	0.00	0.00

续表

社会道德行为			没有	极少	比较少	比较多	很频繁
公共道德	拿公家东西私用	人数	485	25	4	0	0
		占比	94.36	4.86	0.78	0.00	0.00
	吸毒	人数	514	0	0	0	0
		占比	100.00	0.00	0.00	0.00	0.00
	占用人行道停车	人数	408	83	16	7	0
		占比	79.38	16.15	3.11	1.36	0.00
	破坏生态环境（滥杀动物，毁坏植物）	人数	493	16	5	0	0
		占比	95.91	3.11	0.97	0.00	0.00
	接受贿赂	人数	508	4	2	0	0
		占比	98.83	0.78	0.39	0.00	0.00

从 A 区居民社会道德行为的自我评价结果可以看到，居民认为自己违反社会道德的行为比较少。私人道德行为方面违反道德行为的频率明显高于公共道德行为，被调查居民对违反公共道德行为选择极少，只有 10 人选择了"比较多"一项，分别是选择"不注重公共场所卫生（如乱丢垃圾）"3 人，选择"占用人行道停车"7 人，没有人选择"很频繁"。在公共道德一项中，选择"没有"比例最低的是"占用人行道停车"，比例为 79.38%，其次是"不注重公共场所卫生（如乱丢垃圾）"，比例为 83.07%，其余各项的比例介于 94.36%（拿公家东西私用）和 100%（吸毒）之间。由于吸毒已属于违法行为，这里将其作为最严重违反公共道德行为的参照。

居民违反私人道德行为最多的是购买假冒品牌商品，由于这一现象中包含了不知情购买，所以这一比例最低。其次是"在公共场所用手机大声交谈"，62.45% 的居民回答"没有"，29.38% 的居民回答"极少"，6.03% 的居民回答"比较少"，1.95% 的居民回答"比较多"，只有 0.19% 的居民回答"很频繁"。再次是"说脏话"和"撒谎"。居民回答自己不说脏话的比例为 69.84%，极少说脏话的比例为 25.88%，比较少说脏话的比例为 3.50%，承认说脏话比较多的为 0.58%，承认很频繁的为 0.19%。居民回答没有说谎的比例为 74.90%，极少说谎的比例为 21.98%，比较少说谎的比例为 2.33%，比较多说谎的比例为 0.78%，没有人选择很频繁说谎。

表 4-2 为居民在各项私人道德和公共道德行为上的平均得分，这一结果与表 4-1 中的频度分析结果一致。

表 4-2　个人自评社会道德行为平均得分

	社会道德行为	M	SD
私人道德	在公共场所用手机大声交谈	1.48	0.72
	说脏话	1.35	0.60
	撒谎	1.29	0.55
	购买假冒品牌商品	1.55	0.71
	着急时插队买票	1.20	0.48
	不珍惜公共资源（如不随手关自来水）	1.11	0.37
	贪便宜买可能来路不正的东西	1.21	0.52
	为办事送重礼或重金	1.20	0.50
	总分	8.64	1.58
公共道德	伪造手续领取福利补贴	1.02	0.17
	不注重公共场所卫生（如乱丢垃圾）	1.21	0.50
	偷税漏税	1.02	0.18
	拿公家东西私用	1.06	0.28
	吸毒	1.00	0.00
	占用人行道停车	1.26	0.58
	破坏生态环境（滥杀动物，毁坏植物）	1.05	0.26
	接受贿赂	1.02	0.15
	总分	10.40	2.84

（二）对他人社会道德的容忍度

本研究要求受访居民评价他人出现这十六项有违社会道德的行为后，自己的容忍程度，由1"完全不能忍受"至5"完全能接受"来评价对他人违反社会道德行为的容忍程度。结果如表4-3所示，受访者对于他人有违社会道德的行为基本处于"不能容忍"程度，个别内容属于"比较不能容忍"程度，也就是居民对于他人的道德容忍度较低。表4-3中为对居民有违社会道德的行为的容忍程度的排序。在这些行为中，居民对购买假冒品牌商品的容忍度最高，其次是在公共场所用手机大声交谈，再次是贪便宜买可能来路不正的东西，以及为办事送重礼或重金、着急时插队买票、说脏话、占用人行道停车和撒谎；对吸毒的容忍度最低，然后是破坏生态环境（滥杀动物，毁坏植物）和伪造手续领取福利补贴，以及偷税漏税、不注重公共场所卫生（如乱丢垃圾）、不珍惜公共资源（如不随手关自来水）、拿公家东西私用和接受贿赂。

总的来看，居民对私人道德行为容忍度比对多数公共道德行为容忍度更高，但对占用人行道停车、接受贿赂和拿公家东西私用的容忍度较高，值得关注。

表 4 – 3 对他人社会道德行为容忍程度的排序

社会道德行为	M	SD
购买假冒品牌商品	2.07	0.91
在公共场所用手机大声交谈	1.84	0.73
贪便宜买可能来路不正的东西	1.80	0.89
为办事送重礼或重金	1.69	0.90
着急时插队买票	1.61	0.77
说脏话	1.57	0.69
占用人行道停车	1.55	0.71
撒谎	1.44	0.68
接受贿赂	1.37	0.71
拿公家东西私用	1.35	0.65
不珍惜公共资源（如不随手关自来水）	1.33	0.60
不注重公共场所卫生（如乱丢垃圾）	1.31	0.53
偷税漏税	1.24	0.61
伪造手续领取福利补贴	1.22	0.57
破坏生态环境（滥杀动物，毁坏植物）	1.17	0.45
吸毒	1.08	0.40

（三）个人社会道德行为与对他人社会道德容忍度的比较

将个人社会道德行为和对他人社会道德容忍度进行对比，如表 4 – 4 所示，个人社会道德行为和对他人社会道德容忍度在所有行为上均存在显著差异，对他人社会道德容忍度均高于自身出现有违社会道德行为的频率，表明居民整体对他人行为容忍度高于对自己的行为道德标准。差距最大的是贪便宜买可能来路不正的东西、购买假冒品牌商品和为办事送重礼或重金。

表 4 – 4 个人社会道德行为和对他人社会道德容忍度的比较

社会道德行为	个人		他人		差距	t
	M	SD	M	SD		
在公共场所用手机大声交谈	1.48	0.72	1.84	0.73	0.36	−9.98 ***
说脏话	1.35	0.60	1.57	0.69	0.22	−7.00 ***

续表

社会道德行为	个人		他人		差距	t
	M	SD	M	SD		
撒谎	1.29	0.55	1.44	0.68	0.15	−4.88 ***
购买假冒品牌商品	1.55	0.71	2.07	0.91	0.52	−12.19 ***
着急时插队买票	1.20	0.48	1.61	0.77	0.41	−11.66 ***
不珍惜公共资源（如不随手关自来水）	1.11	0.37	1.33	0.60	0.22	−7.71 ***
贪便宜买可能来路不正的东西	1.21	0.52	1.80	0.89	0.59	−14.75 ***
为办事送重礼或重金	1.20	0.50	1.69	0.90	0.49	−13.92 ***
伪造手续领取福利补贴	1.02	0.17	1.22	0.57	0.20	−7.81 ***
不注重公共场所卫生（如乱丢垃圾）	1.21	0.50	1.31	0.53	0.10	−3.63 ***
偷税漏税	1.02	0.18	1.24	0.61	0.22	−7.88 ***
拿公家东西私用	1.06	0.28	1.35	0.65	0.29	−10.07 ***
吸毒	1.00	0.00	1.08	0.40	0.08	−4.70 ***
占用人行道停车	1.26	0.58	1.55	0.71	0.29	−9.40 ***
破坏生态环境（滥杀动物，毁坏植物）	1.05	0.26	1.17	0.45	0.12	−5.54 ***
接受贿赂	1.02	0.15	1.37	0.71	0.35	−11.09 ***

* $p < 0.05$，** $p < 0.01$，*** $p < 0.001$。下同。

（四）不同群体居民社会道德行为比较

比较不同年龄、性别、文化程度、社会地位、收入等群体社会道德行为的差异发现，仅有年龄、职业两项存在显著差异。由表 4 - 5 可知，不同年龄的居民对自我的社会道德行为的评价存在显著差异。对于出现有违社会道德行为的自我评价，51 ~ 55 岁人群最低，其次是 61 ~ 70 岁组和 41 ~ 50 岁组；最高的是 56 ~ 60 岁组、26 ~ 30 岁组，调查结果中并无年龄与社会道德行为间的明显规律。

表 4 - 5　不同年龄的 A 区居民对社会道德行为自评情况

年龄	M	SD	F
18 ~ 25 岁（$N = 19$）	19.00	2.449	2.27 *
26 ~ 30 岁（$N = 29$）	20.24	5.604	

续表

年龄	M	SD	F
31～35 岁（N=102）	19.47	3.962	
36～40 岁（N=91）	19.15	3.273	
41～50 岁（N=104）	18.52	3.773	
51～55 岁（N=93）	18.34	3.279	2.27*
56～60 岁（N=31）	20.90	7.867	
61～70 岁（N=45）	18.38	3.440	

根据表4-6可知，不同职业的居民对于社会道德行为发生的自评情况各不相同，存在显著差异。"生产工人、运输工人和有关人员""办事人员和有关人员"有违社会道德行为的平均分最高（"不便分类的其他从业人员"人数较少不具代表性，可以忽略）。

表4-6　不同职业的 A 区居民对社会道德行为自评情况

职业类型	M	SD	F
国家机关、党群组织、企业、事业单位负责人（N=42）	19.19	3.93	
专业技术人员（N=116）	18.94	4.14	
办事人员和有关人员（N=120）	19.47	4.21	
商业服务业人员（N=72）	18.46	2.58	2.53*
服务性工作人员（N=105）	18.27	2.97	
生产工人、运输工人和有关人员（N=39）	20.46	7.23	
不便分类的其他从业人员（N=6）	22.33	6.41	

（五）不同群体居民对他人社会道德容忍度的比较

比较不同年龄、性别、文化程度、社会地位、收入等群体对他人社会道德容忍度的差异发现，仅有性别、工作单位性质两项存在显著差异。由表4-7可知，不同性别的居民对他人社会道德容忍度存在差异，男性显著高于女性（$p < 0.05$），男性更能容忍他人出现违反社会道德的行为。

表4-7　不同性别的 A 区居民对他人社会道德容忍度评价

性别	M	SD	t
男（N=256）	24.22	6.90	
女（N=258）	23.02	6.04	2.01*

由表 4 - 8 可知，工作单位性质不同的居民对他人社会道德容忍度存在差异，在外资企业、合资企业、事业单位和私营企业工作的人群对他人社会道德容忍度较高。

表 4 - 8　不同工作单位性质的 A 区居民对他人社会道德容忍度评价

工作单位性质	M	SD	F
党政机关（$N=20$）	23.35	10.73	
事业单位（$N=96$）	24.41	7.32	
国有企业（$N=202$）	22.34	5.48	
外资企业（$N=23$）	26.39	7.20	2.77*
合资企业（$N=23$）	25.39	5.80	
私营企业（$N=121$）	24.17	6.22	
其他（$N=15$）	24.67	7.46	

三　社会道德、遵纪守法和社会风气评价

本研究调查了 A 区居民对社会道德、遵纪守法、社会总体风气的评价，要求被调查者对现在社会上人们的普遍道德水平、遵纪守法水平和社会风气从 1 "非常不好"到 10 "非常好"进行打分，从图 4 - 1、图 4 - 2 和图 4 - 3可以看到，人们对于社会普遍道德水平、遵纪守法水平和社会风气的评价主要选择得分为 5、6、7 和 8，这四项相加的比例在 75% 以上，也就是倾向于中等偏上。从这三项的平均得分也可以得到类似结果（见表 4 - 9），

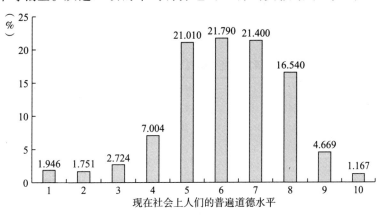

图 4 - 1　A 区居民对社会普遍道德水平的评价

居民认为现在的社会道德水平、遵纪守法水平和社会风气均处于中等偏上水平，在 10 点量表上得分分别是 6.13、6.50 和 6.36。

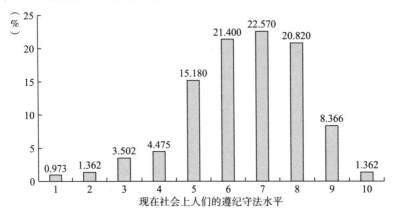

图 4-2　A 区居民对社会遵纪守法水平的评价

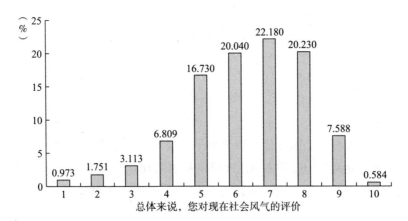

图 4-3　A 区居民对社会风气的评价

表 4-9　A 区居民对社会道德、遵纪守法、社会风气评价

条目	M	SD
现在社会上人们的普遍道德水平	6.13	1.72
现在社会上人们的遵纪守法水平	6.50	1.70
总体来说，您对现在社会风气的评价	6.36	1.71
总分	18.99	4.69

四　社会价值观

价值观是社会心态的核心概念，无论是微观层面、中观层面还是宏观

层面，个体价值观、群体价值观和社会价值观都影响认知判断、情绪表达和行为方式。社会价值观通过规范、价值、惩罚等，给个人带来外在压力，也通过社会价值的内化使个人成为一个合格的社会成员。社会价值观包括：世界观，如宇宙观、变迁观、人生兴趣、理想、社会与个人关系等；社会观，如社会规范、人际规范、人际交往社会化、社会分配、社会公正等；个人观，如与环境的关系、与社会的关系等。由于社会价值观内容非常广泛，难以在一个研究中涵盖，因此，本研究中社会价值观以个人与社会关系、个人价值观、工作价值观为重点考察内容，分别涉及个人利益与他人利益、金钱地位观、关系取向、个人利益与国家和社会利益、信仰、助人等。工作价值观作为重点考察内容，做单独研究。

（一）个人利益与他人利益

如何处理个人利益与他人利益的关系直接反映社会的人际价值观，我们一直倡导为了他人利益要牺牲个人利益，但目前社会上人们的社会价值观如何呢？是以个人利益为重，为了个人利益而损害他人利益，还是优先考虑他人利益，不仅仅考虑自己的利益？调查结果如表4-10所示，六成多（65.56%）的居民不同意"现在大多数人会为了个人利益而损害他人，违反做人原则"，而同意"现在大多数人做事能为他人考虑，不是只想着自己的利益"（64.40%）。

表4-10　A区居民对个人、他人利益认知情况

单位：人，%

条目		很同意	比较同意	不太同意	很不同意	不好说
现在大多数人会为了个人利益而损害他人，违反做人原则	人数	49	117	179	158	11
	占比	9.53	22.76	34.82	30.74	2.14
现在大多数人做事能为他人考虑，不是只想着自己的利益	人数	83	248	126	33	24
	占比	16.15	48.25	24.51	6.42	4.67

（二）金钱地位观

对于金钱和地位的看法是重要的人生观，决定了社会态度和社会行为。改革开放四十多年来，市场经济制度成为重要的社会制度，社会鼓励民众致富，金钱已经成为一些人衡量社会和个人成功的重要标准，那么在这样的历史背景下，人们的金钱观、地位观的现状如何呢？调查结果显示，有58.23%的A区居民不同意现在多数人认为在社会上只有有钱有地位才能被别

人看得起，39.89% 的 A 区居民则认同在社会上需要有钱有势才能被看得起。

（三）关系取向

传统中国社会是一个关系取向的社会，也就是人们根据与自己关系的亲疏来决定自己的态度、是非判断和相应的行为。但构建法治社会需要确立法律至高无上的地位，社会道德判断也不应该因关系亲疏而改变，社会秩序的建立在一定程度上是要抑制关系取向。那么当前社会民众对于关系取向保持怎样的观点和态度呢？调查结果显示，六成多居民认为现在大多数人干什么都靠关系，经常不按规矩办事（见表 4-11）。

表 4-11 A 区居民的关系取向

单位：人，%

条目		很同意	比较同意	不太同意	很不同意	不好说
现在大多数人干什么都靠关系，经常不按规矩办事	人数	108	202	129	52	23
	占比	21.01	39.30	25.10	10.12	4.47

（四）个人利益与国家和社会利益

在改革开放四十多年的进程中，一个突出的社会变迁特点就是社会学家所讲的"个体化"，人们越来越强调个人的权利、个人的自主性和个性，随着经济改革中私产的增加，个人与社会在经济、政治等方面都出现了矛盾和冲突，以往强调的舍己为公、公而忘私、舍小家为大家的价值观受到了挑战。那么广大民众如何看待和处理个人与社会和国家的关系？经过调查可知，有 57.00% 的 A 区居民不同意现在大多数人会把国家和社会利益放在个人利益之后，个人吃一点亏都不可以，另外持相反观点的居民占接受调查的 38.13%（见表 4-12）。

表 4-12 A 区居民对个人利益与国家和社会利益的看法

单位：人，%

条目		很同意	比较同意	不太同意	很不同意	不好说
现在大多数人会把国家和社会利益放在个人利益之后，个人吃一点亏都不可以	人数	64	132	213	80	25
	占比	12.45	25.68	41.44	15.56	4.86

（五）信仰

信仰在一个人的价值观中居于支配地位，民众的信仰水平、信仰方式和信仰对象直接决定了社会价值观的倾向。但由于信仰非常复杂，深入调查比较困难，因此本次调查只是 A 区居民对多大比例的人有信仰的主观判断。通过调查发现，有 47.86% 的被调查居民同意现在多数人缺乏信仰，持相反观点的居民占接受调查的 44.75%，两方基本持平（见表 4 - 13）。

表 4 - 13　A 区居民的信仰

单位：人，%

条目		很同意	比较同意	不太同意	很不同意	不好说
现在多数人缺乏信仰	人数	68	178	186	44	38
	占比	13.23	34.63	36.19	8.56	7.39

（六）助人

中国社会转型过程中，单位制、集体生产方式削弱，人与人的关系越来越疏离，但现代社会依然需要坚实的社会支持系统，在传统社会中由亲缘、业缘、地缘等传统社会支持网络承担的社会支持功能需要由社会中人与人的互助来承担，因此助人是社会每个公民需要持有的核心价值观念和必须养成的行为习惯。通过调查发现，有 86.77% 的被调查居民认为人们在大多数情况下乐于助人，只有 10.70% 的居民持相反观点。66.73% 的居民不同意大多数人有机会就占别人便宜，而有 25.29% 的居民不同意这一观点（见表 4 - 14）。

4 - 14　A 区居民对助人行为的看法

单位：人，%

条目		很同意	比较同意	不太同意	很不同意	不好说
人们在大多数情况下乐于助人	人数	169	277	46	9	13
	占比	32.88	53.89	8.95	1.75	2.53
大多数人有机会就占别人便宜	人数	33	97	247	96	41
	占比	6.42	18.87	48.05	18.68	7.98

（七）A 区居民社会价值观六个维度的分析

本研究调查了 A 区居民对六个维度的社会价值观的看法，分数由 1 到 4 代表由"非常同意"到"非常不同意"，分数越高表示居民越不同意这一观点。接受调查的居民对各个观点的评价情况如表 4 - 15 所示。

表 4 - 15　A 区居民社会价值观评价

序号	观点	M	SD
1	现在大多数人会为了个人利益而损害他人，违反做人原则（N = 503）	2.89	0.96
2	现在大多数人做事能为他人考虑，不是只想着自己的利益（N = 490）	2.22	0.80
3	现在多数人认为在社会上只有有钱有地位才能被别人看得起（N = 494）	2.59	0.93
4	现在大多数人干什么都靠关系，经常不按规矩办事（N = 491）	2.25	0.92
5	现在大多数人会把国家和社会利益放在个人利益之后，个人吃一点亏都不可以（N = 489）	2.63	0.91
6	现在多数人缺乏信仰（N = 476）	2.43	0.85
7	人们在大多数情况下乐于助人（N = 501）	1.79	0.68
8	大多数人有机会就占别人便宜（N = 473）	2.86	0.82

对居民在六个不同社会价值观间的关系进行考察，通过相关分析可以看出（见表 4 - 16）。金钱地位观、关系取向、个人利益与国家和社会利益以及信仰两两之间存在显著的中度正相关，"现在多数人认为在社会上只有有钱有地位才能被别人看得起"、"现在大多数人干什么都靠关系，经常不按规矩办事"、"现在大多数人会把国家和社会利益放在个人利益之后，个人吃一点亏都不可以"以及"现在多数人缺乏信仰"四个观点之间存在显著的正相关关系，个人越认同其中一个观点，一定程度上也会越认同其他三个观点；反之，越反对其中一个观点，也就越反对另外三个观点。

个人利益与他人利益之间和助人行为之间均呈现显著的低等负相关，证明两道题目从相反的角度测量了居民的利益观和助人观。其中，"现在大多数人会为了个人利益而损害他人，违反做人原则"与"大多数人有机会就占别人便宜"，以及这两项与金钱地位观、关系取向、个人利益与国家和社会利益、信仰四项之间存在显著的中等程度正相关。个人越同意"现在大多数人会为了个人利益而损害他人，违反做人原则"，越同意"大多数人有机会就占别人便宜"，则越认同自私的金钱地位观、关系取向以及个人利益优先和信仰缺失，反之则越不同意。

"现在大多数人做事能为他人考虑，不是只想着自己的利益"和"人们

表4-16　各社会价值观之间的相关分析

序号	观点	1	2	3	4	5	6	7	8
1	现在大多数人会为了个人利益而损害他人，违反做人原则	—							
2	现在大多数人做事能为他人考虑，不是只想着自己的利益	-0.19***	—						
3	现在多数人认为在社会上只有钱有地位才能被别人看得起	0.30***	-0.10	—					
4	现在大多数人干什么都靠关系，经常不按规矩办事	0.40***	-0.04	0.57***	—				
5	现在大多数人会把国家和社会利益放在个人利益之后，个人吃一点亏等都不可以	0.49***	-0.16***	0.44***	0.58***	—			
6	现在多数人缺乏信仰	0.29***	0.00	0.24***	0.35***	0.42***	—		
7	人们在大多数情况下乐于助人	-0.02	0.35***	-0.04	-0.05	-0.09	-0.08	—	
8	大多数人有机会就会占别人便宜	0.39***	-0.07	0.36***	0.39***	0.50***	0.35***	-0.10***	—

在大多数情况下乐于助人"之间有显著的中等正相关关系，而和"现在大多数人会把国家和社会利益放在个人利益之后，个人吃一点亏都不可以"之间存在显著的低等负相关关系，个人越认同"现在大多数人做事能为他人考虑，不是只想着自己的利益"，越同意"人们在大多数情况下乐于助人"，同时越不同意"现在大多数人会把国家和社会利益放在个人利益之后，个人吃一点亏都不可以"；反之越不认同"现在大多数人做事能为他人考虑，不是只想着自己的利益"的人，越不同意"人们在大多数情况下乐于助人"，同时越同意"现在大多数人会把国家和社会利益放在个人利益之后，个人吃一点亏都不可以"。

五　工作价值观

工作价值观主要是考察居民"工作的目的是什么"，也就是为什么工作，或者说"工作对个人的意义是什么"，如果一个人只把工作当作谋生的手段，与一个人把工作作为其人生价值的体现是有巨大差异的，个人工作价值观直接决定了其工作态度和工作效率、工作质量，也在一定程度上反映了其社会价值观，决定了其如何处理个人与国家、社会的关系。

本研究采用工作价值观量表，该量表把工作价值观分为在工作中获得的"自我实现与成就"、"创造力"、"心灵成长"、"利他服务"、"和谐互信"、"安定保障"、"自主独立"、"均衡生活"以及"地位、权力与财富"。要求被调查居民对问卷题目进行 1~5 分的评价，分数越高表示越重要，越低表示越不重要。结果如表 4-17 所示，展示了工作价值观各维度的平均得分和反映差异的标准差。整体上看，被调查居民在"安定保障"上的得分最高，其次是"和谐互信"和"地位、权力与财富"，在"自我实现与成就"和"创造力"上得分最低，其次是"心灵成长"，而在"均衡生活"、"利他服务"和"自主独立"上得分居于中等。

表 4-17　A 区居民的工作价值观

工作价值观	M	SD
自我实现与成就	3.85	0.75
创造力	3.85	0.83
心灵成长	3.98	0.83
利他服务	4.15	0.79

工作价值观	M	SD
和谐互信	4.27	0.79
安定保障	4.55	0.64
自主独立	4.19	0.82
均衡生活	4.06	0.78
地位、权力与财富	4.22	0.64

下面对不同群体居民在这九个维度上的差异进行比较，并对各群体间差异显著的维度和群体做简单介绍。

（一）自我实现与成就

由表 4-18 可知，不同年龄的居民对工作中自我实现与成就的重要性的评价各不相同，存在显著差异。31~35 岁人群显著高于 51~55 岁人群（$p < 0.01$）、56~60 岁人群（$p < 0.01$）的评价。样本中，30 岁及以下居民数量较少，可以合并考虑，比较起来，大致的趋势是年纪越轻越认为在工作中获得自我实现与成就重要。

表 4-18　不同年龄的 A 区居民对自我实现与成就的评价

年龄	M	SD	F
18~25 岁（$N = 19$）	4.12	0.69	
26~30 岁（$N = 29$）	3.86	0.80	
31~35 岁（$N = 102$）	4.11	0.65	
36~40 岁（$N = 91$）	3.86	0.78	
41~50 岁（$N = 104$）	3.85	0.66	4.53***
51~55 岁（$N = 93$）	3.68	0.79	
56~60 岁（$N = 31$）	3.42	0.79	
61~70 岁（$N = 45$）	3.78	0.76	

由表 4-19 可知，不同受教育水平居民对工作中自我实现与成就的重要性的评价各不相同，存在显著差异。高中毕业的人的评价显著低于大专（含在读）（$p < 0.05$）、大学本科（含在读）（$p < 0.001$）和研究生（含在读）及以上（$p < 0.01$）学历的人群，初中毕业人群的评价显著低于大学本

科（含在读）学历人群（$p < 0.05$）。样本中小学毕业及以下和初中毕业居民数量较少，可以合并分析，比较起来，总体上受过高等教育的人群更加看重在工作中获得自我实现与成就。

表4-19 不同受教育水平的 A 区居民对自我实现与成就的评价

受教育水平	M	SD	F
小学毕业及以下（$N = 3$）	3.44	0.96	
初中毕业（$N = 53$）	3.79	0.71	
高中毕业（$N = 138$）	3.62	0.82	
大专（含在读）（$N = 120$）	3.86	0.69	5.14***
大学本科（含在读）（$N = 170$）	4.02	0.73	
研究生（含在读）及以上（$N = 30$）	4.06	0.51	

由表4-20可知，不同工作状态的居民对工作中自我实现与成就的重要性的评价各不相同，存在显著差异。全日制学生的评价显著高于无工作人群（$p < 0.05$）和离退、辞职人群（$p < 0.05$）；在职工作人群的评价也显著高于离退、辞职人群（$p < 0.05$）。由于全日制学生人数仅为7人，代表性不够，分析中不予考虑，对比在职工作人群与离退、辞职人群，在职工作人群在工作中获得自我实现与成就的重要性评价得分更高。

表4-20 不同工作状态的 A 区居民对自我实现与成就的评价

工作状态	M	SD	F
在职工作（$N = 385$）	3.91	0.73	
离退、辞职（$N = 115$）	3.66	0.78	
全日制学生（$N = 7$）	4.38	0.45	5.18**
无工作（$N = 7$）	3.48	1.03	

由表4-21可知，不同社会阶层认同的居民对工作中自我实现与成就的重要性的评价各不相同，存在显著差异。认为自己处于社会中下层的居民的工作成就评价显著低于自认为处于社会中层的居民（$p < 0.05$）。由于自认为处于下层、中上层的居民数量较少，缺乏代表性，故忽略不做分析，总体上，自认为社会阶层处于中层的居民比自认为处于中下层的居民更看重在工作中获得自我实现与成就。

表 4-21 不同社会阶层认同的 A 区居民对自我实现与成就的评价

社会阶层认同	*M*	*SD*	*F*
下层 （*N* = 30）	3.80	0.86	
中下层 （*N* = 225）	3.74	0.80	3.61*
中层 （*N* = 236）	3.94	0.67	
中上层 （*N* = 23）	4.10	0.65	

（二）创造力

由表 4-22 可知，不同年龄的居民对工作中发挥创造力的重要性的评价各不相同，存在显著差异。31~35 岁人群的评价显著高于 51~55 岁人群（$p < 0.01$）、56~60 岁人群（$p < 0.05$）。样本中 30 岁及以下人群人数较少，可以合并分析，总体上看，年纪越轻越看重在工作中不断发挥创意，不断创新。

表 4-22 不同年龄的 A 区居民对创造力的评价

年龄	*M*	*SD*	*F*
18~25 岁 （*N* = 19）	3.84	0.90	
26~30 岁 （*N* = 29）	4.00	0.65	
31~35 岁 （*N* = 102）	4.09	0.83	
36~40 岁 （*N* = 91）	3.89	0.80	3.11**
41~50 岁 （*N* = 104）	3.83	0.81	
51~55 岁 （*N* = 93）	3.63	0.84	
56~60 岁 （*N* = 31）	3.52	0.81	
61~70 岁 （*N* = 45）	3.89	0.83	

由表 4-23 可知，不同家庭月收入的居民对发挥创造力的重要性的评价各不相同，存在显著差异。家庭月收入在 2001~6000 元的居民的评价显著低于家庭月收入在 15001~30000 元的居民（$p < 0.01$）；家庭月收入在 6001~10000 元的居民的评价显著低于家庭月收入在 10001~15000 元的居民（$p < 0.01$）、15001~30000 元的居民（$p < 0.01$）。由于样本量很小，可以不考虑家庭月收入水平最低和最高的三组，总体上看，家庭月收入水平高的人群相对更加看重在工作中不断发挥创意，不断创新。

表 4-23 不同家庭月收入的 A 区居民对创造力的评价

家庭月收入	*M*	*SD*	*F*
2000 元及以下 （*N* = 3）	3.33	1.15	2.69*

续表

家庭月收入	M	SD	F
2001 ~ 6000 元（N = 149）	3.79	0.98	
6001 ~ 10000 元（N = 159）	3.70	0.81	
10001 ~ 15000 元（N = 132）	3.97	0.71	
15001 ~ 30000 元（N = 62）	4.11	0.63	2.69*
30001 ~ 45000 元（N = 5）	4.40	0.55	
45001 ~ 60000 元（N = 2）	4.00	0.00	
60000 元以上（N = 2）	4.00	0.00	

由表 4 - 24 可知，不同受教育水平的居民对工作中发挥创造力的重要性的评价各不相同，存在显著差异。小学毕业及以下受教育水平的居民显著低于大学本科（含在读）（$p < 0.05$）、研究生（含在读）及以上（$p < 0.05$）学历居民对发挥创造力的重要性认同；高中毕业居民显著低于大专（含在读）（$p < 0.05$）、大学本科（含在读）（$p < 0.01$）学历居民对发挥创造力的重要性认同。样本中小学毕业及以下和初中毕业受教育水平居民数量较少，可以合并分析，表明受教育水平越高的居民越看重在工作中发挥创意，不断创新。

表 4 - 24 不同受教育水平的 A 区居民对创造力的评价

受教育水平	M	SD	F
小学毕业及以下（N = 3）	3.00	1.00	
初中毕业（N = 53）	3.75	0.85	
高中毕业（N = 138）	3.70	0.91	
大专（含在读）（N = 120）	3.93	0.79	2.64*
大学本科（含在读）（N = 170）	3.95	0.77	
研究生（含在读）及以上（N = 30）	4.00	0.69	

由表 4 - 25 可知，不同工作状态的居民对在工作中发挥创造力的重要性的评价各不相同，存在显著差异。在职工作居民的评价显著高于离退、辞职居民（$p < 0.05$）；全日制学生的评价最高。由于全日制学生人数仅为7 人，代表性不够，分析中不予考虑，表明在职工作人员更加关注在工作中发挥创意，不断创新。

表4-25 不同工作状态的 A 区居民对创造力的评价

工作状态	M	SD	F
在职工作（N=385）	3.90	0.80	
离退、辞职（N=115）	3.71	0.86	3.23*
全日制学生（N=7）	4.29	0.49	
无工作（N=7）	3.29	1.38	

由表4-26可知，不同职业类型的居民对在工作中发挥创造力的重要性的评价各不相同，存在显著差异。商业服务业人员显著低于专业技术人员（$p<0.01$）以及办事人员和有关人员（$p<0.05$）；生产工人、运输工人和有关人员显著低于专业技术人员（$p<0.01$）。表明相比商业服务业人员以及生产工人、运输工人和有关人员，专业技术人员以及办事人员和有关人员更加关注在工作中发挥创意，不断创新。

表4-26 不同职业类型的 A 区居民对创造力的评价

职业类型	M	SD	F
国家机关、党群组织、企业、事业单位负责人（N=42）	3.76	0.96	
专业技术人员（N=116）	4.03	0.75	
办事人员和有关人员（N=120）	3.93	0.75	
商业服务业人员（N=72）	3.61	0.85	2.77*
服务性工作人员（N=105）	3.85	0.85	
生产工人、运输工人和有关人员（N=39）	3.64	0.87	
不便分类的其他从业人员（N=6）	4.00	0.00	

由表4-27可知，不同工作单位性质的居民对在工作中发挥创造力的重要性的评价各不相同，存在显著差异。在外资企业工作的居民的评价显著高于在事业单位（$p<0.05$）、国有企业（$p<0.05$）和私营企业（$p<0.05$）工作的居民。表明外资企业员工更加注重在工作中发挥创意，不断创新。

表4-27 不同工作单位性质的 A 区居民对创造力的评价

工作单位性质	M	SD	F
党政机关（N=20）	3.75	0.97	2.22*
事业单位（N=96）	3.82	0.79	

续表

工作单位性质	M	SD	F
国有企业（$N=202$）	3.81	0.82	
外资企业（$N=23$）	4.30	0.56	
合资企业（$N=23$）	4.09	0.67	2.22*
私营企业（$N=121$）	3.80	0.87	
其他（$N=15$）	4.20	0.56	

由表 4-28 可知，不同社会阶层认同的居民对在工作中发挥创造力的重要性的评价各不相同，存在显著差异。自认为处于中层的居民的评价显著高于自评处于中下层居民的评价（$p<0.01$）和下层居民的评价（$p<0.05$）。由于自认为处于下层和中上层的居民数量较少，缺乏代表性，忽略不做分析。比较起来自认为社会阶层是中层的居民比中下层居民更注重在工作中发挥创意，不断创新。

表 4-28　不同社会阶层认同的 A 区居民对创造力的评价

社会阶层认同	M	SD	F
下层（$N=30$）	3.63	1.10	
中下层（$N=225$）	3.76	0.87	
中层（$N=236$）	3.99	0.71	4.18**
中上层（$N=23$）	3.70	0.93	

（三）心灵成长

经过调查，可知 A 区居民认为在工作中得到心灵成长的重要程度评分为 3.98，统计结果显示在性别、年龄、受教育水平、家庭月收入、工作状态、职业类型、工作单位性质和社会阶层认同等各变量上均无显著差异。

（四）利他服务

由表 4-29 可知，不同家庭月收入的居民对在工作中做出对他人的贡献的重要性的评价各不相同，存在显著差异。家庭月收入在 60000 元以上的居民的评价显著低于家庭月收入在 45001~60000 元的居民（$p<0.05$）、30001~45000 元的居民（$p<0.01$）、15001~30000 元的居民（$p<0.01$）、10001~15000 元的居民（$p<0.01$）、6001~10000 元的居民（$p<0.01$）、2001~6000 元的居民（$p<0.01$）以及 2000 元及以下的居民（$p<0.05$）的评价；

家庭月收入在 2001～6000 元居民的评价显著低于家庭月收入在 10001～15000 元的居民 ($p < 0.05$)；家庭月收入 6001～10000 元的居民的评价显著低于家庭月收入在 10001～15000 元的居民 ($p < 0.05$)。由于样本量很小，可以不考虑家庭月收入水平最低和最高的三组，总体上不同家庭月收入居民在工作中获得利他服务的水平接近，相对来说，家庭月收入越高利他服务需求越大。

表 4 – 29 不同家庭月收入的 A 区居民对利他服务的评价

家庭月收入	M	SD	F
2000 元及以下 ($N = 3$)	4.33	0.58	
2001～6000 元 ($N = 149$)	4.07	0.92	
6001～10000 元 ($N = 159$)	4.09	0.72	
10001～15000 元 ($N = 132$)	4.28	0.70	
15001～30000 元 ($N = 62$)	4.19	0.72	2.31*
30001～45000 元 ($N = 5$)	4.40	0.55	
45001～60000 元 ($N = 2$)	4.50	0.71	
60000 元以上 ($N = 2$)	2.50	2.12	

由表 4 – 30 可知，不同弱势群体认同的居民对在工作中做出对他人的贡献的重要性的评价各不相同，存在显著差异。非常不认为自己是弱势群体的居民显著低于不太认同 ($p < 0.01$) 和不确定 ($p < 0.05$) 的居民的评价；而非常认同自己是弱势群体的居民的评价显著低于不太认同的居民 ($p < 0.05$)。忽略人数较少的两端人群，比较起来认同自己是弱势群体的人群相比弱势群体认同感比较模糊的人群更不容易关注工作中的利他服务。

表 4 – 30 不同弱势群体认同的 A 区居民对利他服务的评价

弱势群体认同	M	SD	F
非常不适合 ($N = 63$)	3.92	1.05	
不太适合 ($N = 224$)	4.22	0.68	
不确定 ($N = 101$)	4.19	0.72	2.71*
比较适合 ($N = 117$)	4.13	0.82	
非常适合 ($N = 9$)	3.67	1.22	

（五）和谐互信

经过调查，可知 A 区居民认为在工作中能拥有真诚的朋友、和谐互信的程度评分为 4.27。统计结果显示在性别、年龄、受教育水平、家庭月收入、工作状态、职业类型、工作单位性质和社会阶层认同等各变量上均无显著差异。

（六）安定保障

由表 4 – 31 可知，不同家庭月收入的居民对安定保障的评价各不相同，存在显著差异，但水平接近。家庭月收入在 60000 元以上的居民的评价显著低于家庭月收入在 30001 ~ 45000 元的居民（$p < 0.05$）、15001 ~ 30000 元的居民（$p < 0.05$）、10001 ~ 15000 元的居民（$p < 0.05$）、6001 ~ 10000 元的居民（$p < 0.05$）、2001 ~ 6000 元的居民（$p < 0.05$）以及 2000 元及以下的居民；家庭月收入在 10001 ~ 15000 元的居民的评价显著高于家庭月收入在 2001 ~ 6000 元（$p < 0.05$）和 6001 ~ 10000 元（$p < 0.05$）的居民。由于样本量很小，可以不考虑家庭月收入水平最低和最高的三组，不同家庭月收入居民都把安定保障作为工作的重要目的之一，但随着收入升高安定保障重要性也在升高。

表 4 – 31　不同家庭月收入的 A 区居民对安定保障的评价

家庭月收入	M	SD	F
2000 元及以下（$N = 3$）	4.67	0.58	
2001 ~ 6000 元（$N = 149$）	4.48	0.78	
6001 ~ 10000 元（$N = 159$）	4.50	0.63	
10001 ~ 15000 元（$N = 132$）	4.66	0.55	
15001 ~ 30000 元（$N = 62$）	4.66	0.48	2.10 *
30001 ~ 45000 元（$N = 5$）	4.80	0.45	
45001 ~ 60000 元（$N = 2$）	4.50	0.71	
60000 元以上（$N = 2$）	3.50	0.71	

（七）自主独立

由表 4 – 32 可知，不同家庭月收入的居民对自主独立的生活方式的重要性的评价各不相同，存在显著差异。家庭月收入在 2001 ~ 6000 元的居民的评价显著低于家庭月收入在 6001 ~ 10000 元的居民（$p < 0.05$）、10001 ~ 15000 元的居民（$p < 0.01$）、15001 ~ 30000 元的居民（$p < 0.01$）；家庭月收入在 6001 ~ 10000 元的居民的评价显著低于家庭月收入在 15001 ~ 30000 元的居民（$p < 0.05$）。由于样本量很小，可以不考虑家庭月收入水平最低和最高的三组，比较起来，家庭月收入水平越高的居民，对于

自主独立的生活方式的重要性的评价越高。

表4-32　不同家庭月收入的 A 区居民对自主独立的评价

家庭月收入	M	SD	F
2000 元及以下（N = 3）	4.33	0.58	
2001～6000 元（N = 149）	3.99	1.00	
6001～10000 元（N = 159）	4.18	0.78	
10001～15000 元（N = 132）	4.32	0.65	
15001～30000 元（N = 62）	4.42	0.64	2.54*
30001～45000 元（N = 5）	4.20	1.10	
45001～60000 元（N = 2）	4.50	0.71	
60000 元以上（N = 2）	4.50	0.71	

（八）均衡生活

由表4-33 可知，对工作和生活的均衡性的需求评价，不同工作状态的居民做出的决定各不相同，存在显著差异。全日制学生对于均衡生活的评价显著高于在职工作居民（$p < 0.01$）和离退、辞职居民（$p < 0.01$）。由于全日制学生人数仅为 7 人，代表性不够，分析中不予考虑，在职工作人群和离退、辞职人群，在工作不干扰生活，能够有更多的时间与家人、朋友在一起上得分接近。

表4-33　不同工作状态的 A 区居民对均衡生活的评价

工作状态	M	SD	F
在职工作（N = 385）	4.05	0.76	
离退、辞职（N = 115）	4.04	0.85	
全日制学生（N = 7）	4.86	0.38	2.73*
无工作（N = 7）	4.29	0.57	

（九）地位、权力与财富

由表4-34 可知，不同家庭月收入的居民对工作带来地位、权力与财富的重要性的评价存在显著差异。家庭月收入在 2001～6000 的居民的评价显著低于家庭月收入在 10001～15000 元的居民的评价（$p < 0.01$）。由于样本量很小，可以不考虑家庭月收入水平最低和最高的三组，比较起来家庭月收入水平较高的居民更期望工作能够带来更高的社会地位、

更大的权力和更多的财富积累。

表 4-34　不同家庭月收入的 A 区居民对地位、权力与财富的评价

家庭月收入	M	SD	F
2000 元及以下（N=3）	3.42	0.63	
2001~6000 元（N=149）	4.08	0.75	
6001~10000 元（N=159）	4.22	0.58	
10001~15000 元（N=132）	4.39	0.55	3.95***
15001~30000 元（N=62）	4.28	0.49	
30001~45000 元（N=5）	4.05	0.78	
45001~60000 元（N=2）	4.13	0.53	
60000 元以上（N=2）	3.25	1.06	

六　主要结论

本次调查的主要发现如下。

（一）社会道德

1. 社会道德行为自我评价

居民认为自己违反社会道德的行为比较少，其中，私人道德行为方面违反道德行为的频率明显高于公共道德行为。

2. 对他人道德容忍度

居民对于他人的道德容忍度较低，受访者对于他人有违社会道德的行为基本处于"不能容忍"程度。

3. 个人道德行为与对他人社会道德容忍度的比较

个人道德行为和对他人社会道德容忍度在所有行为上存在显著差异，对他人的道德容忍均高于自身出现有违道德行为的频率，表明居民整体对他人行为容忍度高于对自己的行为道德标准。差距最大的是贪便宜买可能来路不正的东西、购买假冒品牌商品和为办事送重礼或重金。

（二）社会道德、遵纪守法和社会风气评价

居民认为现在的社会道德水平、遵纪守法水平和社会风气均处于中等偏上水平。

（三）社会价值观

1. 个人利益与他人利益

六成多（65.56%）的居民不同意现在大多数人会为了个人利益而损害

他人，违反做人原则，而同意现在大多数人做事能为他人考虑，不是只想着自己的利益（64.40%）。

2. 金钱地位观

有58.23%的A区居民不同意现在多数人认为在社会上只有有钱有地位才能被别人看得起，39.89%的居民则认同在社会上需要有钱有势才能被看得起。

3. 关系取向

六成多居民认为现在大多数人干什么都靠关系，经常不按规矩办事。

4. 个人利益与国家和社会利益

有57.00%的A区居民不同意现在大多数人会把国家和社会利益放在个人利益之后，个人吃一点亏都不可以，另外持相反观点的居民占接受调查的38.13%。

5. 信仰

有47.86%的被调查居民同意现在多数人缺乏信仰，持相反观点的居民占接受调查的44.75%，两方基本持平。

6. 助人

有86.77%的被调查居民认为现在人们在多数情况下乐于助人，只有10.70%的居民持相反观点。66.73%的居民不同意大多数人有机会就占别人便宜，而有25.29%的居民不同意这一观点。

7. 各社会价值观

金钱地位观、关系取向、个人利益与国家和社会利益以及信仰两两之间存在显著的中度正相关，"现在多数人认为在社会上只有有钱有地位才能被别人看得起"、"现在大多数人干什么都靠关系，经常不按规矩办事"、"现在大多数人会把国家和社会利益放在个人利益之后，个人吃一点亏都不可以"以及"现在多数人缺乏信仰"四个观点之间存在显著的正相关关系，个人越认同其中一个观点，一定程度上也会越认同其他三个观点。

（四）工作价值观

在工作对于个人的重要性上，被调查居民在"安定保障"上的得分最高，其次是"和谐互信"和"地位、权力与财富"，而在"自我实现与成就"和"创造力"上得分最低，其次是"心灵成长"，而在"利他服务"、"自主独立"和"均衡生活"上得分居于中等。

七 政策建议

（一）社会道德建设的路径

1. 道德建设中要触发社会成员的自我道德反省

在社会道德行为的自我评价中，多数居民认为自己并无或极少有违反社会道德的行为，同时，被调查居民对于他人的道德容忍度又较低。按理说在这样的自我约束和社会制约环境下，社会的道德水平应该很高才合理，但调查同时又发现人们对当前社会道德水平的评价并不高，这是为什么呢？

一个原因是人们的自我道德容忍度较高，人们对于自己一些成为习惯的行为并没有觉得是一种有违道德的行为，也就是人们可以原谅自己而习惯于指责他人。许多人总是认为违反社会道德的是他人，自己很少；即使自己偶尔有违道德也是有原因的，是可以原谅的，或者归咎于社会环境恶劣不得已，或者属于偶尔无意的行为，这也是整体社会道德水平不能提升的原因。在精神文明建设中，在道德建设中采取有效措施触发居民反躬自省，寻找自己日常生活中那些有违道德的行为，可以通过列出日常生活中常见的违反社会道德行为的清单，组织居民反省自己，对照检查，只有自觉、自愿的行动才能改正个人的行为习惯。

2. 道德建设要使市民认识到怎样才是一个有公德、私德的人

在调查中发现社会道德的自我评价中包含了一定的自我赞许效应，也就是被调查者不愿如实回答对自己不利的内容，排除这一因素后，依然有较大数量的居民不能认识到自我行为中那些不符合社会道德的表现，文明创建中应该引导居民认识到个人私德和公德中那些不符合社会规范的内容，提高对自我社会道德的要求，降低自我道德容忍度，才能不断提高社会道德水平。调查中，居民对购买假冒品牌商品、在公共场所用手机大声交谈、贪便宜买可能来路不正的东西的容忍度很高，正是大家对一些看似无关紧要的行为的纵容使得社会上假冒伪劣产品难以杜绝，公共场所的秩序问题成为顽疾，市场信用机制难以建立，为办事送重礼或重金成为见怪不怪的现象。人们希望社会规则和法律是对自己宽松，对别人严格的。

3. 道德建设要约束居民的公德行为，自我完善私德行为

本次调查发现 A 区居民对于社会道德、社会价值观和社会风气的判断是积极的。人们对于社会普遍道德水平、遵纪守法水平和社会风气的评价倾向于中等偏上。在社会价值观方面，本次调查发现：六成多的居民不同

意现在社会上多数人会为了自己利益违反做人原则损害他人，同意社会上多数人不只想自己的利益，能为他人考虑。有 86.77% 的 A 区居民同意现在人们在多数情况下乐于助人。

但也应该看到普遍存在的社会价值偏离，约四成的居民认同在社会上需要有钱有势才能被看得起。有六成多居民认为现在大多数人干什么都靠关系，经常不按规矩办事。近四成居民认为现在大多数人会把国家和社会利益放在个人利益之后，个人吃一点亏都不可以。有 47.86% 的居民同意现在多数人缺乏信仰。而金钱地位观、关系取向、个人利益与国家和社会利益以及信仰两两之间存在显著的相关。

在工作价值观的调查中，被调查居民认为从工作中获得"自我实现与成就"、"创造力"、"心灵成长"、"利他服务"、"和谐互信"、"安定保障"、"自主独立"、"均衡生活"以及"地位、权力与财富"的重要性不同。其中在"安定保障"上的得分最高，其次是"和谐互信"和"地位、权力与财富"，而在"自我实现与成就"和"创造力"上得分最低，其次是"心灵成长"，而在"利他服务"、"自主独立"和"均衡生活"上得分居于中等。这说明人们的工作依然在一定程度上是一种谋生的手段，是一种职业，还不是一种志业，而把工作作为服务别人、贡献社会的途径的比例还有待提高。国家强调创新、创业，而居民对在工作中获得创造力的评价还不高，这是无法适应社会发展和进步的，需要在提高人们工作基本生活保障的基础上不断引导。

在他人道德容忍度较低的情况下，个人承认有违道德行为的比例很低，出现了这种表面上对他人宽容，实则是对个人宽容的现象。

（二）重塑社会价值观

对于职业和志业，现代社会需要的更是志业，把职业当作一种志向，这需要国家机关、事业单位、商业企业和社会团体等涉及人力资源的机构和部门，在人力资源规划、人力资源培养上注重职业修养，特别是在职业操守、职业价值观和职业素养的培育上进行深入细致的培养，才能满足未来社会的需要。

第二节 基于社会心理服务体系的社区治理路径

2017 年 10 月，"加强社会心理服务体系建设"的表述出现在党的十九大报告关于社会治理的部分，指出要培育自尊自信、理性平和、积极向上的社会心态。党的十九届四中全会将"健全社会心理服务体系和危机干预机制"作为正确处理新形势下人民内部矛盾的一项重要举措。"十四五"规划进一步强调社会心理服务体系的社会治理功能。国家在全国建立了社会心理服务体系建设试点，有学者研究了全国 12 个社会心理服务体系建设试点地区相关文件，发现这些试点地区的定位基本是"心理健康"（池丽萍，2018）。其实，社会心理服务体系除了关注个体心理健康，还涉及人际和家庭关系和谐、组织和群体管理、青少年教育和成长、社会安全防范、社区和环境营造等领域（王俊秀，2019），主要包括社会心态培育、社会心理疏导、社会预期管理、社会治理的心理学策略的运用等内容（辛自强，2018）。

社区治理是社会治理的基础，社区治理的好坏直接影响社会治理的成效。社会心理服务体系建设作为创新的社会治理方式，对于社区治理有指导作用。目前，在社区治理中存在忽视心理建设的现象，可能会导致好的政策在落实中社区居民不认可，甚至出现事与愿违的结果。社会心理建设作为社会治理的心理学路径（王俊秀，2017），包含社会环境、社会稳定、心理健康、社会凝聚力、社会共识、社会价值观、社会情绪等方面的建设（王俊秀，2015a）。因此，可以在社会心理服务体系建设下推动社区心理建设，从而实现优化社区治理的目标。

社会心理服务体系建设重点在于促进社会团结（许燕等，2020）。社会情感是社会团结的"黏合剂"，可以说社区情感建设是社区心理建设的重要内容之一。关于社会情感的情感社会学理论探讨了社会文化、权力、地位和仪式等在社会情感中的作用，同时结合心理社区感理论，可以为社会情感的激发、维持或者消除提供理论支持。还有，赋权理论和生态系统理论分别在促进社区参与和发挥社区的整合功能方面提供理论指导。

一 基于情感共同体的社会学理论

滕尼斯在《共同体与社会》中提出"社区"（community）概念时，强调把社区打造成"情感共同体"。然而，后来出现了"共同体衰落"危机，以至于 20 世纪 80 年代兴起的社群主义和 90 年代提出的"好社会"都提出重塑"共同体"精神，注重社区情感建设（成伯清，2007，2011）。时至今日，日渐冷漠的社区居民关系状况更加呼唤"情感共同体"。在社区治理中打造"情感共同体"，需借鉴情感社会学中的情感理论，充分发挥积极情感的"黏合剂"作用。

情感社会学诞生于 20 世纪 70 年代后半期，更多关注持久的情感，强调将情感与人际互动和社会文化结合起来讨论。社会学对社会情感类型的研究主要涉及三个方面：①互动情感，即与个体在社会结构中所处的不同地位相关的情感倾向、情感状态和情感过程；②群体和集体情感，即个体在特定社会情况下作为一个群体或者集体的成员经历或表达的情感；③情感氛围和文化（Bericat，2016）。为了理解和解释社会现实的情感结构和情感动力，社会学家发展出了文化理论、符号互动理论、情感结构理论、仪式理论和交换理论（Turner and Stets，2006）。结合社区的实际情况，在这里简要介绍一下前四个理论。

文化理论认为情感是社会感受，受到社会文化（规范、价值观、观念、信仰等）的制约。社会有情感文化、情感词汇、感受规则和展示规则，这些限制了处在不同情境和社会地位的主体应当如何感受和表达情感（Hochschild，1979）。

符号互动理论认为，自我和身份构成了情感激发背后的动力。当自我被他人所确认，并受到文化标准的良好评价时，人们将体验和表达积极的情感，比如骄傲和满足。当自我没有被确认，自我概念和他人的反应不相符，以及文化观念与自我知觉不协调时，人们会经历负面情感，如窘迫、焦虑、愤怒、羞耻或内疚（Turner and Stets，2006）。

Kemper（1987）提出情感结构理论，解释了主体在社会互动过程中感受到的情感类型，侧重于特定的关系特征。权力和地位是涉及情感的两个基本的关系维度。拥有权力或在互动中获得权力的主体，会体验到如满意、自信和安全等积极情感，而相对权力较低的主体则会体验到恐惧等消极情感。地位高的主体或者受到他人尊重的主体，会产生积极的情感，比如骄傲，而缺乏或者失去地位的主体，会产生消极的情感，比如羞耻。

仪式理论认为仪式是一种社交聚会，在其中个人保持相同的注意力，分享相同的价值观和感受相同的情感。仪式产生了群体情感，人们总是寻求在每次社交中最大化他们的情感能量。柯林斯（2012）提出情感能量，并认为它是正向情绪和负向情绪由高到低的连续体。高的情感能量具有团结性，低的情感能量会瓦解团结。他进一步指出，人们在共同的行动或事件中分享共同的情绪和情感体验会产生集体兴奋，从而可能出现群体团结、个体情感能量、代表群体的符号和道德感。人们面对面互动时，暂时仪式唤醒情感，同时互动过程中生成较持久的情感，并且能够在互动者之间传递，从而把情感的力量施加于互动者。

二 社区治理的心理学理论

（一）心理社区感理论

心理社区感理论由 Sarason 提出，他认为心理社区感是一种"感觉到与他人的相似性，意识到自己是一个既有的、相互支持的、可以依赖的关系网络的一部分，愿意保持这种相互依赖的关系，向他人提供他人期待的帮助，对于大型的、可依靠的和稳定结构的归属感"（Sarason，1974）。Mcmillan 和 Chavis（1986）发展了此理论，提出心理社区感包括四个成分：成员资格、影响、整合和满足需求，以及共享的情感联结。其中，成员资格是指人们体验到的归属于所属社区的感受；影响表示的是人们感受到自己可以使社区发生改变；整合和满足需求表示社区成员相信社区提供的资源可以满足其需要；共享的情感联结指的是社区成员拥有并愿意分享共同的历史、时光、空间和经验。Long 和 Perkins（2003）结合他们的数据提出心理社区感的三因素结构：社会联结、相互关心和社区价值。Tartaglia（2006）使用意大利样本发现一个三因素的测量结果，包括地方依恋、需求的满足与影响，以及社会纽带。

生活中的个体倾向于跟与自己相似的、邻近的人建立情感联结，在社区中同时追求尊重多样性和培育心理社区感并不可取，需要更好地平衡尊重多样性与培育心理社区感之间的关系（Neal and Neal，2014）。参与有助于进一步提升心理社区感（Hughey et al.，1999）。心理社区感与信任正相关，心理社区感是友谊等积极的人际关系的结果（Jason et al.，2016）。

（二）赋权理论

赋权是一个过程，是个人、组织和社区掌控其事务的机制，使人们获得对个人生活和所在社区的控制，包含个体对生活的决心（Rappaport，1981，1987）。针对赋权的特性研究发现，赋权在时间上动态发展，具有不同的层次，个人、组织或社区都可以被赋权，但某一层次的赋权并不一定引起其他层次的赋权；赋权只有参与到一个团体或组织中才能得以实现；针对各个组织、地域、社区和文化的赋权因不同的历史、经历、环境而不同（Zimmerman，2000）。

从 2005 年起，国家免除扶贫开发工作重点县农村义务教育阶段贫困家庭学生的书本费、杂费，并补助寄宿学生的生活费（"两免一补"）。2005年，财政部对中西部地区安排"两免一补"资金72亿元，在592个国家扶贫开发工作重点县中，共有1700多万名贫困生享受了"两免一补"。从2017年起，实行城乡义务教育"两免一补"政策。"两免一补"政策使更多贫困家庭的学生走入校园接受义务教育，培养了能力，提高了对今后生活的控制力，这其实就是一个赋权的过程。再如，在国家倡导社区治理创新中，"沈阳模式"强调把部分权力下放给居民，"江汉模式"重视把权力下放给社区自治组织，"盐田模式"提出把社区服务站建成为社区居民提供各种服务的自治性组织。权力下放与这里的"赋权"虽有些不同，但两者目标都是建设社区自治组织。

（三）生态系统理论

Bronfenbrenner（1977）描述了可能影响儿童发展的生态系统的四个水平。微观系统是个体直接接触和生活在其中的系统，由个人的身体特征、活动和角色组成。社区和学校也属于微观系统。中观系统是两个或者两个以上微观系统相互作用的地方，比如，学校与家庭的相互影响。外观系统影响个人和个人所处的微观与中观系统，但个体不能在其中获得直接经验。例如，家庭成员的工作环境、学校管理体制等。宏观系统不包含具体的环境，是决定意识形态和社会制度的更大系统，指的是法律、文化、价值或宗教信仰等。例如，当前的失业率、社会中的性别分工等。

按照生态系统的观点，在中观系统中学校和社区可以共同作用。例如，针对肥胖症和癌症在美国流行，"带它回家"示范项目（"Bring it Home" demonstration project）选取了非裔低收入家庭的四年级学生，让他们在学校学习有关健康饮食的知识，然后将学习的录影带和其他资料带回家中与父母分享。与此同时，项目工作人员对学生家长开展有针对性的随访沟通。结果显示，与作为参照组的学校相比，那些参与此项目的学生父母会食用更多的水果、果汁、蔬菜，而且在干预结束后，其平均体重也变得较轻（默里等，2018）。

三　以社区心理建设为主线的社区治理路径

社会心理建设是通过全社会的努力使社会心态环境不断改善，个人和社会的心理更加健康，社会关系更加和谐，社会逐渐形成共享的价值观念，具有更高的社会和国家认同，社会凝聚力更强，社会不断发展进步的社会实践（王俊秀，2015b）。从微观上看，这也可以浓缩成社区心理建设的目标，即追求社区关系和睦、居民心理健康、生态环境良好、具有共享的核心价值观和社区凝聚力更强等。

社区心理建设离不开理论的指导。根据情感社会学的理论，文化影响情感的感受程度以及表达方式；仪式可以为民众提供更多的人际互动的机会，在仪式中情感能量得以维持和传递；权力、地位、自我和身份均可以对情绪产生影响。另外，根据心理社区感理论和赋权理论，通过培育心理社区感能够让居民产生对社区的归属感，进而产生共享的情感联结，通过赋权可以提升个体或者集体的效能感，进而可以提高参与社区公共事务的积极性。生态系统理论可以诠释对社区环境建设以及发挥社区、家庭和学校整合作用的重要性。下面结合这些理论，以社区心理建设为主线，从增强社区凝聚力、弘扬社会核心价值观、赋权居民和社区社会组织、处理矛盾纠纷、满足居民需要等方面探索社区治理路径。

（一）增强社区凝聚力，培育心理社区感

在滕尼斯看来，社区是在情感、传统和共同联结的基础上形成的具有较强价值认同的共同体，社区成员是建立在自然情感基础之上的，这种共同体具有天然的凝聚力。根据心理社区感理论，共享的情感联结和成员资格促进了心理社区感的形成。一旦形成心理社区感，居民邻里间会通过分享共同的历史、时光、空间和经验，增强彼此信任，进而会增加更多非正式的接触、沟通，促进正性情感能量在居民之间的流通。人际互动可以为居民提供情感联结的机会，使居民对社区形成归属感和依恋，意识到其是社区的成员，进而培育居民心理社区感。可以看出，加强人际互动是增强社区凝聚力和培育心理社区感的一种有效措施，其背后是积极情感在发挥"黏合剂"作用。

为了促进居民的人际互动，社区要经常开展多样的集会，也就是仪式理论中所指的"仪式"。比如，某社区在端午节开展"端午粽飘香，温暖社区情"包粽子活动，在世界环境日开展"蓝天保卫战，我是行动者"宣传活动。依据仪式理论，人们在共同的行动或事件中分享的共同情绪和情感体验会产生集体兴奋，从而可能出现群体团结和个体情感能量。

在人际互动中影响积极情感产生的有两个因素：期望的满足和奖励。如果居民在互动中满足了自我、他人以及情境的期望，通常会体验到中等强度的正性情感。当人们知觉到他们获得了他人的奖励时，将体验到正性情感，更有可能给予他人奖励（特纳，2009）。符号互动理论也指出，自我和身份在情感激发中起动力作用。为了激发积极情感，发挥积极情感在促发社区团结中的"黏合剂"作用，社区在组织聚会时，要了解居民的期望，提供给每个居民获得自我和身份得到尊重的机会。居民在人际互动中要善于给予对方奖励，尤其是情感方面的奖励，比如别人给你微笑打招呼，你也要热情地回应，只有这样双方才能体验到积极的情感。居民之间感觉到彼此的自我和身份得到确认，同时体会到互相之间的情感奖励，就会认同自己是社区的成员，产生心理社区感。

社区工作人员和居民之间的互动对于社区凝聚力也很重要。根据情感结构理论，社区工作人员拥有更多的权力和更高的地位，他们会体验到满足感、自豪感和自信心等积极情感，会向他人表达积极的情感。但是在中国自上而下的行政管理体制下，一些社区工作人员可能过度忙于行政事务，更多表现的是缺乏热情、不耐烦、愤怒等消极情绪。社区工作人员应自觉意识到积极情感的流动在社区团结中的作用，加强情绪管理，激发服务的热情，用自身的正性情感能量去感染周围居民产生积极情绪。

（二）弘扬社会核心价值观，培育社区文化氛围

社会价值观是影响社会认知、社会情绪和社会行为的深层次、相对稳定的观念体系，它与文化密切相关。不同的社会阶层、文化背景、社会经历等导致目前社会价值观的多元，社会价值观的多元可以说是社会变迁和社会大转型时期的一种必然。社会价值观的多元会导致具有不同社会价值观的个体和群体有不同的利益诉求，一旦治理中不能很好地平衡这些诉求，就会成为社会矛盾或者社会纠纷的导火索。共享的社会核心价值观可以对多元的社会价值观起到统领和聚合作用，形成人们判断是非曲直的基本标准，有利于形成良好的道德秩序。只有社会的良性发展才会使社会共识更容易达成，社会倾向于出现共享的情绪，这些构成了社会核心价值观形成的基础。

培育社区文化氛围涉及培育什么样的社区文化以及社区文化如何培育的问题，即社区文化的内容和培育形式。在物质主义价值观日益增强、家族中传统亲情被利益淡化、个人主义流行的社会，要想重新正确地建设中国人的心理、恢复社会的秩序，需要继承和发扬儒家传统文化（王俊秀，2015a）。建设社区文化以中华优秀文化为立脚点，探讨人的"生活世界"的意义性和价值追求，提高社区居民的人生境界，从而促进社区居民生活

质量的提高（黄希庭，2020）。另外，反映时代脉搏的先进优秀文化理应成为社区文化的重要组成部分。

根据情感的文化理论，社会文化会影响情感的感受和表达方式。因此，社区文化氛围的培育应挖掘社区文化中可以激起居民情感共鸣的要素，同时对居民的价值观起到引领作用。比如，利用社区活动营造社区美德时，可以选择时代涌现的道德模范事迹。第七届全国道德模范田琴，婚后十多年来，丈夫外出务工补贴家用，她在自己身心极度劳累、腰椎颈椎疾患严重的情况下，无怨无悔、悉心照料家中 7 位年迈多病的老人。还有窦兰英，中年丧夫、老年丧女，年近 70 岁的她历时 6 年，当保姆、做钟点工、捡废品和卖破烂，省吃俭用为女还债。通过宣传田琴的孝老爱亲、窦兰英的恪守诚信的事迹，居民会产生崇拜和敬意，形成情感共鸣，愿意去效仿她们的行为。

结合当地实际情况，采用群众喜闻乐见的方式创新社区文化传播方式，挖掘社区历史文化，塑造社区文化符号，进而形成社区文化认同。比如，上海市嘉定镇街道在睦邻文化品牌建设中举办"睦邻文化节"，社区居民和社工通过朗诵、歌曲串烧、活力操、旗袍秀等表演让大家感受到了"睦邻"对当地人的影响，在舞台表演的同时开展"睦邻集市"、"睦邻游戏"、"睦邻人物展示"、"睦邻才艺展示"和"睦邻畅想"等外围活动，居民潜移默化地受到文化的熏陶。

（三）赋权居民和社区社会组织，促进社区参与

在我国，与参与社区文体活动热情比较高相比，居民参与社区公共事务动力不足、意识不强、热情不够。其原因一是目前社区管理体制不足。我国社区是一个自上而下建构起来的实施基层行政管理和社会控制的国家治理单元，国家在这个治理单元运作过程中仍然居于统治地位，居民自主表达利益的集体行动和沟通参与往往受到地方政府的排斥和遏制，自主性的社会发育受到阻滞（杨敏，2007）。二是社区服务意识不强。很多人认为社区只是居住的地方，处理好自己的家庭事务，扫好自家门前雪就是对社区的贡献。三是参与社区公共事务的能力不足、信心不够。大部分居民由于对社区公共事务的认识不到位，平时很少关心社区公共事务，一旦授权其参与社区公共事务就会推诿。

针对居民社区参与中存在的社区服务意识不强，可以调整居民关于社区参与的不合理的认知，让居民认识到，社区的事务需要大家合力来完成。

居民只有在心理上形成社区感,才会产生作为社区成员的自豪感,才会强化对社区结构的承诺。对于参与社区公共事务的能力不足和信心不够,赋权居民和社区社会组织是有效的应对措施。赋权理论强调的更多是社区社会组织自下而上地增强处理社区公共事务的能力,可以说是培养集体效能感,其实西方赋权理论中的"赋权"可被认为是"自觉赋能",针对个体是产生自我效能感,针对组织或者群体是产生集体效能感。在个体层面,赋权能够预测居民参与的程度,从而在赋权和居民参与之间形成互为强化的良性循环(默里等,2018)。通过培育居民参与能力,提高参与自我效能感,可以形成参与的积极态度和意图,进而转化为参与行为。

在社区方面,赋权社区社会组织可以更好地发挥社区社会组织的活力,与社区工作人员互相配合,把社区工作做得更精更细。目前,社区居委会将基层政府的一部分职能承接下来,社区工作人员要处理发展党员、医疗养老、综治维稳、帮困扶困、环境卫生等工作,对于有些事是心有余而力不足,比如孤寡老人、留守老人、留守儿童、残疾人、精神病患者、问题少年等群体的陪伴、关怀和照顾。其实,社区社会组织可以在社区服务中大有作为。目前我国社区社会组织尚处在起步阶段,政府的放权赋能是必要的。2020年12月民政部下发的《培育发展社区社会组织专项行动方案(2021—2023年)》和2021年6月推动的社会组织开展"邻里守望"关爱行动,目标是通过实施一批项目计划和开展系列主题活动,推动社区社会组织在建设人人有责、人人尽责、人人享有的社会治理共同体中更好发挥作用。赋权社区社会组织,一方面,需要政府放权,为社区社会组织的健康发展营造良好的环境;另一方面,社区社会组织要从自下而上的视角提高自己参与社区公共事务的能力。

(四)处理矛盾纠纷,化解社区消极情绪

社会互动中情感能量影响社会运行,积极情感能量和消极情感能量分别导致社会团结和社会疏离(王俊秀,2013a)。前文论述了积极情绪对社会凝聚力的作用,社区治理中还要高度重视消极情绪对社区团结的破坏作用。社区消极情绪可大可小,小到因为车纠而彼此抱怨,大到因小区搬迁处理不公引发集体愤怒。社区消极情绪的产生,一方面,与社会的大环境有关,社会生活节奏的加快和过度的信息处理导致社会情感淡漠,还有社区需要、期望和价值观的多元引起个体或者群体间的摩擦和冲突;另一方面,根据符号互动理论和情感结构理论,当自我和身份没有得到别人的认可，或者当地位低或者权力较小时，个体会体验到愤怒、羞耻和内疚等消极情绪。

根据仪式理论，当居民处于消极情绪时，情感能量偏低，进而对社区团结产生破坏作用。一旦社区公共事务处理不当或者相关政策不合理，怨恨、愤怒等消极情绪就会被激发，并通过居民的私下议论等方式传播蔓延，当消极情绪积累到一定的燃爆点时就会激发社区的群体事件。为了防止消极情绪的破坏作用，社区治理中要及时满足居民的社会需求和愿望，提高对可能引起矛盾和纠纷事件的关注度和敏感度。一旦社区矛盾出现，要及时调解和化解，避免消极情绪的传染，以免裹挟更多不明真相的人参与社区集体行动。同时，在社区公共事务的决策中，需要尊重多样性，采取居委会、社区组织和居民多元主体共同决策的方式，照顾多方利益，尽量形成理性、公正的决策。另外，在执行政策时少使用惩罚措施，当居民知觉到他们获得惩罚时，将体验到消极情绪，体验到的消极情绪越多，人们越有可能为保护自我对社区组织产生疏离感。

（五）满足居民需要，建设美好社区

党的十九大报告指出增进民生福祉是发展的根本目的，满足人民对美好生活的需要、走共同富裕的发展道路已成为新时代的最强音。针对社区来说，在满足居民美好生活需要上要特别重视家庭建设和社区环境治理。结合生态系统理论的观点，社区作为个人和家庭生活的场域，发挥社区整合作用是满足居民美好生活需要的重要一环。首先，要结合居民的需要来建设社区的物理环境。居民需要洁净的空气、无污染的水、合理的住房结构、宜居的社区环境以及安全。只有这些基本需要被满足，居民才能体会到生活的美好。因此，社区要加强小区绿化，做好垃圾分类的管理，在设计社区布局时考虑到给居民提供合理的居住格局，加强社区内部的车辆管理以及安保工作来满足居民的生活需要。其次，整合家庭、社区、学校等微观系统。家庭作为社会的细胞，在夫妻和睦、养老育幼等方面发挥重要作用，当家庭出现矛盾时，比如夫妻经常争吵，邻里调解就有可能使夫妻"化干戈为玉帛"。另外，现在青少年越轨行为越来越多，比如吸烟、性行为、欺凌行为等，这些行为可能在学校、家庭和社区均有发生，家庭、社区和学校只有合力消除青少年越轨行为产生的不利因素，积极对青少年教育引导，才能有效遏制青少年的越轨行为，为青少年的健康成长营造好的环境。

四　总结与展望

在全国大力推动社会心理服务体系建设的背景下，注重和加强社区治理势在必行。本节从社区心理建设入手，从积极情感的唤醒和维持来增强社区凝聚力和培育心理社区感；从生态系统角度来满足居民的基本生活需要，同时发挥社区的整合功能来关注社区环境治理；探讨社区文化的凝聚作用，弘扬社会核心价值观，培育社区文化氛围；通过赋权来提高居民和社区社会组织参与社区事务的能力；处理社区矛盾并及时化解消极情绪，防止消极情绪的传染。

当下，加强社区的心理建设还任重道远。在未来研究中，可以把社区的边界扩展到学校、组织等范围，充分发挥社区、学校、组织和家庭在中观系统的合力作用。同时，可针对不同类型社区的独特性有针对性地开展社区治理，比如针对民族互嵌式社区中民族多样性开展民族融合的研究。另外，在国家"乡村振兴"战略下，加大乡村社区的心理建设力度，为乡村的早日振兴助力。

第五章

城市：城市认同

第一节　不同分级城市的城市认同感调查报告

一　引言

时任国务院总理李克强在十二届全国人大二次会议上做政府工作报告时指出，要推进以人为核心的新型城镇化。中国的城镇化，是以人为本、公平共享的城镇化。城镇化的根本目的，是使更多居民享受现代文明生活方式，促进社会和谐进步。在新型城镇化建设的进程中，城市认同将成为城市重要的软实力。对城市的"认同"是个人对外在环境和自身状况的综合反映。在城市不断扩展、功能调整的进程中，不仅新移民往往面临一个重新建立自身"认同"的过程，老市民也存在如何接纳新移民、老市民的移出等认同改变的现实。

在中国城镇化的进程中，不仅存在城乡二元结构，在城市内部还出现了"城市二元结构"。尽管在城市居住已基本不成问题，但由户籍制度造成的同工不同酬，以及附着在城市户口上的福利待遇等问题，依然没有解决。制度的壁垒以及排斥造成了外来者巨大的认同困境。市民缺乏对城市的认同会带来一系列的社会问题，不仅使得本来在个体层次上存在的社会冲突和社会问题发展到群体层次上，形成城市中"外来人口"和"本地人"的群体对抗，还会使原本存在于两个群体之间社会资源分配上的不平等扩大到不可弥合的地步。缺乏城市认同还会加剧外来务工者在城市中的"短期行为"，缺乏长远的自我设计和安排。而对于本地人而言，盲目追求现代化所造成的"千城一面"也造成了老市民对城市的认同危机。

推动新型城镇化，帮助外来者更好地融入城市；改变城乡二元结构、改革户籍制度，这样的建议原则上是正确的，但是缺少具体的可操作性。在建设新型城镇化的进程中，最为关键的是人的城镇化，因此，外来人口能否顺利融入城市就成为关键因素。真正意义上的社会融入必然是建立在外来人口对迁入地高度的心理认同之上的。如果仅仅在迁入地就业、生活，但是在心理上与当地居民有很大距离，对迁入地的非功利性价值，如本地文化和价值观，缺乏认同，则不能说明外来人口实现了充分的社会融入。"重物轻人"模式所依靠的通过客观指标来衡量城镇化发展已经暴露出诸多弊端，与此同时，城市认同感作为市民对外在环境和自身状况的综合反映，与城市各方面要素都存在关联，如文化、宜居性、经济发展水平、交通状况、生态环境等，因此可以作为一个合适的衡量指标。在本次调查中，课题组通过居民"城市认同感"这一指标来衡量城镇化质量，可以在一定程度上弥补当前客观指标所存在的不足。

已有不少研究者对城市认同感进行了定义。雷洪和胡书芝（2014）在研究移民家庭的城市认同时，主要从移民家庭的城市情感、城市归属及城市定居意愿三个方面来进行。夏四平（2008）的研究发现农民工的社会认同具有三个维度，分别是觉察自己身份的归属认同、对群体有情感卷入的归属情感和对该群体社会价值的归属评价。而蔡贞等（2012）则是在探讨农民工对农民身份的认同结构时，通过数据分析得到三个维度，分别是自我归类、身份重要性和行为投入。由于本次调查并不仅仅将对象限定在城市外来人口，同时还包括城市本地居民，因此，本次调查中的城市认同感主要是指居住在城市中的个体对外在环境和自身状况的综合反映。

目前关于城市认同感的研究中，中文文献聚焦于城乡移民（尤其是外来务工人员）在城市认同感上的现状以及影响因素。城镇化发展是人类科学技术进步、改造自然的能力提高的重要标志。有研究指出，对城镇化发展的评估大多采用经济发展、生态改善以及气候与环境变化等客观指标（陈明、张云峰，2013；高顺成，2014）。然而，新型城镇化需要以人为核心，增进居民福祉是城镇化发展的根本目标。因此，对城镇化发展的评估不能完全依赖上述客观指标，作为个人对外在环境和自身状况综合反映的城市认同，才是最终决定性指标。雷洪和胡书芝（2014）在梳理了以往的相关研究后发现，调查研究缺乏地域比较分析，在少量关于特定地域城乡移民城市认同的研究中，所选地点同质性较强，对不同发展水平地区进行区域比较的研究并不多见，难以发现不同发展水平区域的城乡移民家庭城市认同的层次性特征。因此，本次研究通过在线问卷调查的形式，在全国范围内进行城市认同感调查，希望通过本次调查来弥补此前调查的一些不足。研究不仅有重要的心理学价值，而且有重要的社会学价值和决策参考价值。

综合以上分析，本次调查以城市认同感为核心，并尝试构建城市认同感的分维度。在此基础上，展开一次全国的城市认同感调查，考察居住在不同分级城市中的居民城市认同感和各分维度认同感的现状及变化趋势，同时考察性别、年龄、学历、收入、籍贯（本地人和外地人）等人口学变量与城市分级对城市认同感的交互性影响。

二　研究方法

（一）调查对象

2015 年 6 月 15～30 日，课题组利用凯迪数据研究中心自主开发的问卷宝 App，利用原有的问卷宝微信服务号先向订阅用户推送问卷，然后再依靠用户分享问卷，通过这种用户推动抽样的方法来获得调查数据。

目前问卷宝在问卷质量控制方面能够实现定制化调查和精准的问卷推送，依照调查目的向特定的用户群推送问卷，参与调查者需要经过系统认证，系统能够检测用户在问卷填写过程中的特征，对乱填乱写的用户进行剔除并列入黑名单，从而确保数据的可靠性。由于是通过在线问卷调查的形式，问卷回收后，为保证问卷填写质量，课题组通过相应手段对问卷进行筛选。首先根据完成问卷的时间，删除答题时间过长和过短的问卷，随后将筛选后的数据导入 SPSS 中，然后删除数据存在缺失的问卷样本。本次城市认同感调查覆盖全国 34 个省级行政区（因港澳台、新疆、西藏和青海数据过少不纳入分析范围），调查最初共回收问卷 156526 份，经筛选后最终得到有效问卷 143840 份，问卷有效率达 91.90%。根据《第一财经周刊》2013 年发布的中国城市新分级名单，将被调查者所在城市编码后进行统计分析，发现一线城市收回问卷 14345 份，新一线城市收回问卷 20258 份，二线城市收回问卷 25755 份，三线城市收回问卷 34043 份，四线城市收回问卷 27329 份，五、六线城市收回问卷 22038 份。具体结果如表 5 - 1 所示。

表 5 - 1 各城市分级中被调查者人数分布情况

单位：人，%

项目		频数	占比	有效占比	累计占比
有效	一线城市	14345	10.0	10.0	10.0
	新一线城市	20258	14.1	14.1	24.1
	二线城市	25755	17.9	17.9	42.0
	三线城市	34043	23.7	23.7	65.7
	四线城市	27329	19.0	19.0	84.7
	五、六线城市	22038	15.3	15.3	100.0
	合计	143768	99.9	100.0	
缺失	系统	72	0.1		
合计		143840	100.0		

通过对比本次调查的人口样本与各城市在第六次全国人口普查的数据，在性别比例方面，在本次调查中，每个分级城市的男女性别比例基本各占 50% 左右，人口普查中各城市的性别比例与本次调查的结果没有显著差别。在年龄方面，由于本次调查跟人口普查的划分方法不一致，所以无法直接比较，不过仍旧可以看到，人口普查数据中 15 ~ 64 岁年龄段基本占总人口的 80% 以上，这跟本次调查中的结果也基本一致。总的来说，人口普查中的各属性人口比例跟本次调查所得到的数据并没有出现显著的差异，因此可以认为本次调查的样本具有一定的代表性。不同分级城市中调查者的性别、年龄、学历、职业、收入等的具体分布情况如表 5 - 2 所示。

（二）城市认同感问卷

在国内已有研究中，除了从思辨的角度来探究城市认同感外，已经有学者开始尝试对城市认同感进行量化研究。例如，杨健和李辉（2012）在以往文献的基础上确定问卷的理论维度，通过开放式问卷调查、专家评估与修改，最终编制成正式的农民工城市认同问卷。杨健、李辉和赫云鹏（2012）在进行农民工生活满意度、社会支持与城市认同的相关研究时，也利用自编的农民工城市认同问卷来进行调查，问卷中包括地域认同、态度认同和群体认同三个因素。李颖灏和王建明（2014）在分析文献、借鉴既有社会认同量表、访谈和自编测度语句等基础上开发了新生代农民工群体认同量表。除了考察进城务工者的城市认同之外，张陆（2014）基于社会

表 5 - 2　来自不同分级城市的调查对象在人口学变量上的分布情况

单位：人，%

项目			城市分级						
			一线城市	新一线城市	二线城市	三线城市	四线城市	五、六线城市	
性别	男性	计数	6741	9857	12769	19484	17670	10253	
		占比	8.8	12.8	16.6	25.4	23.0	13.4	
	女性	计数	7604	10401	12986	14559	9659	11785	
		占比	11.4	15.5	19.4	21.7	14.4	17.6	
年龄	00后	计数	455	689	1049	1195	774	924	
		占比	8.9	13.5	20.6	23.5	15.2	18.2	
	90后	计数	8306	12850	16121	23373	20288	13893	
		占比	8.8	13.6	17.0	24.6	21.4	14.7	
	80后	计数	4246	5125	6701	7132	4656	5384	
		占比	12.8	15.4	20.2	21.5	14.0	16.2	
	70后	计数	981	1181	1411	1694	1148	1280	
		占比	12.7	15.3	18.3	22.0	14.9	16.6	
	60后	计数	258	289	327	429	306	334	
		占比	13.3	14.9	16.8	22.1	15.7	17.2	
	50后	计数	99	124	146	220	157	223	
		占比	10.2	12.8	15.1	22.7	16.2	23.0	
学历	中学及以下	计数	2504	2912	5269	6334	4478	5460	
		占比	9.3	10.8	19.5	23.5	16.6	20.3	

续表

项目			城市分级					
			一线城市	新一线城市	二线城市	三线城市	四线城市	五、六线城市
学历	专科	计数	4958	7348	10115	10970	7171	8632
		占比	10.1	14.9	20.6	22.3	14.6	17.5
	本科	计数	5408	8395	8985	15393	14667	6763
		占比	9.1	14.1	15.1	25.8	24.6	11.3
	硕士	计数	1126	1221	1029	950	685	766
		占比	19.5	21.1	17.8	16.4	11.9	13.3
	博士	计数	349	382	357	396	328	417
		占比	15.7	17.1	16.0	17.8	14.7	18.7
职业	专业技术人员	计数	3715	4748	6063	6034	4154	4705
		占比	12.6	16.1	20.6	20.5	14.1	16.0
	商业人士	计数	3405	4175	4938	11527	12148	4122
		占比	8.4	10.4	12.2	28.6	30.1	10.2
	学生	计数	1825	1671	1646	1830	1347	1614
		占比	18.4	16.8	16.6	18.4	13.6	16.2
	劳动服务行业	计数	3131	3931	6360	7179	4344	5336
		占比	10.3	13.0	21.0	23.7	14.3	17.6
	政府公务人员	计数	2269	5733	6748	7473	5336	6261
		占比	6.7	17.0	20.0	22.1	15.8	18.5

续表

项目		城市分级					
		一线城市	新一线城市	二线城市	三线城市	四线城市	五、六线城市
收入	暂无收入 计数	1807	4860	6095	7023	5113	6066
	暂无收入 占比	5.8	15.7	19.7	22.7	16.5	19.6
	1000元及以下 计数	719	1387	2034	2492	1680	2060
	1000元及以下 占比	6.9	13.4	19.6	24.0	16.2	19.9
	1001~3000元 计数	2417	4863	6536	8160	5191	6611
	1001~3000元 占比	7.2	14.4	19.3	24.2	15.4	19.6
	3001~5000元 计数	4209	4996	6538	12346	3888	4333
	3001~5000元 占比	11.6	13.8	18.0	34.0	10.7	11.9
	5001~7000元 计数	2581	2309	2568	2188	1513	1582
	5001~7000元 占比	20.3	18.1	20.2	17.2	11.9	12.4
	7001~10000元 计数	1432	971	1029	925	9303	648
	7001~10000元 占比	10.0	6.8	7.2	6.5	65.0	4.5
	10001~20000元 计数	720	435	484	394	282	286
	10001~20000元 占比	27.7	16.7	18.6	15.1	10.8	11.0
	20000元以上 计数	460	437	471	515	359	452
	20000元以上 占比	17.1	16.2	17.5	19.1	13.3	16.8

认同理论编制了城乡双重认同量表，从城市认同和农村认同两方面考察青年城市移民社会认同的特点及其影响因素。张文宏和雷开春（2009）把社会认同界定为个体对其社会身份的主观确认，依据亨廷顿对于社会身份的六种分类，对城市新移民群体的社会认同建立结构模型，分析了对于该群体十分重要的五种社会认同：群体认同、文化认同、地域认同、职业认同、地位认同。

为了保证本次问卷的适用性，课题组在文献回顾基础上，对城市认同感的维度结构进行了初步构建。在对初测问卷进行因子分析时，课题组根据分析的结果，参考了张文宏和雷开春（2009）所提出的社会认同模型中的几种维度来给因子命名。城市认同是一个不断自我构建和自我重构的过程，这个不断变化的过程会受到各种社会文化因素的影响，生物环境的变化或成熟会导致主要的认同变化，历史环境的变化也具有同样的影响。基于这样的分析，课题组认为城市认同的维度应该需要涉及城市文化、市民身份以及社会地位等方面。

基于文献以及初步选定的维度，课题组收集了尽可能多的测项，同时自行发展一些测项；最后请中山大学以及中国社会科学院的两位心理学和社会学专家根据量表维度进行测项评价，根据专家的意见来增删条目，再确定初测的问卷。在得出初测数据后对问卷进行了探索性因子分析，最后将城市认同感量表划分出四个因子，分别命名为：文化认同、身份认同、地位认同以及地域认同。

根据此前对城市认同感的调查以及城市认同相关定义编制初测问卷，问卷条目（选项）采用李克特5点计分，分为非常不符合、比较不符合、一般、比较符合、非常符合5个等级。条目正向叙述时分别赋予1、2、3、4、5分，采用反向叙述时分别赋予5、4、3、2、1分。城市认同感以及各维度分数的具体计算过程为：首先将各题目的得分相加，得到城市认同感总分，然后再分别计算各个维度上的分数。为了方便理解，我们将城市认同感的原始总分转化为一个0～100分的标准分值，而各维度的分数则保留原始分数，分值越高，表示其认同程度越高。

问卷共17个项目，对问卷的总体内部一致性和各分维度的内部一致性进行统计分析，结果发现问卷总体内部一致性 Cronbach's α = 0.90。文化认同分维度3个项目，Cronbach's α = 0.72；地位认同分维度5个项目，Cronbach's α = 0.86；身份认同分维度5个项目，Cronbach's α = 0.86；地域认同分维度 4 个项目，Cronbach's α = 0.69。总体来看，该问卷的信度系数良好。

另外，在讨论外来人口的城市认同问题时，现有研究大多限定在不具有本地户籍的农民工群体，而忽视了那些虽具有本地户籍，但其户口是因为学习、就业、婚姻等原因迁入本地的群体。以户籍为基准的划分方法忽视了对这一群体社会认同的讨论，没有充分考虑到非户籍因素对这一群体社会认同的影响。换言之，即使户口已经迁入本地，在非户籍因素的影响下，获得制度平等的外来人口仍有出现社会认同障碍的可能。因此在问卷中，我们用"请问您目前所在的这个城市是您的老家吗？"这样的形式来区分城市的本地和外地人口，试图在一定程度上弥补以户籍作为划分方法的不足。

三 城市认同感调查结果

（一）不同分级城市被调查者的城市认同感的总体状况

在这一部分，课题组主要对各城市中居民的整体城市认同感进行分析。为便于统计分析，我们根据《第一财经周刊》2013 年发布的中国城市新分级名单，对被试所在的直辖市或各省、自治区的地级市进行分类编码。其中，一线城市 4 个，标记为 1，新一线城市 15 个，标记为 2，二线城市标记为 3，三线城市标记为 4，四线城市标记为 5，五、六线及以下城市标记为 6。

以百分制城市认同感得分作为居民城市认同感的统计指标进行描述统计分析，经统计后可知，参与调研的全国地级市的被调查者城市认同感平均分为 72.18，不同分级城市的居民城市认同感存在显著差异（$F = 248.82$，$p < 0.001$）。由图 5-1 结果可知，与其他分级城市相比，四线城市的居民城市认同感最高，且显著高于其他分级城市，紧随其后的是一线城市、二线城市，而三线城市的居民城市认同感最低。

（二）不同分级城市被调查者城市认同感分维度情况分析

城市认同感难以直接测量，然而不可否认的是，对城市的认同会影响居民的社会认知，从而指导居民的行为。Brown（2000）在评论认同理论及其发展时也指出，认同具有多样性的维度，仅考虑一种维度的认同是不够的。因此本次调查中的城市认同感也划分了包括文化认同在内的四个维度。

1. 文化认同

文化认同是指对个体之间或个人同群体之间的共同文化的确认。使用

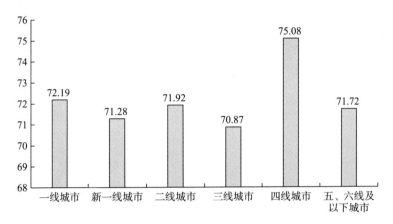

图 5-1　各城市分级中居民城市认同感得分（百分制）

相同的文化符号、遵循共同的文化理念、秉承共有的思维模式和行为规范，是文化认同的依据。认同是文化固有的基本功能之一。拥有共同的文化，往往是市民城市认同的基础。在问卷中，课题组主要针对居民对城市本地语言、特色节日以及历史的认同来进行测量。对于外来人员，文化认同是他们进入新城市首先会面临的问题，而本地居民也需要通过城市的文化来确认自己的"本地人身份"。

经统计后可知，参与调研的全国地级市的被调查者文化认同平均分为12.90，不同分级城市的居民文化认同存在显著差异（$F = 564.11$，$p < 0.001$）。由图 5-2 结果可知，与其他分级城市相比，四线城市的居民文化认同最高，且显著高于其他分级城市，紧随其后的是三线城市、二线城市，而新一线城市的居民文化认同最低。

2. 地位认同

地位认同，即社会经济地位身份认同，是对"我的社会经济地位归属于哪一个阶层"的回答。在城市认同中，社会地位作为阶层意识的一个组成部分，无论对于城市本地居民还是外来者都具有重要的意义。在问卷中，课题组主要从居民对自身社会地位的感知、对从事职业的满意度等方面来测量地位认同。

经统计后可知，参与调研的全国地级市的被调查者地位认同平均分为19.74，不同分级城市的居民地位认同存在显著差异（$F = 890.33$，$p < 0.001$）。由图 5-3 结果可知，与其他分级城市相比，四线城市的居民地位

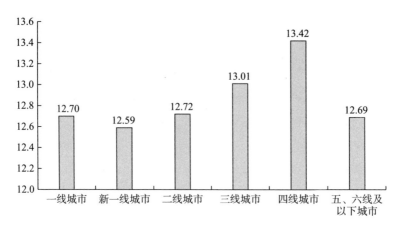

图 5-2　各城市分级中居民文化认同得分

认同最高，且显著高于其他分级城市，紧随其后的是一线城市、三线城市，而新一线城市的居民地位认同最低。

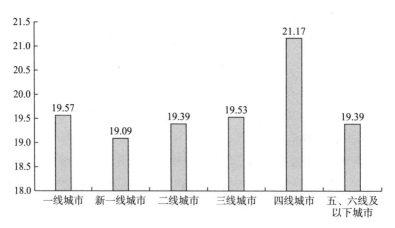

图 5-3　各城市分级中居民地位认同得分

3. 身份认同

身份认同是对个体所属群体的共同性和其他群体的差异性的认知。身份认同具有社会属性，一方面社会赋予个体身份的意义，另一方面身份认同需在社会中逐渐建构、完善。身份认同结构较为复杂，在表层上是人们显而易见的行为模式，在中层上是个体对同类群体的共同性的认知和对自我身份的觉察，在深层上是有关身份所带来的情感体验。在城市中，人们需要依赖特定的参照物来确认自己的身份，只有当自己完全适应并认可这种身份时，个人的城市认同感才有提升的可能性。因此问卷中主要通过人们对市民身份的认同、对生活方式的偏好以及定居意愿来测量身份认同。

经统计后可知，参与调研的全国地级市的被调查者身份认同平均分为19.93，不同分级城市的居民身份认同存在显著差异（$F = 179.41$，$p < 0.001$）。由图 5-4 结果可知，与其他分级城市相比，四线城市的居民身份认同最高，紧随其后的是二线城市、五、六线及以下城市，而三线城市的居民身份认同最低。

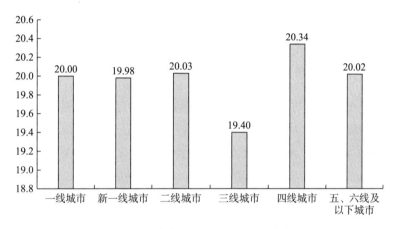

图 5-4　各城市分级中居民身份认同得分

4. 地域认同

地域认同是某一地理位置或空间区域的形象、文化等各个方面给人们带来的综合心理感知及归属感，是人们对某一区域的理念认知、赞成和信任的程度，是地域所能提供的尊重和价值带给社会人对本地域的认同。地域认同体现了某一地域对个人的吸引能力。地域认同与核心人才流失存在显著相关关系。政府原来的提高待遇、改变工作环境等留住核心人才的政策与思路应调整为提高核心人才的地域认同。在问卷中，课题组主要通过人们对城市的了解、对城市生活的依恋程度来测量地域认同。

经统计后可知，参与调研的全国地级市的被调查者地域认同平均分为13.52，不同分级城市的居民地域认同存在显著差异（$F = 308.74$，$p < 0.001$）。由图 5-5 结果可知，与其他分级城市相比，一线城市的居民地域认同最高，紧随其后的是新一线城市、二线城市，而四线城市的居民地域认同最低。

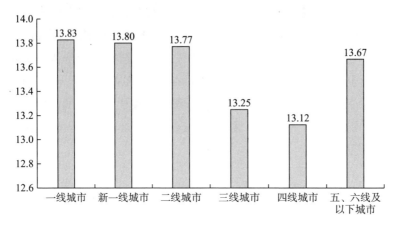

图 5-5　各城市分级中居民地域认同得分

（三）城市分级与人口学变量对居民城市认同感的交互影响分析

从城市认同四个维度的分析结果发现，城市认同感与各个维度间存在显著相关关系，每个维度均和城市认同感总分存在高度相关（$rs \geqslant 0.74$）；各个分维度之间也存在非常显著的相关关系（$rs \geqslant 0.38$）。具体的相关系数结果如表 5-3 所示。

表 5-3　居民城市认同感及其各分维度相关关系

项目	文化认同	地位认同	身份认同	地域认同
城市认同感	0.76**	0.86**	0.90**	0.74**
文化认同	1	0.65**	0.58**	0.38**
地位认同		1	0.65**	0.43**
身份认同			1	0.65**
地域认同				1

$^{*} p < 0.05$，$^{**} p < 0.01$，$^{***} p < 0.001$。下同。

除了城市认同感各维度之间的相关关系外，还有必要分析一下被调查者的个人基本情况与城市认同感之间的关系。接下来课题组会通过单因素方差分析，进一步探究居民城市认同感在各人口学变量上的差异情况。

1. 不同性别的城市认同感差异

采用独立样本 t 检验，对被调查者城市认同感及各分维度的性别差异进行统计分析，结果发现除身份认同外，城市认同感及其他分维度指标均在性别变量上存在显著差异。男性的城市认同感、文化认同和地位认同均显著高于女性（$ps < 0.01$）。与此同时，在地域认同方面，女性则显著高于男性（$p < 0.01$）。具体结果如表 5 - 4 所示。

表 5 - 4 居民城市认同感和各分维度认同感在性别上的差异

项目	性别	均值	标准差	t
城市认同感	男性	73.13	15.30	24.54**
	女性	71.08	16.46	
文化认同	男性	13.15	2.03	50.19**
	女性	12.60	2.14	
地位认同	男性	20.22	4.08	47.99**
	女性	19.19	4.02	
身份认同	男性	19.95	3.92	1.76
	女性	19.91	4.19	
地域认同	男性	13.42	2.68	-14.93**
	女性	13.64	2.90	

　　这一结果与当前中国社会中男性和女性的社会地位和自我认同的情况基本一致。女性对城市的认同度之所以低于男性群体，从我国的社会文化结构来看，男性通常在家庭、职场等各方面都由于制度安排而占据了优势，而女性更容易遭遇就业歧视，总体就业层级也偏低，合法权益易受侵害。最重要的是，社会中存在的对于女性的刻板印象也影响了她们自身的表现。尽管我国主张男女平等，但是客观上男女不平等的现象依旧存在。因此，需要更加关注女性群体的权益，采取合理的措施确保她们的合法权益不受侵害。

　　随后，将城市分级和性别因素同时纳入影响因素中进行多因素方差分析，统计结果如表 5 - 5、表 5 - 6 和图 5 - 6 所示。

表 5 - 5 不同城市分级、不同性别的居民城市认同感和各分维度得分

城市分级	性别	城市认同感	文化认同	地位认同	身份认同	地域认同
一线城市	男性	72.86	12.77	19.66	20.13	13.99
	女性	71.60	12.63	19.49	19.88	13.69
新一线城市	男性	72.66	12.80	19.42	20.25	13.94
	女性	69.97	12.39	18.78	19.74	13.67
二线城市	男性	72.51	12.81	19.55	20.11	13.83
	女性	71.33	12.63	19.22	19.94	13.72

续表

城市分级	性别	城市认同感	文化认同	地位认同	身份认同	地域认同
三线城市	男性	70.36	13.23	19.72	18.93	12.96
	女性	71.56	12.71	19.27	20.04	13.64
四线城市	男性	77.37	13.87	22.25	20.59	12.90
	女性	70.89	12.59	19.20	19.88	13.53
五、六线及以下城市	男性	72.54	12.78	19.60	20.15	13.79
	女性	71.01	12.62	19.20	19.91	13.56

多因素方差分析结果表明，性别和城市分级对城市认同感和各分维度的主效应均达到非常显著的水平。性别和城市分级对城市认同感和各分维度的交互作用同样达到非常显著的水平。具体结果如表5-6所示。

表5-6　城市分级和性别对城市认同感及各分维度的交互影响

影响因素	F				
	城市认同感	文化认同	地位认同	身份认同	地域认同
性别	525.00 ***	1579.41 ***	1475.24 ***	34.23 ***	20.07 ***
城市分级	130.16 ***	319.44 ***	491.06 ***	119.012 ***	235.31 ***
性别×城市分级	177.12 ***	263.74 ***	459.52 ***	190.62 ***	17590 ***

通过进一步的简单效应分析发现，如图5-6所示，除三线城市外，其他各城市分级中，男性居民的城市认同感均高于女性，尤其是四线城市，男性的城市认同感非常显著地高于女性。

2. 不同年龄段居民的城市认同感差异

在进行不同年龄段的比较时，把不同年龄群体划分成六组：00后、90后、80后、70后、60后、50后。方差分析结果显示，六个年龄组人群的城市认同感存在组间差异（$F = 379.63$，$p < 0.001$）。通过事后多重分析发现，00后被调查者的城市认同感显著高于其他年龄段群体。而50后被调查者的城市认同感则最低。不同年龄段群体城市认同感的得分如图5-7所示。

目前城镇老年人口的宜居环境问题十分突出，城市在推进城镇化过程中往往忽视了老年群体对宜居环境的特殊要求。在城镇化进程中，城市建设仍没有充分考虑老年人的生理特点和生活习惯，老年宜居环境建设仍待纳入新型城镇化整体的规划、设计和管理。

在不同城市分级中，各年龄段群体的城市认同感也存在差异，其中不

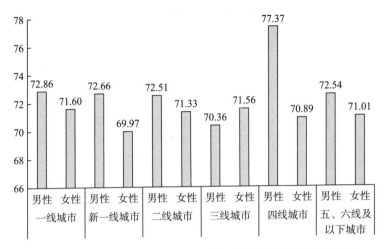

图 5 - 6 城市分级和性别对居民城市认同感的交互影响（百分制）

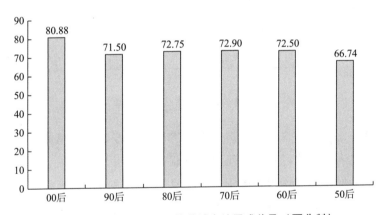

图 5 - 7 不同年龄段群体的城市认同感差异（百分制）

论在哪个城市分级中，00 后的城市认同感均显著高于其他各年龄段。除新
一线城市外，其他各城市分级中，50 后的城市认同感均显著低于其他各城
市分级。在其他年龄段中，90 后的城市认同感波动最大，四线城市的 90 后
城市认同感最高，三线城市 90 后的城市认同感最低。另外，新一线城市
中，不同年龄段群体的城市认同感差异最小。前面提到城市认同感也是一
个不断变化和重构的过程，同样会受到个人生命周期的影响。因此对于不
同年龄段群体城市认同感差距过大的城市，需要开始考虑养老的问题，避
免将来因为养老而影响居民的城市认同感。

3. 不同学历水平群体的城市认同感差异

在进行不同学历水平群体的城市认同感比较时，课题组把学历水平分成了五个层次：中学及以下、专科、大学本科、硕士研究生、博士研究生。通过方差分析发现，不同学历水平的群体之间城市认同感存在显著差异（$F = 299.51$，$p < 0.001$）。通过事后多重分析发现，拥有硕士研究生、博士研究生学历的被调查者在城市认同感上显著低于其他学历人群。具体结果如图 5 - 8 所示。

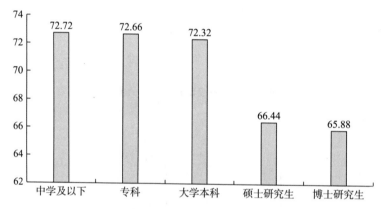

图 5 - 8　不同学历的居民城市认同感差异（百分制）

需要注意的是，学历的提高并不必然能带来城市认同感的提高。由于对教育的投入往往难以在短时间内获得相应的回报，而高学历的群体容易高估自己短时期内应该得到的资本，一旦现实无法满足其理想，就容易出现所谓的期望落差。城市间的竞争往往是人才的竞争。只有给予足够的关注和待遇，免除其后顾之忧，才能提高他们的城市认同感，让他们更能为城市做出自身的贡献。

将城市分级和学历两因素同时纳入影响因素，对居民城市认同感进行对比分析，可以发现，不同城市分级中，各学历层次群体的城市认同感也存在差异。总体而言，专科及以下学历的被调查者，城市认同感处于较高水平，而且各城市分级之间不存在显著差异。而大学本科及以上的高学历群体，在不同城市分级中的城市认同感存在较大差异。研究发现，四线城市的大学本科学历者城市认同感最高，而三线城市的大学本科学历者城市认同感最低。二线城市的硕士研究生城市认同感最高，而三线城市的硕士研究生城市认同感同样最低。一线城市的博士研究生城市认同感最高，新一线城市的博士研究生城市认同感最低。综合来看，城市发展水平很可能是影响高学历者城市认同感的重要因素。

4. 不同收入水平群体的城市认同感差异

根据个人月收入的差异来比较民众的城市认同感得分差异，课题组在调查中把收入分成了 8 个层级：暂无收入、1000 元及以下、1001~3000 元、3001~5000 元、5001~7000 元、7001~10000 元、10001~20000 元、20000 元以上。方差分析结果显示，不同收入水平群体的城市认同感组间差异显著（$F=478.10$，$p<0.001$）。通过事后多重比较发现，个人月收入在 7001~10000 元的被调查者在城市认同感上显著高于其他收入群体（见图 5-9）。

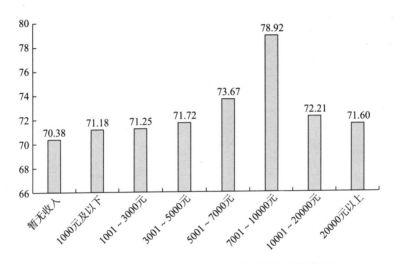

图 5-9　不同收入水平居民城市认同感差异（百分制）

将城市分级和收入水平两因素同时纳入影响因素，对居民城市认同感进行对比分析可以发现，不同城市分级中，各收入水平群体的城市认同感也存在差异。总体而言，个人月收入在 7001~10000 元、20000 元以上的两类群体，各城市分级之间的城市认同感存在显著差异，其他各收入水平群体的城市认同感，在城市分级之间比较一致，不存在显著差异。对于个人月收入在 7001~10000 元的群体，四线城市的被调查者具有最高的城市认同感，新一线城市的被调查者城市认同感最低。个人月收入在 20000 元以上的群体、一线城市的被调查者城市认同感最高，且显著高于其他城市分级；五、六线及以下城市的城市认同感最低。

5. 城市本地人和外地人的城市认同感差异

在问卷调查中，对于城市本地居民和外来人口之间的差异，课题组通过独立样本 t 检验发现，城市本地人的城市认同感显著高于外地人（$M_{本地人} = 74.29$，$M_{外地人} = 69.48$，$t = 57.73$，$p < 0.001$）；同时，在城市认同感的四个维度上，城市本地人的分数也高于外地人群体（见表 5-7）。这样的结果也说明，城市外来人口的城市认同感低于整体认同感的平均水平，外来者对于城市仍存在一定的情感隔阂。人的城镇化的根本目标是实现人的现代化，实现人的生活水平、生活方式和主观幸福感的综合提升。然而，传统的城镇化模式虽然实现了人的标签符号的城镇化，但却未能真正实现均等的城市基础设施与公共服务。

表 5-7　本地人和外地人城市认同感和各分维度得分情况

项目	籍贯	N	均值	标准差	均值的标准误
城市认同感	本地人	80650	74.29	15.12	0.053
	外地人	63190	69.48	16.43	0.065
文化认同	本地人	80650	13.09	1.93	0.007
	外地人	63190	12.65	2.27	0.009
地位认同	本地人	80650	19.88	3.89	0.014
	外地人	63190	19.55	4.33	0.017
身份认同	本地人	80650	20.58	3.86	0.014
	外地人	63190	19.10	4.13	0.016
地域认同	本地人	80650	13.97	2.73	0.009
	外地人	63190	12.94	2.74	0.011

将城市分级和籍贯两因素同时纳入影响因素，对居民城市认同感进行对比分析。多因素方差分析结果表明，籍贯和城市分级对城市认同感和各分维度的主效应均达到非常显著的水平。籍贯和城市分级对城市认同感和各分维度的交互作用同样达到非常显著的水平。如图 5-10 所示，对于各城市分级中的本地人而言，一线城市的本地居民城市认同感最高，其次是新一线城市和二线城市的本地居民。三线城市本地居民的城市认同感最低，且显著低于其他城市分级。对于外地人而言，四线城市的外地居民，其城市认同感显著高于其他城市分级。其次是一线城市的外地居民，也显著高于其他城市分级。总体而言，除四线城市外，其他各城市分级中，本地居

民的城市认同感均高于外地居民。

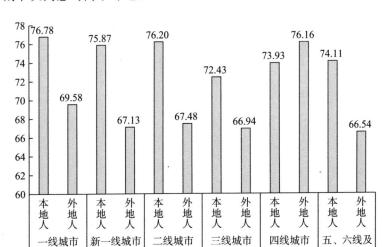

图 5－10　城市分级和籍贯对城市认同感的交互影响（百分制）

（四）小结

在前面的分析中，课题组分析了不同分级城市中居民的城市认同感现状。不同的城市由于各种因素的影响而呈现不同程度的城市认同感；而同一城市中不同群体的城市认同感也会因基本的人口学变量而产生差异。城市分级与性别、年龄、收入、学历和籍贯对城市认同感产生了显著的交互影响。

四　结论与建议

党的十八大报告强调，要在提高城镇化质量上下功夫。提出走中国特色新型城镇化道路，推动工业化和城镇化良性互动、城镇化和农业现代化相互协调，实现四化同步发展。在具体发展战略中，提到"加快改革户籍制度，有序推进农业转移人口市民化，努力实现城镇基本公共服务常住人口全覆盖。同时，要加大统筹城乡发展力度，增强农村发展活力，逐步缩小城乡差距，促进城乡共同繁荣"。

城镇化带来的是系统化社会变迁与体制改革，涉及阶层结构、利益结构、城乡结构、人口组成结构、社会组织结构、人与自然关系以及社会规范与价值理念等方面的转型与重构，这个过程的根本在于尊重人的核心地位并以参与为实现方式，塑造人在城镇化中的目标导向与功能地位。社会学家郑杭生（2013）在新型城镇化的调查中提到过"无感增长"和"有感发展"的区别，所谓"无感增长"，就是社会发展和社会建设的成果，其中包括城镇化的成果，落实不到老百姓的身上，因而他们觉得社会发展与他们没有什么关系，对社会发展没有感觉。简言之，无感增长是一种群众感到不公平的发展。

提高居民的城市认同感，与推进新型城镇化之间是紧密联系的。新型城镇化的提出，最直接的原因就是此前"重物轻人"城镇化模式弊病的暴露。强调新型城镇化是以人为核心的城镇化，投射于人的城镇化进程中则表现为城市归属感与社会认同感两个方面。城市归属感为居民提供了一种除家庭之外的感情寄托的场所，有助于消除城市居民的孤独感和离群感，使其将个人价值目标与城市建设目标实现结合统一，从而减少城市社会管理的不确定性，成为保持社会稳定的整合机制。因此，在新型城镇化推进过程中强调居民城市认同感的重要性，对于提高城镇化质量就显得尤为重要。

本次通过对全国地级以上城市民众城市认同感的调查，对比分析了不同城市民众在城市认同感各维度上的差异，探究了城市认同感的影响因素。结合细分维度和关联分析，尤其是结合城市发展的相关经济数据和行为数据，本研究的原始数据将为具体的社会管理、民生政策提供新思路和对标参照。

（一）城市的本地人口与外来人口在城市认同感上存在显著差异。城镇化进程中需要重视群体及文化的内部融合，城市的内宣工作不容忽视

新型城镇化的核心是人的城镇化，这就说明城镇化不仅意味着大量农村人口进城，更重要的是这些人如何能够在城市稳定就业、落户、认同和融入。由于我国的户籍、土地与社保等城乡二元体制并未同步深化变革，大量进城务工人员难以有效融入城市社会，从而形成了"重物轻人"的城镇化模式。该模式暴露出的诸多弊端阻碍了我国城乡一体化的进程，这就提醒城市的施政者在推行新型城镇化过程中要真正做到以人为本。

为了让外来人口更好地融入城市，通过实现人的城镇化来推动新型城镇化的进程，一方面，仍需要创造更多条件改善城市基础设施以及生态环境，保证民众的生活质量；另一方面，在大数据时代，应该尝试着用更先进的方法去倾听民众的声音和意见，从而可以更精确、更有针对性地通过相关措施来弥补政府工作的不足之处，也能够降低政府的决策成本。

（二）老年人群体的城市认同感偏低。须重视养老服务的基础设施建设及产业链规划运作

通常来说，老年人群体由于年龄问题更容易产生悲观情绪，因此往往会形成相对偏低的城市认同感。而高学历者则是由于其自身期望值与实际情况之间的落差，从而降低其自身对城市的认同度。对城市施政者而言，需要对特定人群保持关注，重视老年人群体的生活和心理需求，尽快完善老年人群体医疗保障，加快养老服务的基础设施建设，提高养老服务水平，丰富老年人的精神文化生活。

（三）城市认同感的高低与城市的经济发展水平并不完全一致。经济发展不应以市民幸福感为代价，须重视城市居住者的心理常态及匹配度

城镇化发展是人类科学技术进步、改造自然的能力提高的重要标志。城市认同感在城市分级等变量上表现出的复杂变化趋势表明，城市在经济文化方面的客观情况并不必然与居民的城市认同感相对应。正如前面所提到的，目前城市中更加偏重的是客观经济指标，而新型城镇化的核心人的城镇化，更应该考虑的是居民对城市的认同度。我国传统的城镇化模式是政府主导下的以人口城镇化和土地非农化的量化指标为主要标准、以物质资本与社会政策大量投入的粗放型驱动为发展方式、过度重视结果而忽视过程与后期维护的城镇化模式。这样的一种城镇化模式，能够迅速在数量上提高城镇化率，然而它没有改变城市外来者的基本状况，反而加剧了城乡居民矛盾。

为了更好地体现城镇化的质量，目前的统计数据收录的指标仍需进一步完善；根据以往的研究，影响城市居民城市认同感的因素诸如居民的生活满意度等仍未被纳入相应的统计范围。另外，政府应该重塑以人为本的城镇化模式，加大对城市传统文化的保护与宣传力度，塑造给予人的公用服务覆盖体系，以提高城市居民认同感与归属感。

根据世界城镇化发展普遍规律，我国仍处于城镇化率30%～70%的快速发展区间，但延续过去传统粗放的城镇化模式，会带来产业升级缓慢、资源环境恶化、社会矛盾增多等风险。随着内外部环境和条件的深刻变化，城镇化必须进入以提升质量为主的转型发展新阶段。这也是"人的城镇化"这一目标提出的初衷。

（四）社会流动性、生活满意度可能是影响城市认同感的重要因素，未来研究应重点考察一些主观心理变量对城市认同感的影响

本次调查结果显示，各分级城市中，四线城市居民城市认同感显著高于其他分级城市，而三线城市居民城市认同感显著低于其他分级城市。在年龄上，00 后群体的城市认同感显著高于其他年龄段群体。在收入水平上，收入在 7001~10000 元的居民的城市认同感，显著高于其他收入水平的个体。在学历水平上，研究生学历水平的居民城市认同感显著低于其他学历水平的个体。当同时考虑城市分级和人口学变量的交互影响时，四线城市居民中，男性、90 后、大学本科、外地人群体的城市认同感显著高于其他分级城市的对应群体。与此形成鲜明对比的是，三线城市的男性、90 后、大学本科和本地人群体的城市认同感显著低于其他城市分级中的居民。因此，城市分级中，三、四线城市居民的城市认同感出现了最大的差异。研究结果表明，经济发展水平和个人的收入、学历等客观指标很可能并非城市认同感的最重要预测指标。因此未来的理论研究和实践应用中，还需要关注个体主观心理变量对城市认同感的影响。

第二节　新生代农民工城市适应对生活满意度的影响机制

一　引言

始于 40 多年前的改革开放，在快速推进我国的工业化、城市化、现代化建设的同时，也带来了前所未有、规模宏大的人口流动现象。数以亿计的农民，离开乡土，寄居城市，在生产上实现了从传统农业到工业及服务业的转变，因而也获得了介于市民和农民之间的第三种社会身份：农民工（彭远春，2007；李浩昇，2008）。《2020 年农民工监测调查报告》显示，2020 年全国农民工总量为 28560 万人，其中，外出农民工 16959 万人，本地农民工 11601 万人。① 自 20 世纪 90 年代中期以来，农民工已经出现代际交替和代际差异（王春光，2001）。近年来，出生于 1980 年以后的新生代农民工已经成为农民工群体的中坚力量，2020 年新生代农民工所占比重

---

① 《2020 年农民工监测调查报告》，国家统计局网站，http://www.stats.gov.cn/tjsj/zxfb/202104/t20210430_1816933.html。

达 49.4%。

新生代农民工主要指 20 世纪 80 年代后出生，拥有农村户口，在城市从事非农业劳动的社会群体（侯曼、武敏娟，2018）。作为农民工中的新生群体，新生代农民工出生成长于改革开放、社会加速转型的时代背景下，明显带有不同于传统农民工的时代烙印，显现出时代性、发展性、双重性和边缘性的群体特征。作为我国青年群体重要而又特殊的组成部分，关注这一群体的社会心态和心理健康状况具有重要意义。本研究从生活和工作两个方面出发，探究了新生代农民工社会心态和心理健康特点，在生活方面主要关注了这一群体的城市适应和生活满意度情况，在工作方面则主要关注了他们的工作倦怠、工作意义感和工作满意度情况，通过分析新生代农民工在这些方面的特征，并探究这些变量之间的关系，为促进新生代农民工的身心健康提供参考。

二　文献综述

新生代农民工是农民到工人的角色转换，也是农民到市民的身份转变，其城市社会适应面临巨大的挑战（黄馨、张联社，2014）。新生代农民工的城市适应，指他们进城后不断地在工作方式、生活方式、社会交往上做出种种调适，从而顺应自身所处的生存环境的过程（许传新，2007），包括经济、社会、心理三个层面的适应（朱力，2002）。经济层面的适应包括一份稳定的工作、收入和居所等基本要素；社会层面的适应指农民工与城市居民互动的行为方式和日常生活方式方面的适应；心理层面的适应主要指内化城市的文化价值观念、生活方式，在心理上获得认同，在情感上找到归宿（朱力，2002）。对于新生代农民工的城市适应，除了基本的经济适应外，还应该重点关注其工作和生活方面的心理适应结果，如工作倦怠、工作意义感、工作满意度和生活满意度等。

工作倦怠也称职业枯竭（job burnout），指工作个体身心疲惫、厌倦工作，情绪低落、创造力衰竭、价值感降低、潜能无法释放的生理和心理状态（严翅君，2010），主要包括三个维度：情感衰竭、去人性化和低成就感（Maslach and Jackson，1981）。情感衰竭指个体处于极度疲劳状态，丧失工作热情，没有活力；去人性化指在工作中以冷淡、消极、疏远、否定、麻木不仁的态度来对待工作对象；低成就感指个体评价自我的意义与价值的倾向降低。在这三个维度中，情感衰竭被认为是工作倦怠最具代表性的核心指标（王雪燕、胡荣，2012），因此本研究主要关注了这一维度。农民工群体面临严重的工作倦怠，研究者对成渝农民工工作倦怠的研究发现，在接受调查的农民工中，工作倦怠症状的检出率高达95.7%，其中轻度倦怠检出率为30.2%，中度倦怠检出率为53.7%，重度倦怠检出率为11.8%（李静等，2012）。而新生代农民工主要从事制造业、建筑业、批发零售业和服务业工作，收入较低、劳动强度大、劳动时间长（唐美玲、奂倩，2016），其工作倦怠情况不容乐观，或已成为职业枯竭早发群体（严翅君，2010）。关注这一群体的工作倦怠情况具有重要意义。

现代职业生涯理念——无边界生涯、易变性生涯和智慧生涯提出后，人们意识到传统职业生涯模式的局限性，即个人在职业选择或发展上，不只单纯追求经济收益或职位的提升，还试图找寻工作的内在意义（田喜洲等，2017）。工作意义是个体对工作重要性、促进个人长期发展以及有益外部工作动机的主观性评价，包括三种成分：工作中的心理意义，即个体对工作是否有意义、有价值的判断；工作中的意义创造，强调工作是生活意义的重要来源；强烈友善动机，强调工作结果对他人、社区、社会更广泛的积极影响（Steger et al.，2012；尹奎等，2019）。对于新生代农民工来说，工作不应该仅仅是他们在城市生存、追求经济收益的途径，也应该是他们个人价值、生活意义和社会价值的体现，因此本研究在考察新生代农民工的心理特点时，把他们的工作意义感也纳入了考量。

另外，本研究还关注了新生代农民工的工作满意度和生活满意度情况。工作满意度指他们对工作及环境的情感或态度，或因工作成就感促进了价值实现而产生的愉悦情感状态，透过它可以洞察工作产生的总体幸福感状态（朱红根、康兰媛，2017）。新生代农民工的工作满意度不仅直接关系到其就业企业的效益，也影响其自身的生存状态（姚植夫、张译文，2012）。而生活满意度作为主观幸福感的重要组成部分，是个体对自己的生活质量做出的整体性评价（Diener et al.，1985）。生活满意度是评估个体生活质量和心理健康水平的一项重要指标，对流动人口的心理融入发挥着重要作用（和红、王硕，2016）。因此，了解新生代农民工的工作满意度和生活满意度的现状以及影响他们工作满意度和生活满意度的心理因素及其作用机制具有重要意义。

三 研究方法

（一）研究假设

农民工进城不仅仅是农村人口在空间上移居城市，也是现代化意义上的"文化移民"，是从农村人向城市人的转变，涉及农民生活方式、价值观念和社会心理等方面的转变过程（朱力，2005）。根据文化适应理论（Ward and Rana-Deuba，1999；李强、李凌，2014），文化适应的结果分为社会文化适应（外在调整）和心理适应（内在调整）两个层面。社会文化适应可以看作获得与主流文化相契合的知识和技能的过程，其结果反映在日常活动的表现上；而心理适应是指情绪和情感方面的文化适应结果，包括在新文化环境中的幸福感、心理健康、生活满意度等。本研究主要关注了新生代农民工的心理适应。新生代农民工从农村来到城市，首先必须找到一份相对稳定的工作，获得相对稳定的收入和住所，才能在城市中生存下去，这种经济层面的适应是他们立足城市的基础，农民工的适应多停留在这个层面（朱力，2005）。因此，新生代农民工的心理适应，在很大程度上是与经济层面的适应有关的，而工作倦怠、工作意义感和工作满意度正是经济适应所带来的情绪和情感体验，是新生代农民工心理适应的重要组成部分；同时在经济适应的基础上，整体的生活满意度也是新生代农民工心理适应的重要表现。因此，本研究认为，良好的城市适应能够减少新生代农民工的工作倦怠，提升他们的工作意义感、工作满意度和生活满意度。

工作倦怠是个体长期处于工作应激之下而产生的身心疲惫、厌弃工作的心理表现（李静等，2012），其对个体的危害已经得到了大量研究的证实，包括工作态度、离职意向、工作满意度、自我效能感、工作绩效、身心健康和工作产出等诸多方面（陈敏灵、王孝孝，2019；卿石松、郑加梅，2016）。因此，本研究认为新生代农民工的工作倦怠对于其工作意义感、工作满意度和生活满意度都会产生消极影响。同时，已有研究发现，工作意义感对工作满意度、工作投入、组织承诺、反馈寻求行为、减少同事攻击、减少缺勤行为、生活满意度都有积极影响（尹奎等，2019），因此本研究认为新生代农民工的工作意义感能够提升他们的工作满意度和生活满意度。最后，由于工作满意度是影响个体幸福感和生活满意度的重要因素（李超平等，2006），本研究认为，新生代农民工的工作满意度对其生活满意度也有显著的积极影响。

综上所述，对于新生代农民工的城市适应、工作倦怠、工作意义感、工作满意度和生活满意度的关系，本研究提出以下假设模型（见图 5 - 11）：城市适应负向影响工作倦怠，正向影响工作意义感、工作满意度和生活满意度；工作倦怠负向影响工作意义感、工作满意度和生活满意度；工作意义感正向影响工作满意度和生活满意度；工作满意度正向影响生活满意度，即工作倦怠、工作意义感和工作满意度在城市适应与生活满意度之间起链式中介作用。

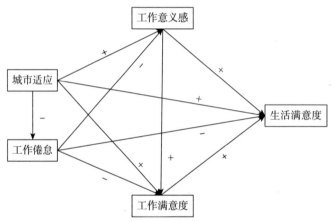

图 5 - 11　城市适应、工作倦怠、工作意义感、工作满意度和生活满意度的假设关系模型

（二）研究对象和测量过程

本研究使用的数据库是中国社会科学院社会学研究所社会心理学研究中心开展的新市民综合调查。该调查由中国社会科学院社会学研究所社会心理学研究中心与我的打工网科技集团合作开展，于 2020 年 1 月 7～23 日通过问卷宝平台向我的打工网注册用户定点推送问卷。

问卷收回后，课题组进一步依据陷阱题、答题完成情况、逻辑检验等对问卷进行筛选，最终该调查的有效样本为 5918 人。本研究采用的是其中新生代农民工（出生于 1980 年以后，农村户籍在城镇从事非农产业的人员）的数据，有效样本为 4815 人。其中男性 4364 人（90.6%），女性 451 人（9.4%）；80 后 1111 人（23.1%），90 后 3242 人（67.3%），00 后 462 人（9.6%），平均年龄为 26.80 岁（$SD = 4.91$）；外地农村户口 3131 人（65.0%），本地农村户口 1684 人（35.0%）；受教育程度以初中（1953 人，占 40.6%）和高中（2068 人，占 42.9%）为主；多数处于单身状态（3196 人，占 66.4%）。

（三）研究变量

除性别、年龄阶段、学历、户籍状况和婚恋状况等人口学变量外，本研究涉及的变量还包括新生代农民工的城市适应、工作倦怠、工作意义感、工作满意度和生活满意度，各变量的测量题目及计分方式如表 5－8 所示。

表 5－8　研究变量及其测量

变量	测量题目	计分方式
城市适应	我能够很好地适应城市的生活	李克特 7 点计分，1＝完全不符合，2＝不符合，3＝不太符合，4＝不确定，5＝有点符合，6＝符合，7＝完全符合
工作倦怠	工作让我感觉身心疲惫（李超平等，2006）	
工作意义感	我所做的工作对我来说非常有意义（李超平等，2006）	
工作满意度	总体来说，我对我目前的工作非常满意（李超平等，2006）	
生活满意度	你对现在的生活状况满意吗	李克特 5 点计分，1＝非常不满意，2＝不太满意，3＝一般，4＝比较满意，5＝非常满意

（四）数据分析

采用 SPSS 22.0 进行描述统计、方差分析和相关分析，采用 AMOS 24.0 建立结构方程模型。采用 Harman 单因素法进行共同方法偏差检验，结果显示，特征根值大于 1 的因子共有 4 个，第一个因子的解释率为 21.78%，小于 40%，表明本研究不存在严重的共同方法偏差（熊红星等，2012）。

四　研究结果

（一）新生代农民工的城市适应、工作倦怠、工作意义感、工作满意度和生活满意度

1. 新生代农民工城市适应、工作倦怠、工作意义感、工作满意度和生活满意度的总体状况

新生代农民工的城市适应、工作倦怠、工作意义感、工作满意度总体情况如表 5－9 所示。城市适应的均值为 5.08，略高于"有点符合"，表明总体上参与本次调查的新生代农民工其城市适应水平尚可，多数能够相对

较好地适应城市生活，但仍有超过三成（30.6%）的调查对象认为自己不能很好地适应城市生活或对此表示不确定；工作倦怠的均值为4.24，略高于"不确定"，表明总体上参与本次调查的新生代农民工具有一定程度的工作倦怠，其中，近一半（47.7%）的调查对象表示自己在不同程度上存在工作倦怠，两成（20.0%）的调查对象表示不确定；工作意义感的均值为3.99，接近"不确定"，表明总体上参与本次调查的新生代农民工对自己工作的意义认知模糊，其中，近四成（37.1%）的调查对象表示自己的工作没有意义，超过两成（24.3%）的调查对象表示不确定；工作满意度的均值为4.20，略高于"不确定"，表明总体上参与本次调查的新生代农民工工作满意度不高，其中，超过三成（32.7%）的调查对象对目前的工作表示不满意，超过两成（21.7%）的调查对象表示不确定；生活满意度的均值为2.66，介于"不太满意"和"一般"之间，表明总体上参与本次调查的新生代农民工生活满意度较低，其中，约四成半（45.2%）的调查对象认为自己的生活满意度一般，近四成（39.3%）的调查对象表示对自己的生活状况不满意。

表 5-9 新生代农民工的城市适应、工作倦怠、工作意义感、工作满意度

变量	完全不符合（%）	不符合（%）	不太符合（%）	不确定（%）	有点符合（%）	符合（%）	完全符合（%）	$M \pm SD$
城市适应	4.2	2.8	7.4	16.2	21.6	31.4	16.3	5.08 ± 1.53
工作倦怠	6.6	10.8	15.0	20.0	23.6	15.9	8.2	4.24 ± 1.65
工作意义感	11.4	11.3	14.4	24.3	15.4	15.1	8.2	3.99 ± 1.76
工作满意度	9.2	9.3	14.2	21.7	18.9	18.4	8.1	4.20 ± 1.72

2. 不同亚群体农民工的城市适应、工作倦怠、工作意义感、工作满意度和生活满意度

为了更为深入地了解新生代农民工的心理特点，本研究进一步分析了不同亚群体（性别、年龄阶段、学历、户籍状况、婚恋状况）新生代农民工的城市适应、工作倦怠、工作意义感、工作满意度和生活满意度的情况（见表5-10）。

以性别（1=男性，2=女性）为自变量，城市适应、工作倦怠、工作

意义感、工作满意度和生活满意度为因变量进行独立样本 t 检验，分析结果显示：在城市适应方面，男性和女性没有显著差异；在工作倦怠方面，男性的平均得分显著高于女性；在工作意义感、工作满意度和生活满意度方面，男性的平均得分显著低于女性。

以年龄阶段（80 后、90 后和 00 后）为自变量，城市适应、工作倦怠、工作意义感、工作满意度和生活满意度为因变量进行多元方差分析，分析结果显示：不同年龄阶段的群体在这几方面均具有显著差异。通过事后检验（当满足方差齐性时，采用 LSD 检验；当不满足方差齐性时，采用 Tamhane 检验）发现，80 后农民工的城市适应水平显著高于 90 后和 00 后（$ps < 0.01$），工作倦怠水平显著低于 90 后和 00 后（$ps < 0.001$），工作意义感和工作满意度显著高于 90 后（$ps < 0.001$）；而 00 后农民工的生活满意度显著高于 80 后和 90 后（$ps < 0.01$）。

以学历（初中以下、初中毕业、高中毕业和高中以上）为自变量，城市适应、工作倦怠、工作意义感、工作满意度和生活满意度为因变量进行多元方差分析，分析结果显示：在工作倦怠、工作意义感和工作满意度方面，不同学历群体之间没有显著差异；在城市适应和生活满意度方面，不同学历群体具有显著差异。通过事后检验发现，初中以下学历农民工的城市适应水平和生活满意度显著低于其他学历群体（$ps < 0.01$）。

以户籍状况（1 = 本地农村户口，2 = 外地农村户口）为自变量，城市适应、工作倦怠、工作意义感、工作满意度和生活满意度为因变量进行独立样本 t 检验，分析结果显示：外地农村户口农民工的城市适应平均得分显著高于本地农村户口农民工，而工作意义感、工作满意度和生活满意度的平均得分则显著低于本地农村户口农民工。

以婚恋状况（单身、未婚有交往对象、已婚和离婚独身）为自变量，城市适应、工作倦怠、工作意义感、工作满意度和生活满意度为因变量进行多元方差分析，分析结果显示：除了城市适应外，不同婚恋状况的群体在其他方面均具有显著差异。通过事后检验发现，已婚农民工的工作意义感和工作满意度最高，显著高于其他婚恋状况的群体（$ps < 0.05$）；而单身农民工的工作意义感和工作满意度最低，显著低于未婚有交往对象和已婚的群体（$ps < 0.01$），同时他们的工作倦怠水平最高，显著高于已婚和离婚独身群体（$ps < 0.01$）；另外，未婚有交往对象群体的生活满意度最高，显著高于单身和离婚独身群体（$ps < 0.01$）。

表 5 - 10　不同亚群体新生代农民工的城市适应、工作倦怠、工作意义感、
工作满意度和生活满意度 （ *M ± SD* ）

	变量	N	城市适应	工作倦怠	工作意义感	工作满意度	生活满意度
性别	男性	4364	5.07 ± 1.55	4.25 ± 1.66	3.97 ± 1.78	4.17 ± 1.73	2.64 ± 0.94
	女性	451	5.13 ± 1.32	4.07 ± 1.59	4.24 ± 1.64	4.49 ± 1.62	2.86 ± 0.94
	t		− 0.81	2.25 *	− 3.17 **	− 3.86 ***	− 4.60 ***
年龄阶段	80 后	1111	5.23 ± 5.23	4.03 ± 4.03	4.18 ± 4.18	4.37 ± 4.37	2.67 ± 2.67
	90 后	3242	5.06 ± 1.54	4.29 ± 1.65	3.93 ± 1.78	4.13 ± 1.73	2.64 ± 0.95
	00 后	462	4.85 ± 1.49	4.38 ± 1.41	3.97 ± 1.67	4.26 ± 1.52	2.85 ± 0.87
	F		10.55 ***	12.06 ***	8.74 ***	7.96 ***	9.96 ***
学历	初中以下	314	4.71 ± 1.76	4.36 ± 1.78	3.91 ± 1.83	4.18 ± 1.85	2.50 ± 1.01
	初中毕业	1953	5.07 ± 1.54	4.24 ± 1.67	4.03 ± 1.78	4.23 ± 1.75	2.68 ± 0.94
	高中毕业	2068	5.13 ± 1.49	4.20 ± 1.62	3.99 ± 1.73	4.21 ± 1.67	2.68 ± 0.93
	高中以上	480	5.11 ± 1.50	4.28 ± 1.62	3.90 ± 1.80	4.05 ± 1.72	2.64 ± 0.98
	F		6.79 ***	0.96	0.94	1.37	3.46 *
户籍状况	本地农村户口	1684	5.00 ± 1.56	4.24 ± 1.65	4.15 ± 1.72	4.33 ± 1.67	2.76 ± 0.95
	外地农村户口	3131	5.12 ± 1.51	4.24 ± 1.65	3.90 ± 1.78	4.13 ± 1.74	2.61 ± 0.94
	t		− 2.50 *	0.00	4.74 ***	3.97 ***	5.35 ***
婚恋状况	单身	3196	5.04 ± 1.54	4.33 ± 1.63	3.87 ± 1.78	4.10 ± 1.74	2.64 ± 0.94
	未婚有交往对象	672	5.14 ± 1.51	4.15 ± 1.65	4.10 ± 1.69	4.26 ± 1.68	2.79 ± 0.98
	已婚	625	5.20 ± 1.52	4.02 ± 1.70	4.39 ± 1.77	4.58 ± 1.62	2.69 ± 0.96
	离婚独身	262	5.14 ± 1.52	3.94 ± 1.76	4.06 ± 1.73	4.28 ± 1.77	2.59 ± 0.97
	F		2.35	10.03 ***	16.46 ***	14.28 ***	5.54 **

*** $p < 0.001$ ，** $p < 0.01$ ，* $p < 0.05$ 。下同。

（二） 新生代农民工城市适应对生活满意度的影响机制

1. 城市适应、工作倦怠、工作意义感、工作满意度和生活满意度的相关分析结果

新生代农民工城市适应、工作倦怠、工作意义感、工作满意度和生活满意度之间的 Pearson 相关分析结果如表 5 - 11 所示。城市适应、工作意义感、工作满意度和生活满意度之间呈显著正相关，而它们与工作倦怠呈显著负相关。

表 5 – 11　新生代农民工城市适应、工作倦怠、工作意义感、工作
满意度和生活满意度之间的相关分析结果

变量	1	2	3	4
1 城市适应				
2 工作倦怠	- 0.06 ***			
3 工作意义感	0.31 ***	- 0.12 ***		
4 工作满意度	0.37 ***	- 0.17 ***	0.62 ***	
5 生活满意度	0.17 ***	- 0.14 ***	0.27 ***	0.32 ***

2. 工作倦怠、工作意义感和工作满意度在城市适应和生活满意度之间的中介效应检验

为了进一步探讨新生代农民工城市适应影响生活满意度的机制，本研究采用结构方程模型对工作倦怠、工作意义感和工作满意度在城市适应和生活满意度之间的中介作用进行了检验。模型分析结果（标准化路径系数）如图 5 – 12 所示。

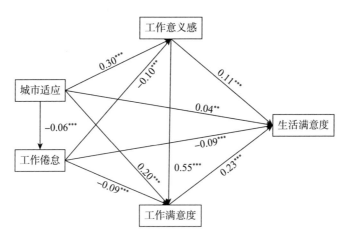

图 5 – 12　工作倦怠、工作意义感和工作满意度在城市适应和生活
满意度之间的中介模型

城市适应对工作倦怠的负向直接效应显著，对工作意义感、工作满意度和生活满意度的正向直接效应显著，表明城市适应水平较高的新生代农民工体验到较少的工作倦怠，有更高的工作意义感、工作满意度和生活满意度；工作倦怠对工作意义感、工作满意度和生活满意度的负向直接效应显著，表明工作倦怠水平较高的新生代农民工，其工作意义感、工作满意度和生活满意度更低；工作意义感对工作满意度和生活满意度的正向直接

效应显著，表明工作意义感较高的新生代农民工有更高的工作满意度和生活满意度；工作满意度对生活满意度的正向直接效应显著，表明工作满意度较高的新生代农民工也有更高的生活满意度。

同时，工作倦怠、工作意义感和工作满意度在城市适应与生活满意度之间起部分中介作用，即城市适应除了直接影响生活满意度外，还通过工作倦怠、工作意义感和工作满意度的链式中介作用影响生活满意度。表明，良好的城市适应一方面可以在一定程度上直接提升新生代农民工的生活满意度，另一方面也可以通过提升新生代农民工的工作意义感和工作满意度、减少工作倦怠，进而提升他们的生活满意度；而工作倦怠一方面会直接降低新生代农民工的生活满意度，另一方面也会通过降低他们的工作意义感和工作满意度进而降低其生活满意度。另外，工作意义感既可以直接提升新生代农民工的生活满意度，也可以通过提高工作满意度来提升其生活满意度。

五　研究结论和启示

现有关于新生代农民工城市适应和融入的研究，多围绕现状、影响因素和促进策略三个方面展开（侯曼、武敏娟，2018），较少研究关注城市适应所带来的心理影响和后果。本研究在关注新生代农民工城市适应现状的同时，从文化适应的视角出发，探究了城市适应带来的心理适应结果，认为新生代农民工的城市适应对其工作（工作倦怠、工作意义感、工作满意度）和生活（生活满意度）方面的心理感受都产生了重要的影响，并探究了这些变量之间的关系，得出以下结论。

（1）新生代农民工的城市适应、工作倦怠、工作意义感、工作满意度和生活满意度情况都不容乐观，超过三成的调查对象认为自己不能很好地适应城市生活或对此表示不确定；近一半的调查对象表示自己在不同程度上存在工作倦怠；近四成的调查对象表示自己的工作没有意义；超过三成的调查对象对目前的工作表示不满意；约四成半的调查对象认为自己的生活满意度一般，近四成的调查对象表示对自己的生活状况不满意。可见，新生代农民工的心理适应和心理健康水平都比较差，这与已有研究一致，比如研究者运用SCL - 90对新生代农民工的心理健康状况进行了测量，发现有近四成的调查对象可能存在某种心理障碍，其中一成以上的调查对象有明显的心理问题（周小刚、李丽清，2013）。而造成新生代农民工文化和心理融入水平偏低的原因是多方面的，如制度排斥、社会排斥、人力资本贫乏、网络虚拟社会的影响等（孙慧、丘俊超，2014）。这提示，国家和社会应高度重视新生代农民工的心理健康和幸福，为这一特殊群体建构完善的社会心理服务体系。如改革户籍制度、完善法律体制，建立新生代农民工的社会保障机制，建立和完善对新生代农民工的人文关怀机制和心理危机干预机制，等等（曹成刚，2013）。

（2）不同亚群体新生代农民工的城市适应、工作倦怠、工作意义感、工作满意度和生活满意度存在一定的差异：与男性相比，女性农民工心理状况更好，她们工作倦怠水平更低，工作意义感、工作满意度和生活满意度更高；与90后相比，80后农民工的心理状况更好，他们的工作倦怠水平更低，城市适应水平、工作意义感和工作满意度更高；与初中毕业及以上学历的群体相比，初中以下学历农民工的心理状况相对较差，表现为有更低的城市适应水平和生活满意度；与外地农民工相比，本地农民工的心理状况相对较好，表现为有更高的工作意义感、工作满意度和生活满意度；已婚农民工的心理状况较好，他们有更高的工作意义感和工作满意度，而单身农民工的心理状况相对较差，他们有更高的工作倦怠，更低的工作意义感、工作满意度。这提示，要重视不同亚群体新生代农民工心理特征方面的差异，特别是在进行心理危机干预和提供社会心理服务时，着重注意心理健康状况较差的农民工群体，如学历较低、年龄较小、处于单身状态的群体。

（3）良好的城市适应是新生代农民工心理健康的保护性因素，能够减少他们的工作倦怠，提升工作意义感、工作满意度和生活满意度；城市适应除了直接影响生活满意度外，还通过减少工作倦怠、提高工作意义感和工作满意度影响生活满意度。这提示，要高度重视新生代农民工的城市适应问题，除了基本的经济适应外，还应着力促进他们的心理适应。这需要从外部因素和内部因素两个方面着手，外部因素主要涉及主流群体和社会的态度，内部因素则指提高农民工自身的素质、培养恰当的适应策略（李强、李凌，2014）。

（4）工作倦怠是新生代农民工心理健康的破坏性因素，对他们的工作意义感、工作满意度和生活满意度均有不利影响；工作倦怠除了直接降低生活满意度外，还会通过降低工作意义感和工作满意度进而降低生活满意度。多数新生代农民工从事低端工作，薪酬待遇低、劳动强度大、工作环境差、权益保障缺乏（李伟、田建安，2011），这使得他们成为工作倦怠的早发群体，而工作倦怠则会降低他们的工作意义感、工作满意度和生活满意度，给其心理健康和幸福带来严重的威胁。因此，对新生代农民工工作倦怠进行干预和防范是促进他们心理健康的重要途径。而这种干预和防范不仅仅是心理意义上的，更需要社会环境的变化和政策体制的支持，以及主体自身素质的全面提升（严翅君，2010）。

（5）工作意义感也是新生代农民工心理健康的保护性因素，对他们的工作满意度和生活满意度均有积极影响；工作意义感既可以直接提升生活满意度，也可以通过提高工作满意度来提升生活满意度。工作不仅仅是一种谋生的手段，更是实现理想和体现自己价值的方式（风笑天，2011），然而工作之于新生代农民工，更多的是一种谋生手段，往往缺乏对意义的寻求，这使得他们对于自己工作的意义没有清晰的认识，进而导致工作满意度和生活满意度均处于较低的水平。要提升新生代农民工的心理健康水平和幸福感，还需要在工作意义感和工作满意度方面着手，这需要企业、社会和农民工自身共同努力。在企业方面，可以提高农民工的薪酬待遇和福利保障，实行人性化管理，增加对员工的人文关怀，重视企业文化和团队建设，增强农民工对企业的归属感和对工作意义的感知，提升其工作满意度；社会需要转变对农民工及其所从事工作的态度，给予他们应有的尊重，高度认同他们工作的社会价值，为他们提供广泛的社会支持，以外部支持和社会认同促进他们对自身工作意义的认知；新生代农民工自身则需要转变职业态度，完善职业生涯规划，在追求经济收益的同时注重对工作意义的理解和寻求。

第三节　京张市民北京冬奥会关注度和参与度调查报告

本研究是中国社会科学院社会学研究所社会心理学研究中心于 2021 年 12 月底至 2022 年 1 月初，针对北京和张家口居民开展的北京 2022 冬奥会居民态度调查。本研究在北京市和河北省张家口市随机调查了 1824 名居民，其中，991 人（54.3%）来自北京，833 人（45.7%）来自张家口。年龄范围为 17～70 岁，平均年龄为 36±14.1 岁，女性 756 人（41.4%），拥有本市城镇户口居民 1337 人（73.3%）。

一　对北京冬奥会的关注程度

20.4%的被调查者能正确回答北京2022冬奥会总共将产生109枚金牌，62.4%的被调查者选择了"不知道"；34.5%的被调查者能正确回答北京2022冬奥会的吉祥物名称"冰墩墩"，但存在少数将其与冬季残奥会吉祥物"雪容融"弄混的情况，这可能与它俩经常一起出现有关；63.2%的被调查者能正确回答北京2022冬奥会共包括3个赛区。民众最关注的冬奥运动员是武大靖（113人），其次是谷爱凌（33人）和杨扬（22人），但还有30人填写了苏炳添。民众最关注的比赛项目前三名分别是速度滑冰（39.6%）、单板滑雪（31.4%）和花样滑冰（29.7%），仅2.6%的被调查者选择不关注任何比赛项目。可见，民众对北京2022冬奥会具备一定的了解度和关注度，但也存在一些将冬奥会与夏奥会和残奥会弄混的情况。

民众了解北京2022冬奥会的渠道主要是电视和互联网，分别有43.0%的被调查者经常通过电视、42.7%的被调查者经常通过互联网了解冬奥会相关信息，这与目前人们主要获得信息的渠道一致。77.0%的被调查者会与身边的人谈论北京2022冬奥会的事；78.4%的被调查者在看电视时、79.3%的被调查者在上网时，会留意冬奥会的节目和报道；还有66.2%的被调查者买过北京2022冬奥会的纪念品；74.0%的被调查者除了北京2022冬奥会以外，还会关注在别的国家举办的冬奥会。

有关北京2022冬奥会，民众最为关注的一是展现出的新科技，二是环境状况改善，三是展现出的中国文化特色，四是中国民众参与的情况，五是国外媒体的总体评价，六是显示出来的中外文化差异，七是明星的宣传推广。从关注点上可以看到民众更在意的是本国的进步和特色，这反映出民众的大国自信。而有关冬奥会的比赛内容，民众最为关注的一是中国代表团的奖牌数量，二是开幕式、颁奖仪式、闭幕式，三是中国运动员的拼搏精神，四是有关项目纪录的突破，五是比赛的过程，六是各国明星运动员的比赛成绩，七是趣闻逸事。尽管民众最关心的仍然是奖牌数量，但是对拼搏精神和比赛过程的关注，也反映出部分民众不再唯奖牌而论（见图5-13）。

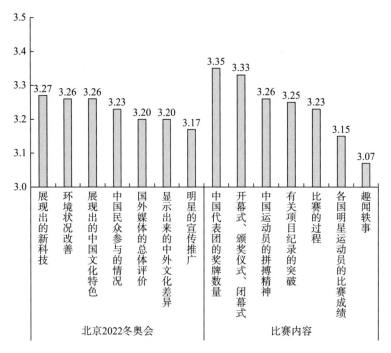

图 5-13　民众对北京 2022 冬奥会及其比赛内容的关注程度

二　参与北京冬奥会的程度

在被调查者中，52.0%的人参与过北京 2022 冬奥会有关志愿者活动。其中，张家口的被调查者中有86.4%参与过相关志愿者活动，而北京的被调查者中，仅23.0%参与过。民众参与北京 2022 冬奥会的主要方式是与网友在网上讨论，经常参加的比例为23.3%，没参加过的比例为28.3%；其次是参加媒体组织的作品征集和评选活动，经常参加的比例为20.9%，没参加过的比例为32.8%；还有19.8%的被调查者经常向有关部门提相关意见和建议，没参加过的比例为34.4%；18.1%的被调查者经常通过热线电话参与讨论，没参加过的比例为35.3%。可见，虽然有部分民众经常参加北京 2022 冬奥会的相关讨论，但是也有约三成的民众从未参与过。

在参与意愿方面，约两成被调查者（20.7%）表示不愿意参加奥运服务活动，其中12.1%明确表示不参与，8.7%表示会不情愿地参与；约七成被调查者（71.5%）表示愿意参加奥运服务活动，其中32.3%表示将随大流地参与，39.2%表示会主动参与；另有不到一成被调查者（7.8%）表示不确定自己想不想参与。相对而言，被调查者更愿意参加由单位、社区或奥委会组织的奥运服务活动，而更不愿意参加由其他群体或民间团体组织和媒体组织的奥运服务活动。因此，需进一步调动民众参与冬奥会的积极性。

三 参与体育运动的程度

75.7%的被调查者在"平时经常锻炼身体"选项中选择了"比较符合"或"很符合"，72.1%的被调查者在"平时经常收听收看体育节目"选项中选择了"比较符合"或"很符合"，但是仅42.6%的被调查者半年来真正参加过体育休闲活动。其中，回答频次较高的是跑步（186人）、篮球（88人）、滑雪（68人）、羽毛球（63人）和乒乓球（38人）。提到滑雪滑冰等冰雪运动的人次是74人，可见在冰雪运动中，滑雪最受欢迎，半年来参与过的人次甚至超过了传统的羽毛球和乒乓球。这可能与天气有关，也可能与民众受到问卷调查内容的影响有关，但是这也侧面反映出冰雪运动，尤其是滑雪可能正变得越来越受民众欢迎。

民众参加运动的频次一般为每周一次（27.2%），低于每周一次的比例总共是37.6%，而高于每周一次的比例总共是35.3%。民众参加某项体育活动的主要目的是锻炼身体（4.49分，1~6评分），其次是因为挑战性（4.32分）、价值性（4.31分）、有熟人参加（4.20分），最后才是因为该项活动给人一种有品位的感觉（4.20分）。可见，民众最看重体育活动的实用性，而非其社交或消费属性。

四 对北京2022冬奥会的意义诠释

关于北京2022冬奥会对个人的意义，被调查者最认同的是"我有机会见证重要的历史时刻"，其次是"我有更多机会了解其他国家的文化""我有机会展示中国人健康乐观的形象""我有机会为中国的大事出一点力"。可见，民众更在意的是北京2022冬奥会历史意义和自己对冬奥会的贡献，而不是北京2022冬奥会带来的个人价值，例如，"我有机会提高自己的能力""我有机会获得一次非常难得的人生经历""我有机会展示自己的才华""为我提供了一个有可能赚钱的机会"等选项的认同度都排到较后。

关于北京2022冬奥会对民众的意义，被调查者最认同的是"人们会更加重视健康和运动"，其次是"提高民众公共道德水平"和"提高中国人了解自己文化历史的需求"。相对而言，对"促进老百姓更愿意了解其他国家的情况""给老百姓带来更多的实惠""让中国人更加接受通过竞争求胜的观念""改善老百姓的生活环境"的认同度排在较后。可见，民众认为冬奥会更重要的意义是给民众带来健康、道德和文化上的改变，而非直接可见的经济效益。

关于北京2022冬奥会对国家的意义，被调查者最认同的是"提高中国的国际地位"，其次是"促进国际合作"和"促进外国人更加正面地了解中国"，而"提高政府的工作效率"、"提高国家组织发动人民大众参与国家大事的能力"和"促进各种民间组织的发展"三个选择相对而言认同度排到较后。可见，民众认为北京2022冬奥会更重要的意义是提高中国的国际影响力，而非政府或组织的发展。尽管多数民众（84.3%）认为北京2022冬奥会能促进中国社会经济的总体发展，但也有72.8%的被调查者担忧政府为举办冬奥会花了太多的钱。因此，74.4%的被调查者认为举办北京2022冬奥会应该重视经济效益。可见，民众对冬奥会的国家意义呈现矛盾的心态，一方面认为它能为中国带来更强的国际影响力，另一方面又担忧过操过办带来经济损失。

五 对体育比赛的意义诠释

86.1%的被调查者赞同奥运会"更高、更快、更强"的观念也是人生的追求，但同时76.5%的被调查者认为现在的奥运会过于强调竞赛成绩。因而，在体育比赛的意义上，多数民众认为胜负并不重要（72.4%），每次比赛破纪录都是人类挑战自身极限的成功（87.3%），它体现了人们追求公平的愿望（86.7%），让人们懂得合作才能成功（86.5%），比的是实力而非运气（77.6%）。

对于体育运动，88.3%的被调查者认为体育能培养遵守纪律的习惯，87.6%认为体育运动可以改善人际关系，83.5%认为健身和娱乐才是体育的目的。

在体育运动对国家的意义方面，84.2%的被调查者认为集中国力培养尖子人才是我国体育的优势，69.5%认为竞技体育的基础是大众体育，不能由国家包办。

六　北京冬奥会与国家认同

88.6%的被调查者表示当五星红旗在北京冬奥场馆升起时，我将感到无比自豪；86.8%的被调查者表示中国运动员在北京2022冬奥会上获得金牌，我会觉得中国人了不起。而对于中国与其他国家的竞争关系，76.7%的被调查者表示反感中国人代表其他国家参加冬奥会比赛；70.1%的被调查者表示中国选手输给外国选手，将会感到中国还不够强大；还有75.1%的被调查者表示不喜欢中国粉丝迷恋外国明星。尽管这部分比例低于对中国感到自豪的比例，但也表明民众存在一定的竞争意识。

在对国家的贡献上，85.4%的被调查者认为尽管自己是平民百姓，但也对国家的建设负有责任；39.1%的被调查者认为自己对于国家而言有一定的重要性；33.9%的被调查者认为自己能为国家做出贡献。可见，尽管多数民众认为自己应建设国家，但却感到力量有限。

在国家认同上，88.2%的被调查者表示对于自己是中国人感觉很好；88.2%的被调查者还表示经常意识到自己是中国人；86.1%的被调查者表示过中国传统节日，更让我感到自己是中国人；83.8%的被调查者表示当别人批评中国人时，会觉得是在批评自己；但也有一半左右的被调查者（50.2%）表示如果有机会，会愿意移民到更发达的国家。可见，民众对国家和传统文化的认同感较高，但是移民倾向也并不低。

在人类命运共同体上，80.9%的被调查者表示自己关心发展中国家人民的幸福，70.4%的被调查者表示自己有时会为人类的前途担忧，65.3%的被调查者表示愿意为外国灾民捐款。这表明，民众具有一定的人类命运共同体意识，也体现出一定的大国担当意识。

第六章

社会：社会凝聚力

第一节　社会凝聚力的概念与构成

一　社会凝聚力研究的现实意义

社会凝聚力的研究者和政策制定者普遍认为，对于任何一个社会，较高的社会凝聚力是保证社会健康发展的必要指标。有社会凝聚力的研究者指出，社会凝聚力是约束发展中国家社会改革和持续经济增长的重要变量，发展中国家的制度转型和经济增长必须以社会凝聚力为基础。社会凝聚力并非文化一致性或者没有不同意见，它的核心是公众对国家经济和社会改革目标和行为的认可度，这也决定了当危险和机会来临的时候人们一起努力的程度（Ritzen et al. , 2000；Ritzen and Woolcock, 2000；Easterly et al. , 2006）。

但是，根据近年来我们的社会心态研究结果，当前社会存在一些不利于提高社会凝聚力的因素。这些问题本身又成为影响改革进程的至关重要的因素，因为这些问题都是使社会凝聚力减弱的影响因素。因此，应该树立维护社会稳定的新思维，切实关注社会心态，警惕那些影响社会凝聚力的因素，通过改革凝聚社会力量，不断促进社会团结，推动社会发展和进步。

二　社会凝聚力的概念

尽管社会凝聚力广受重视，但人们对社会凝聚力的理解并不相同，还没有形成公认的社会凝聚力定义。Green 和 Janmaat（2011）认为给出社会凝聚力的定义之所以比较困难，是因为人们在四种不同的方式上使用社会凝聚力：一是把社会凝聚力作为一种社会规范，作为必须达到的目标而忽略了潜在的副作用，一个有高度凝聚力的社会也可能是偏狭和落后的；二是把社会凝聚力概念用作一套理想的社会后果，如信任、宽容、社区参与，这些并不总是与社会凝聚力相关；三是通过社会凝聚力的决定因素（福利国家、平等）或通过其后果（生活质量、经济增长）来定义社会凝聚力，从而限制了分析的范围；四是使用相同的社会凝聚力概念对应不同的分析层次，如国家、区域、个体、人际、国际等，或在社会控制/社会联结的意义上确定价值观或规范。

社会凝聚力作为某一时刻、某一社会环境中的社会状态或一个社会过程，特别是在当代社会，一般会认为社会凝聚力高低决定了一个社会品质的高低。人们讨论社会凝聚力时几乎等同于说社会凝聚力高的社会就是民主的社会，是好的社会。社会凝聚力是社会成员互相之间和对于社会的信任程度的度量指标，表明他们愿意与对方合作，表现出符合社会规范的自愿行动（Chan et al.，2006；Heyneman，2005；Stanley，2003）。我们知道，在人类的历史上曾经多次出现社会空前凝聚但却伴随社会恶行或社会倒退的现象，在一些专制社会，尽管社会可能在倒退，但社会思想和行动非常一致。尽管人们在行为方式上可能表现出很高的凝聚力，但如果他们的行动是在惩罚或制裁的威胁下发生的，则这些行动实际上并不体现社会凝聚力。社会凝聚力仅指符合社会规范的自愿行为（Heyneman，2005），是一个社会的成员的合作意愿的衡量标准和现存社会规范的自主行动。社会凝聚力本身也不能成为一种社会规范，更不是一个社会终极的理想状态，也不一定伴随很高的生活质量。因为，社会凝聚力很少具有社会福祉的面向，而不像人均收入、生活预期等社会特性那样容易限定。Heyneman 认为社会凝聚力是一个表现变量（performance variable），是其他活动和条件的副产品（Heyneman，2008）。

尽管社会凝聚力难以定义，但却不难辨认，一个凝聚力强的社会在社会冲突管理和民众团结在一起的特性上表现为社会凝聚力（Chan et al.，2006）。好的社会一般具有社会凝聚力较强的社会特点。因此，信任、宽容、平等、生活质量等概念经常被作为社会凝聚力的重要指标。

Maxwell（1996）认为社会凝聚力是建立共享价值和相互理解社区的过

程，减少财富分配和收入上的差距，一般会使人们有一种在从事共同事业，面对共同挑战，是同一社区成员的感觉。Easterly 等（2006）把社会凝聚力定义为社会中社会和经济方面分化的特点和程度。这种分化无论是在收入、种族、政党、阶层、语言还是其他人口统计变量上，都会出现围绕这些变量的潜在的、政治的社会分裂。Jenson（1998）认为社会凝聚力有三个要素：首先它是一个过程，其次是定义谁在这个社区，最后是共享的价值观。O'Connor（1998）则认为社会凝聚力具有以下三个维度：①决定特定社区的价值观、认同和文化；②差异和分歧，即不平等、文化多元化和地域分化；③网络和联系。Chan 等（2006）认为，人们在讲到彼此联结在一起时要同时满足以下三个标准：一是对社会成员可以信任、帮助和合作；二是他们分享普遍的认同或对社会的归属感；三是以上两种主观感受的客观行为表现。他认为，社会凝聚力是一种关于社会成员横向和纵向互动的状态，这种状态以信任、归属感、参与和帮助意愿等态度、规范和表现的行为为特点（Chan et al.，2006：289～290）。Beauvais 和 Jenson（2002）提出了社会凝聚力的五种可能的概念：①社会凝聚力作为市民文化的共同价值观；②社会凝聚力作为社会秩序和社会控制；③社会凝聚力作为减少财富两极化的社会团结；④社会凝聚力作为社会网络和社会资本；⑤社会凝聚力作为场所依赖和认同。加拿大学者 Jenson（1998）认为社会凝聚力可以分为五个维度：归属、融合、参与、认可和合法性。有学者认为可以从这五个方面定义社会凝聚力：共同的价值观和属于社区的归属感；社会促进人际平等，防止边缘化的能力；参与决策过程，包括民主；高效和具有包容性的机构，如政党、工会和政府；调解权力和资源化解冲突，调解不同政治观点的社会能力（Manole，2012）。

在一定意义上，目前的社会凝聚力研究就是在搞清哪些是对社会凝聚力影响更为直接的因素，或者说，哪些是衡量社会凝聚力的重要指标。社会资本是一个经常被用于描述社会凝聚力的概念，这个概念包括个体与群体的联系与互动的频度和质量，作为普遍规范和价值的信任，社会卷入的共享的感受，社会内在一致性的归属感和团结（McCracken，2003；Jenson，1998；O'Connor，1998）。Berger-Schmitt（2000）认为社会凝聚力意味着两个明显的社会结果维度：减少差距、不平等和社会排斥；增强社会联结、联系和互动。后者包括社会资本的成分。世界银行的社会凝聚力报告指出，社会资本包括支配人际互动的制度、关系、态度和价值观，促进经济和社会的发展。然而，社会资本并非简单由支撑社会的制度累加，它还是使社会凝聚的黏合剂。它包括共享的价值、个人关系中表达的社会生产的规范、信任、公民责任的共同感受，这些因素使得社会超越了个人的集合。没有一定程度的对于治理、文化规范、社会规则的普遍认同，很难想象会有一个高效的社会（The World Bank，1998）。

Green 和 Janmaat 所讲的第四种社会凝聚力的使用方式也是社会凝聚力中一个关键的问题，就是在怎样的社会层面上讨论社会凝聚力？Immerfall（1999）认为社会凝聚力概念应该具有以下三个水平。①人际关系水平：如家庭、朋友和邻里。②中介组织水平：如俱乐部、公司和政党。③宏观的社会制度水平。目前的讨论包含了从微观的家庭凝聚力、社区凝聚力，到中观的城市和区域层面的社会凝聚力，再到宏观的国家、国家联盟的社会凝聚力，甚至可能包括世界范围内的社会凝聚力。

正如 Koonce（2011）所言，一般意义上所指的社会凝聚力都是宏观的概念，起码是大型的组织，国家或国家组成的联盟。目前最有影响力的研究基本属于这种类型。世界银行、OECD 和欧盟这些国际组织把高社会凝聚力视为可以得到经济回报，视为经济增长重要的社会决定因素。欧盟的研究中，社会凝聚力大量与失业、贫困、排斥和缩小发展差距有关。欧盟委员会的社会凝聚力研究包括的议题有：关于民主和人权、公民、政治、社会和经济。其中，差距/不平等/社会排斥和社会关系/社会归属/社会资本是理解社会凝聚力中重要的两个维度。欧盟委员会（Council of Europe，2005）出版了发展社会凝聚力指标的方法指南，在欧盟的文件中关于社会凝聚力的主要方面是社会融合/社会排斥、社会资本和生活质量。为了减少欧盟内部的社会排斥，社会凝聚力的观念被推广到公众的视域，欧盟进行了一系列关于社会排斥和贫困的研究。社会排斥可以理解为推进市民参与的民主和法治体系，推动经济融合的劳动力市场，推动社会融合的福利体系，增进人际联结的家庭和社区系统的缺失。从个体层面来看，社会排斥意味着低社会福利和社会生活参与的无能；从社会层面来说，作为一种社会特质，社会排斥意味着社会财富分配制度相关的社会凝聚力的恶化（Berger-Schmitt，2000）。欧盟的社会凝聚力还与社会生活质量紧密相关。因为，尽管社会凝聚力被视为宏观水平的概念，但却表现在个体的行为和态度中，由个体决定、保持和体验。当讲到社会凝聚力时意味着在讲真实生活、个人生活质量。一个人的生活质量可以由社会凝聚力基本元素直接影响，社会资本对经济和福利产生影响。社会排斥起源于个人相对剥夺所造成的制度和功能的不足。社会凝聚力是人们日常生活中体验的社会特点，可以通过感知到的不公平，工作场所、学校邻里关系的社会气氛体验到，与个人的生活质量相关，影响人们生活质量的各个方面。因此，社会凝聚力不仅是生活情境中的个人特质，而且是一种社会特质，生活质量是社会凝聚力政策的主要目标（Berger-Schmitt，2000）。

世界银行的研究中社会凝聚力被视为既是政治变化的驱动力，也是镶嵌于社会制度中的、增强民主的机制。社会凝聚力可以提高法律规则的有效性，减少武力和社会冲突。有影响力的、有效率的制度是社会凝聚力的决定因素和结果，影响社会的经济利益。

从以上对社会凝聚力概念的回溯可以看到，社会凝聚力是一个复杂的、包含了许多面向的概念：一方面，存在学术概念的社会凝聚力含义和社会政策意义不同；另一方面，无论是学术含义还是政策含义，社会凝聚力都是一个复合性的概念，包含了许多不同的内涵，研究中可以分解为许多指标；社会凝聚力包含不同的社会分析层面，一般是指宏观层面，但宏观层面与微观层面间又有内在的联系，对于某一研究来说，社会凝聚力限定于一定的社会层面。但社会凝聚力研究需要兼顾微观、中观和宏观层面。社会凝聚力的形成或社会凝聚力状态存在横向和纵向两个维度，分别研究这两个维度及其关系对于理解社会凝聚力的机制是必要的。社会凝聚力作为一个过程变量或中介变量，而不是结果变量或初始变量，它既是影响社会的因素，也是由一定社会环境所决定的，社会凝聚力研究的目标并非社会凝聚力本身，而应该是一个社会发展的目标，类似于生活质量这样的变量在社会凝聚力研究中至关重要。

三　社会凝聚力的构成

社会凝聚力是一个复合的、多维度的概念。首先，社会凝聚力是建立在个体、群体、组织和国家联结基础上的社会特征，可以从宏观、中观、微观层面进行测量和分析。其次，不同的研究者和实践者从各自的目的去理解和界定社会凝聚力，因此社会凝聚力因包含内容不同而具有不同的结构和成分。目前国际上社会凝聚力的研究已经从理念研究发展到指标研究和实践。提高社会凝聚力就要首先了解社会凝聚力的构成，以及重要的影响因素。

不同的学者对于社会凝聚力由哪些维度构成观点差异很大，社会凝聚力构成的观点可以分为以下几种类型。

第一种是对社会凝聚力这样一种社会特征给出包含的具体内容，如加拿大政策研究网的学者提出，社会凝聚力包含五个维度：①归属 - 疏离；②融合 - 排斥；③参与 - 不卷入；④认可 - 拒绝；⑤合法 - 非法。一个社会的凝聚程度是由在这五个维度组成的连续统上的相对位置决定的。此外，他还区分了不同的分析水平，包括社区水平和社会水平，给出了一个分析的框架（Jenson，1998），如表6 - 1所示。

表6 - 1　社会凝聚力的五个维度

水平	归属	融合	参与	认可	合法性
当地社区					
整个社会					

Forrest和Kearns（2001）提出了五种社会凝聚力的领域，分别是共同价值和市民文化、社会规范和社会控制、社会团结和减少贫富分化、社会网络和社会资本、地域依恋和认同，具体含义如表6 - 2所示。

表6 - 2　社会凝聚力的领域

领域	特点
共同价值和市民文化	普遍的目标，普遍的道德规范和行为准则，政治制度支持和政治参与
社会规范和社会控制	不存在对当前秩序的一般冲突和恐惧，不存在粗鲁行为，有效的正式社会控制，容忍，尊重差异，群体间合作
社会团结和减少贫富分化	和谐的经济、社会发展和普遍标准，公共财富和机会的再分配，平等获得财富和福利收益，预备接受社会责任愿意帮助他人
社会网络和社会资本	很高程度的家庭和社区中的社会互动，市民投入和联合行动，容易解决集体行动问题
地域依恋和认同	很强的地域依恋，柔和的个人和地域依恋

第二种是围绕社会凝聚力的社会目标来确定社会凝聚力的维度。有研究者从社会凝聚力的两个相反的方向分别入手，来限定社会凝聚力，如Woolley（1998）认为可以用如下的方法定义社会凝聚力：①缺乏社会排斥；②以社会资本为基础的互动和联系；③以群体认同为基础的共享价值和诠释性沟通。把社会凝聚力总结为两种社会目标维度：第一个维度是

减少分化、不平等和社会排斥，第二个维度是增强社会关系、互动和联结。

类似的还有欧盟的社会凝聚力指标体系，分为减少差距和社会排斥，增加社会资本两个社会目标维度（Berger-Schmitt，2000），如表6-3所示。

表6-3　作为两个社会目标的社会凝聚力

第一个社会目标维度：减少差距和社会排斥	第二个社会目标维度：增加社会资本
区域差异化	社会关系的可得性
性别、阶层和群体间机会平等	社会或政治活动和约定
社会排斥	社会制度的质量

第三种是以经典理论为依据来分析社会凝聚力。加拿大学者 Duhaime 等（2004：301）从涂尔干的机械团结有机团结理论出发，认为社会凝聚力有两个成分：有机团结和机械团结。有机团结指向正式的经济和政治条件，机械团结指向家庭和社区为基础的面对面的关系。为了使这种观点可操作，Duhaime 等人列举了以下六个方面的指标。①社会资本：包括信任和对市民制度的信心，参加志愿者组织和其他 NGO 的活动。②人口统计变量的稳定性：是指人的流动性，社区人口增长率，社区移动和居留的主观原因。③社会包容：是指向情绪、社会和物质支持的正式信息网络。④经济包容：是指就业活动和收入。⑤社区生活质量：包括满意度和对社区安全的个人感受。⑥个人生活质量。

第四种是圈定社会凝聚力可能的范围和领域。如 Berghman（1998）认为社会凝聚力概念应该包含以下四个系统：①推进市民整合的民主和法治系统；②推动经济整合的劳动力市场；③推动社会整合的福利制度；④推动人际整合的家庭和社区系统。可以看到，这四个系统基本上概括了政治、经济、社会福利以及社区和家庭几个方面。Fenger（2012）则直接把社会凝聚力分为经济、文化、社会和政治四个维度，并且把许多研究纳入这四个维度的分析框架中，如表6-4所示。

表6-4　社会凝聚力的四个维度

经济维度	文化维度	社会维度	政治维度
社会团结和缩小财富差距（Kearns and Forrest，2000）	共同价值和市民文化（Kearns and Forrest，2000）	社会秩序和社会控制（Kearns and Forrest，2000）	参与（Jenson，1998）

续表

经济维度	文化维度	社会维度	政治维度
融合（Jenson, 1998）	场所依恋和认同（Kearns and Forrest, 2000）	社会网络和社会资本（Kearns and Forrest, 2000）	合法性（Jenson, 1998）
差异和分歧（Woolley, 1998）	联结（O'Connor, 1998）	社会黏合（O'Connor, 1998）	
平等（Bernard, 1972）	共享价值观、沟通和理解（Woolley, 1998）	基于社会资本的互动和联系（Woolley, 1998）	
	互相忠诚和团结（Council of Europe, 2005）		

　　第五种是整合社会凝聚力维度为一种结构。香港学者 Chan 等（2006）提出了一个二维的社会凝聚力分析结构，把社会凝聚力分为横向和纵向两个维度，并将社会凝聚力的表现分为主观态度和客观行为，构成一个交叉的分类体系，如表 6-5 所示。

表6-5　社会凝聚力的分析框架

维度	主观成分（人们的心态）	客观成分（行为表现）
横向维度（市民社会的凝聚）	对公民的一般信任 合作和帮助他人的意愿，包括对其他社会群体 归属和认同感	社会参与和市民社会的活力 捐助
纵向维度（国家市民凝聚）	信任公众人物 对政治和其他主要社会制度的信心	政治参与（如投票和参加政党）

　　第六种是试图构建综合的社会凝聚力，采用一定的结构来描述社会凝聚力，并分解为多级指标体系。德国贝塔斯曼基金会的社会凝聚力报告就是这样的一种尝试。2012 年，德国贝塔斯曼基金会的研究报告《凝聚力雷达：凝聚力测量》指出，社会凝聚力是社会集体属性的描述，是社会合作质量的表达。一个有凝聚力的社会具有亲和的社会关系、较强的情感联系和社会公益导向。对社会凝聚力文献进行研究发现，社会凝聚力研究主要涉及的内容包括六个方面，分别是社会关系、社会联结、社会公益、共享价值观、社会公平性、生活质量（Schiefer et al. , 2012）。

　　这六个指标又可以分为三个方面。一是理念方面：包括价值观、社会公益取向、社会联结（社会认同感、社会归属感）。社会凝聚力往往意味着群体或者某个地域范围内人群的互动，所以对群体或者地域的一定程度的认同感很重要。对特定社会集体（群体、宗教、城市、社会，或者超国家社区，比如欧盟）的归属感和认同感是重要的社会凝聚力因素。认同感还是一种共享价值、生活方式、安全感传达、自尊的社会化的表达，还能够提高个体对社会网络的适应和参与水平。而共享价值也是社会凝聚力的重要组成部分，为了使社会凝聚力成为可能，一些基本的价值观必须是共享的，才会促进社会互动。因为价值观提供了人际互动的标准，整合不同价值观是提高社会凝聚力的前提。社会公益导向就是社会责任。社会凝聚力不仅包括一定程度的对社会的承认和义务，还包括愿意将公共利益纳入个人的兴趣中，对社会秩序、社会规范和社会标准的认可。二是关系方面：包括社会成员之间的关系、社会群体间的关系。社会关系维度也就是社会网络，用社会关系的数量、质量和互动来衡量。另一个因素是社会参与，包括社会文化参与和政治参与。再一个因素是社会信任，包括横向的人际信任和纵向的机构信任。还有一个因素是对人口流动带来的人员异质性及文化差异性和多样性的接受。三是分配方面：包括主观、客观的生活质量，社会公平与否。社会资源分配是影响社会凝聚力的重要方面，包括物质和非物质资源分配，反映在失业、收入、教育、健康状况和获得社会服务的权利和途径上。其中一个重要的衡量指标是社会排斥，社会中对个人或者群体的排斥也是测量社会凝聚力的维度（Schiefer et al.，2012）。

从上述社会凝聚力的构成观点看，虽然不同学者对于社会凝聚力结构的理解不同，维度的划分角度存在很大差异，所选择的元素属于不同的层面，有的微观、有的宏观，但是在基本的构成元素中存在许多共同的内容，如归属、认同、参与、信任、分化等，这些基本元素的综合成为我们测量社会凝聚力的核心变量和指标。此外，融合不同的维度划分策略，可以在社会凝聚力的测量中更接近其本质，如综合考虑基本领域、横向和纵向的融合、主观和客观的表现、不同分析层面，以及社会凝聚变量的离心和向心特点，可以对社会凝聚力有比较完整的分析和描述。

四 社会凝聚力的测量

社会凝聚力研究的社会政策取向很强，多数的研究明确指向应用，包括两个重要的方面，一是对于一定社会范畴社会凝聚力的测量，二是有针对性地提高社会凝聚力的政策。有学者（Easterly et al.，2006）认为直接测量社会凝聚力的变量包括公共参与率和信任，间接测量社会凝聚力的变量有收入的不平等和种族分裂，前者使用基尼系数和 60% 中间阶层分享的收入比例，后者用种族异质性（ethnic heterogeneity）或种族分裂（ethnolinguistic fractionalization）表示。

加拿大社会发展委员会（Canadian Council on Social Development，2000）提出了社会凝聚力测量的指标，分为有利于社会凝聚力的条件和社会凝聚力活动的元素两个方面，如表 6 – 6 所示。

表 6 – 6　加拿大社会发展委员会的社会凝聚力指标

有利于社会凝聚力的条件	社会凝聚力活动的元素
经济条件（收入分配、贫困、就业和流动） 生活机会（医疗、教育和住房） 生活质量（人口健康、个人和家庭安全、经济安全、沟通网络、自然环境质量）	合作意愿（信任他人、对制度有信心、归属感、尊重多样性） 参与（捐助、群体活动、社会支持网络、政治参与等）

澳大利亚从 2007 年开始进行社会凝聚力的调查，把社会凝聚力分为六个维度，分别是：归属（为澳大利亚生活方式而骄傲、归属感、保持澳大利亚生活和文化的重要性）、价值（对当前金融状况的满意度和对过去一年的幸福感）、社会正义和平等（对低收入者经济支持不足的观点、高低收入者差距、澳大利亚的经济机会、对澳大利亚政府的信任）、参与（参与选举投票、请愿签名、议会成员的接触、参加抵制和抗议活动）、接受和排斥、合法性（测量排斥使用对许多不同国家移民的负面观点、过去 12 个月体验到的歧视、反对政府支持的对少数族群保持习惯和传统、对过去 3～4 年生活变差的感受）。

2012 年，德国贝塔斯曼基金会的研究报告《凝聚力雷达：凝聚力测量》中把社会凝聚力分为社会关系、社会联结和社会公益取向三个一级变量，每个一级变量有若干对应的二级变量，以此来衡量德国的社会凝聚力，并与欧洲其他国家来比较。图 6 – 1 为德国贝塔斯曼基金会社会凝聚力研究的指标体系。

具体地，在社会关系方面分为四个维度，分别是：社会网络（用社会关系和社会网络的质量和数量来衡量）、社会参与（包括政治参与和社会文化参与，用投票、市民社会组织参与、志愿者或义工来衡量）、信任（对周围人的信任和对政治机构的信任）和对多元的接纳（用群体内的态度和对

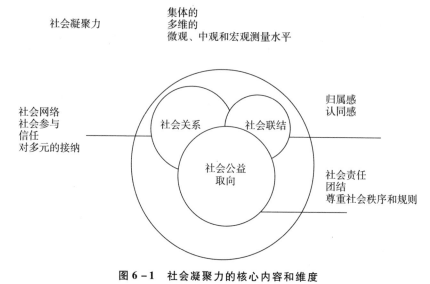

图 6 - 1 社会凝聚力的核心内容和维度

资料来源：Schiefer et al.，2012。

少数群体的容忍度衡量）。社会联结分为两个维度，分别是：归属感（对作为群体成员的理解，共同身份的认知）、认同感（对宗教、州、国家、欧洲的归属感，作为一种个人重要身份的认同）。社会公益取向分为三个维度，分别是：社会责任（保卫社会的利益，即使要以牺牲部分个人的目标和需求为代价）、团结（与其他社会成员的合作和相互支持）、尊重社会秩序和规范则（尊重社会机构，坚持公共社会生活的规则，其相反方面是忽视和违反社会规范）。表 6 - 7 是各维度操作化为测量的指标，使这一指标体系可以用来衡量德国的社会凝聚力，并与其他国家来比较（Schiefer et al.，2012）。

表 6 - 7 社会凝聚力的维度和测量指标

领域	维度	指导	测量指标
社会关系 通过水平社会关系网络（个人或者社会组织间）来创造社会凝聚力，以信任和异质性的接受度为特点	社会网络	人们之间具有强的有弹性的社会关系网络	朋友在生活中的重要性
			一周中有多少次感到孤单
			与朋友、亲人、同事进行社交互动的频率
			遇到个人和家庭重大问题时必要的支持
			依靠帮助

续表

领域	维度	指导	测量指标
社会关系 通过水平社会关系网络（个人或者社会组织间）来创造社会凝聚力，以信任和异质性的接受度为特点	对人的信任	人们对他人具有较高的信任度	可以信任的人
			人们尽量做到公平
			大多数情况下对我有帮助的人
	对异质性的接受度	人们将有不同价值观和生活习惯的人看作平等的社会成员	不愿意和不同人种的人做邻居
			不愿意和移民/外国工人做邻居
			对种族关系紧张的评价
			是否认为同性恋是正当的
			同性恋者有自由选择他们想要的生活方式
			国家的文化生活因为移民而变得更加丰富多彩
			国家的文化生活被移民破坏
			对宗教关系紧张的评价
			给少数民族或宗教人群提供的活动空间
			给同性恋者提供的活动空间
社会联系 通过对国家的积极认同感、对组织机构较强的信心和社会公平感来创造社会凝聚力	认同感	人们感觉与国家具有较高程度的联系，并以此为身份要素	个人与国家的依附关系是怎样的
			以国籍为傲的程度
			是否愿意长久地移民到其他国家
	对组织机构的信任	人们对政治和社会机构有信心	对警察的信任
			对议会的信任
			对政党的信任
			对司法系统的信任
			对金融机构的信任
			认为选举是不是诚实的
			不愿意举报犯罪行为是因为害怕/不喜欢警察
	公平感	人们相信社会上的物品是公平分配的，并且他们被公平地对待	腐败
			商业腐败
			成功需要腐败
			成功有时不得不做一些不当的事
			政府应该缩小收入差距
			我赚得我应该得到的
			我挣钱是因为我付出了
			穷人和富人之间关系紧张

续表

领域	维度	指导	测量指标
关注社会公益 通过帮助弱势人群的行动和态度、遵守社会规范、社会组织的合作方式来创造社会凝聚力	团结和帮助	人们感觉对他人有责任，并愿意帮助他人	政府提供的帮助
			帮助其他人（不包括家人、工作同事和志愿组织）
			通过社区和社会服务参加志愿活动
			捐钱
			帮助陌生人
	遵守社会规范	人们遵守基本的社会规范	遵守交通法规的程度
			违反交通规则的错误程度
			天黑后在街上行走感觉很安全
			夜晚独自行走感觉很安全
			影子经济的规模
	公民参与	人们参与到社会和政治生活中，参与公共讨论	政治在生活中的重要性
			对政治的兴趣
			戴过或者展示过社会运动的徽章/标语
			在请愿书上签过名
			联系过政治家或者官员
			对官员发表过自己的观点
			为组织工作或者参加过组织的志愿活动（政治组织）
			志愿参与政治组织的时间
			在社团或组织工作
			关心选举投票结果和投票权

欧洲社会指标体系（European System of Social Indicators，EUSI）把社会凝聚力分为两个维度，分别是：①减少社会中的分化、不平等和社会排斥，包括地区分化，机会平等/不平等（男女间、代际、社会阶层间、残疾/非残疾间、公民群体间）和社会排斥；②增强社会资本，包括社会关系的可得性、社会和政治活动与卷入、社会关系质量、社会制度质量以及欧洲特别关注的社会凝聚力方面（Berger-Schmitt，2000）。具体的测量指标如表6-8所示。

表6-8　欧洲社会指标体系社会凝聚力维度和指标

目标维度	测量维度	下一级维度	指标（举例）
I. 减少社会中的分化、不平等和社会排斥			
地区分化			
男女间 代际 社会阶层间 残疾/非残疾间 公民群体间 的 机会平等/不平等	代际社会关系和信息网络支持可得性的不平等	当前社会关系中的不平等	亲密朋友可得性的不平等
		社会接触频度不平等	接触亲密关系频度不平等
		信息网络获得支持的不平等	压抑情绪获得支持的不平等
	男女政治参与不平等		国会代表不平等
社会排斥	社会疏离	客观社会疏离	家庭之外很少社会接触者的百分比
		主观社会疏离	感觉孤独者的百分比
	社会歧视		排斥不同种族者的百分比
			排斥外国人的比例
II. 增强社会资本			
社会关系的可得性	当前人际关系	亲属关系	当前亲密亲属
		朋友/邻里关系	当前至少一个朋友
	组织成员	政治组织成员	党员
		社会组织成员	慈善组织成员
		教堂/宗教成员	教堂或宗教组织成员
社会和政治活动与卷入	个人接触的频度	亲属接触	亲属每周接触
		朋友/邻里接触	最好的朋友每周接触
	信息网络支持	活动支持	家务劳动可获得支持
		个人问题支持	压抑情绪可获得支持
		物质需求支持	财务危机可获得支持
	公共领域的市民投入	政治参与	政治利益
		社会组织参与	慈善领域的志愿活动
		教堂/宗教活动	教堂定期关注
社会关系质量	家庭之外社会关系主观质量	个人关系质量	好的邻里关系
		对他人的态度	对他人的一般信任
		他人社会关系质量感知	感知的代际冲突

续表

目标维度	测量维度	下一级维度	指标（举例）
社会制度质量	感知的政治制度质量		政党信任
	感知的社会制度质量		民主满意度
	感知的教堂/宗教制度质量		慈善组织信任
欧洲特别关注	欧洲认同		对欧洲的认同
	对其他欧洲人的社会关系和态度		朋友居住在另一个欧洲国家
	欧洲国家在基本价值和态度上的相似性		自由价值的相似性
			容忍价值的相似性
	欧洲水平的社会和政治活动		参与欧洲组织的活动

可以看到社会凝聚力的测量与社会心态的测量手段有许多相同的地方，甚至包括使用的概念。但也有不同的地方，其中比较明显的是社会凝聚力的测量更具有社会学的特点，所使用的变量中既包含了主观的调查数据，也包含了客观的统计数据。

社会心态视角下的社会凝聚力不同于社会政策取向的社会凝聚力，更侧重于对构成社会凝聚力的心理因素的考察，所使用的变量主要是心理学意义上的变量。

五 社会凝聚力的机制

研究者对于社会凝聚力实现的内在机制研究较少，更缺乏实证的研究。一些研究者似乎把一些因素之间的关系视为不证自明的，提出了一些变量间关系的分析框架。在仅有的这类研究中，Fenger（2012）把许多研究纳入经济、文化、社会和政治这四个维度的分析框架中，并提出了社会凝聚力研究的政策分析框架，如图 6-2、图 6-3 所示。

通过对社会凝聚力研究的考察发现，社会凝聚力的构成因素中包含了许多社会心态的基本概念，如社会信任、社会价值观、社会认同等。社会凝聚力的一些基本概念可以在社会心态的指标体系中找到对应，比如，社会心态中的社会需求与社会凝聚力中的生活质量评价其实是等同的，而社会心态中的阶层意识、社会冲突也对应于社会凝聚力里的社会关系。因此，

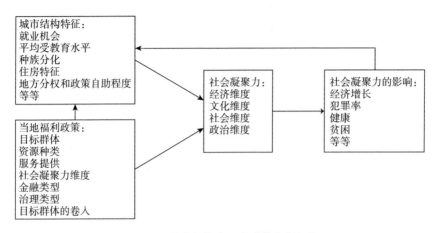

图 6 - 2　社会凝聚力研究政策分析框架

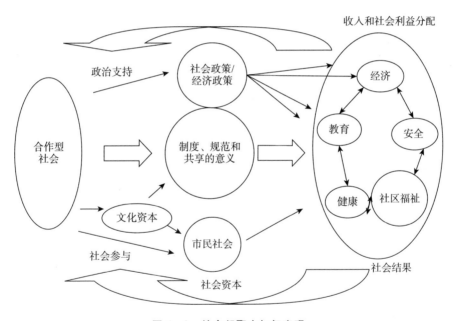

图 6 - 3　社会凝聚力如何实现

社会凝聚力完全可以视为一种社会心态的体现，是一种综合的社会心态。社会心态研究的策略就是还原被割裂的整体社会心理，而社会凝聚力可以作为一种综合的社会心态，由多个社会心态基本概念作为指标，共同反映社会凝聚力的基本特点和变化，以及社会凝聚力与其他相关概念的关系，探索不同社会层面上社会凝聚力的内在机制，为进一步探讨如何通过社会政策提高社会凝聚力提供实证的关于机制的研究成果。

第二节 新社会阶层与社会凝聚力：社会心态的视角

改革开放四十多年来，我国的社会结构和社会阶层在不断变化，突出表现之一是非公有制经济发展带来的新社会阶层迅速壮大。这一社会结构的变化一直是党、政府和学术界高度关注的现象。党的十八大报告提出要"鼓励和引导新的社会阶层人士为中国特色社会主义事业做出更大贡献"。

但是，对于新社会阶层的界定无论是政府文件还是学术界都有不同的观点，新社会阶层的构成和规模也没有权威的统计数据，新社会阶层的群体特点也还有待进一步研究。目前新社会阶层的讨论基本上存在两种视角：一是社会学的分层研究视角，从体制外新中产阶层的角度对新社会阶层进行描述和分析（张海东等，2017；李春玲，2017）；二是从阶层分析的视角出发，把新的社会阶层纳入团结的对象，从统战工作出发来关注和考察这一新兴群体（中央统战部八局课题组，2017；张献生，2017）。本研究关注新社会阶层的社会心态，将新社会阶层与体制内群体进行对比，了解两个群体是否在社会心态上表现出差异。出于影响统战工作因素的考虑，本研究选取一般社会调查数据中社会心态的一些指标，如生活满意度、社会状况评价和社会凝聚力指数来分析新社会阶层与体制内群体的差异。

一 从阶级到新社会阶层

（一）社会阶层与社会结构

社会阶层是社会学关注的传统问题，通过社会阶层的构成来考察社会结构的变化。改革开放以后，我国社会阶层结构与社会利益群体发生了很大变化，社会分层越来越向多元化方向发展和演变（杨家宁，2011）。社会学家提出了多种社会阶层划分的观点。陆学艺（2002）划分了十大社会阶层，也就是国家与社会管理者阶层、经理人员阶层、私营企业主阶层、专业技术人员阶层、办事人员阶层、个体工商户阶层、商业服务人员阶层、产业工人阶层、农业劳动者阶层、城乡无业失业半失业阶层。宋林飞（2004）认为存在五大社会阶层，即知识阶层、管理阶层、私有阶层、工人阶层和农民阶层。郑杭生、刘精明（2004）将城市职业阶层划分为七个，包括管理阶层、专业技术人员阶层、办事员阶层、工人阶层、自雇佣者阶层、私营企业主阶层以及不能确切区分的阶层。

随着社会结构的改变，新的社会阶层在形成，对新的社会阶层群体的认识也不同。王训礼（1988）认为私人经济存在雇佣劳动关系，随着私人经济的发展，雇主的数量在增加，逐渐形成一个特殊阶层，这一特殊阶层就是新社会阶层的前身。李培林（1995）将新社会阶层称为"新富阶层"，泛指打破平均主义的分配状况以后，收入或消费水平明显地大大超出"大众平均线"的那一部分人。颜晓峰（2001）认为，改革开放以来，我国出现的新的社会阶层是社会主义初级阶段多种所有制经济共同发展的产物，有利于发展社会主义的生产力。哈伯先、刘士卓（2008）认为，新社会阶层指的就是社会中间阶层，认为确认新社会阶层为社会中间阶层的主体，不仅有利于促进经济的发展，同时可以推动社会阶层关系的整合，推动国家社会关系的重构，从而推动社会主义民主政治的发展。

（二）新社会阶层与统一战线对象

市场经济的发展，改变了我国原有的单一的公有制体制，非公有制经济的不断发展导致出现了体制外的新社会阶层，这种现象一直是统一战线工作关注的对象，对新社会阶层的认识也经历了较长的历史时期。1991年7月，中央统战部《关于工商联若干问题的请示》中指出，"对现在的私营企业主等新的社会阶层，不应和过去的工商业者简单类比和等同，更不要像50年代那样对他们进行社会主义改造"，这是在中央文件中首次出现"新的社会阶层"的概念。2001年，《江泽民在庆祝中国共产党成立八十周年大会上的讲话》中指出，改革开放以来，我国的社会阶层构成发生了新的变化，出现了民营科技企业的创业人员和技术人员、受聘于外资企业的管理技术人员、个体户、私营企业主、中介组织的从业人员、自由职业人员等社会阶层。2002年，党的十六大报告指出，在社会变革中出现的民营科技企业的创业人员和技术人员、受聘于外资企业的管理技术人员、个体户、私营企业主、中介组织的从业人员和自由职业人员等社会阶层，都是中国特色社会主义的建设者。中共中央文献研究室在2003年对新社会阶层进行了界定，认为新社会阶层是指在中国特色社会主义现代化建设的历史进程中，适应社会生产力和经济发展实际而产生的，以非公有制经济为基础，主要从事民营、私营和个体职业的社会成员，他们因生产要素的拥有量、从事的行业差异、收入分配方式的不同，在社会经济发展中的作用不同而划分为若干社会阶层。这些新社会阶层成员与工人、农民、知识分子、干部和解放军指战员团结在一起，他们也是中国特色社会主义事业的建设者。2004 年颁布的《中华人民共和国宪法修正案》将新社会阶层作为社会主义的建设者写入了宪法，在法律上正式确立了其重要地位。

2006 年，中共中央发布了《关于巩固和壮大新世纪新阶段统一战线的意见》，把新社会阶层界定为六个方面的人员，包括民营科技企业的创业人员和技术人员、受聘于外资企业的管理技术人员、个体户、私营企业主、中介组织的从业人员和自由职业人员。2015 年公布的《中国共产党统一战线工作条例（试行）》正式将"新的社会阶层人士"作为统战工作 12 个对象之一，明确了"新的社会阶层人士"包括以下四个群体。一是私营企业和外资企业的管理技术人员，指受聘于私营企业和外资企业，掌握企业核心技术和经营管理专门知识的人员。二是中介组织和社会组织从业人员，包括律师、会计师、评估师、税务师、专利代理人等提供知识性产品服务的专业机构从业人员，以及社会团体、基金会、民办非企业单位从业人员。三是自由职业人员，指不供职于任何经济组织、事业单位或政府部门，在国家法律、法规、政策允许的范围内，凭借自己的知识、技能与专长，为社会提供某种服务并获取报酬的人员。四是新媒体从业人员，指以新媒体为平台或对象，从事或代表特定机构从事投融资、技术研发、内容生产发布以及经营管理活动的人员，包括新媒体企业出资人、经营管理人员、采编人员和技术人员等。中央统战部专门成立了对应新社会阶层群体的第八局——"新的社会阶层人士工作局"。《中国共产党统一战线工作条例（试行）》重申了新社会阶层的地位，指出新的社会阶层人士是改革开放以来，随着社会主义市场经济的发展，在非公有制经济领域和社会领域出现的一些新社会群体，他们是建设中国特色社会主义事业的重要力量，做好他们的工作是新的历史条件下我们党治国理政必须解决的重大课题，作为随着改革开放和社会主义市场经济的发展而孕育成长起来的新兴知识分子群体，新的社会阶层人士是推动我国经济社会发展的新生力量（中央统战部八局课题组，2017）。中央统战部官方微信公众号"统战新语"发布的一篇文章指出"新的社会阶层人士"概念发生了新的变化，专指自由择业知识分子。或者说，"新的社会阶层人士"有广义与狭义之分，广义的包括非公有制经济人士和自由择业知识分子，狭义的仅指自由择业知识分子。

二　体制内群体与新社会阶层群体比较

（一）"体制外新中产"与"新的社会阶层"研究的分野

虽然中共中央对新社会阶层的基本群体构成给出了一个正式的界定，但新社会阶层的构成和特点依然远未清晰。中央统战部官方微信公众号"统战新语"发文披露，中国新的社会阶层人士的总体规模约为7200万人。其中党外人士占比为95.5%，约6900万人。新的社会阶层人士中，民营企业和外商投资企业管理技术人员约4800万人；中介组织和社会组织从业人员约1400万人；自由职业人员约1100万人；新媒体从业人员约1000万人。由于各类群体间存在人员交叉现象，因而，上述数据直接加总多于7200万人。[1] 据中央统战部原副部长陈喜庆估算，21世纪初的新的社会阶层人士大约有5000万人，但加上在相关行业的所有从业人员，总人数约1.5亿人，他们掌握或管理着10万亿元左右的资本，使用着全国半数以上的技术专利，并直接或间接贡献着全国近1/3的税收，每年吸纳半数以上新增就业人员。[2] 但中央统战部并未给出这些基本数据的来源和统计方法，对于新社会阶层来说，作为一个新的社会群体，很难从国家统计部门传统的数据分类里得到准确的数据，目前也没有专门的针对新社会阶层的调查，这就使我们对新社会阶层群体的总体特征缺乏全面的认识。

社会学者希望通过一般社会调查来推断新社会阶层这个群体，如张海东等（2017）对北京、上海和广州三个特大城市新社会阶层群体的规模及基本特征、家庭经济状况、就业状况与社会保障、生活品位与休闲方式、主观阶层认同、社会政治参与以及社会态度和价值观念等多个方面进行了研究。廉思等（2016）通过对北京、上海、广东、浙江、辽宁、湖北等省市的新社会阶层群体进行访谈、座谈和问卷调查，试图描绘这一群体的基本特征。李春玲（2017）利用中国社会科学院社会学研究所的社会状况调查（CSS 2015）数据，采用体制外新中产的概念结合国家统计局人口数据来验证中央统战部的新社会阶层总体规模，推断新社会阶层群体的基本构成。然而，无论是基于调查样本的推断，还是对这一群体的实地研究，都难以给出这一群体的全貌。李路路、王薇（2017）指出，以往对新社会阶

---

[1]　《中共中央统战部：中国新的社会阶层人士约7200万人》，中国新闻网，2017年1月4日。

[2]　《中国"新社会阶层"有7200万 年薪高消费惊人》，《21世纪经济报道》2017年1月8日。

层的讨论实际上形成了两个基本的视角：一个是"中等收入群体（阶层）视角"，另一个是"阶级阶层视角"。上述研究中，张海东和李春玲的研究均属于第一种视角。李路路、王薇（2017）认为，这一视角的着眼点是中国社会收入差距扩大带来的不平等问题，而解决这一问题的核心是扩大"中等收入群体（阶层）"，使社会结构更加合理。中央统战部的论述可以看作第二种视角，这涉及"阶级""阶层"的基本属性及其变化，李路路、王薇（2017）认为新社会阶层概念超出了传统概念框架，既不属于传统的敌对或对立的阶级，也不是原来的阶级、阶层，而是"新"出现的社会阶层，就是出现在非国有部门中的新阶层。虽然两种视角关注的对象表面上看存在很多交集，新社会阶层也许更多属于"中等收入群体（阶层）"，但在理论范式或理论逻辑上两种视角存在很大不同，可看作两种理论范式的产物。第二种视角的阶级阶层分析范式强调社会不平等不仅是一个收入的概念，还是社会关系（李路路、王薇，2017）。

这两种视角可以概括为"新中产阶层"群体与"自由择业知识分子"群体。陆学艺在2006年接受《中国新闻周刊》关于新社会阶层问题的采访时指出，概念划分的目的是制定政策，新社会阶层并不是一个社会学的概念，更多是一个政治概念，是作为统战对象的新社会阶层，而不是一般理论意义上的阶层概念。李路路（2017）从新社会阶层的学术谱系入手，分析了新社会阶层的特征和意义，他认为从1978年起，中国从计划经济体制向社会主义市场经济体制转型，带来的最重大、最直接的变化是社会结构，特别是阶级阶层结构的变化——社会分化——原来高度同质化的结构日益向异质化的结构转变。他认为这种分化分为"体制内"的分化和"体制外"的分化。他认为"新社会阶层"这一概念的提出，是中国社会现代化和体制转型过程的必然结果，新社会阶层不仅是新的、重要的统战工作对象，而且是中国社会结构变迁的新的重要标志和重要力量（李路路，2017）。李强（2017）认为新社会阶层理论是统一战线理论的新发展。

从以上分析来看，无论是社会学背景下的"体制外新中产"还是阶级阶层视域下的"新的社会阶层"的讨论，或者强调了这一阶层在社会转型中的社会地位，或者强调了其作为社会建设的新生力量，是统战的对象，都是在强调这一社会群体是改善社会结构、有利于社会团结和社会凝聚的重要组成部分。"统战新语"的文章中指出："新的社会阶层人士产生于改革开放的伟大时代，扎根于中国特色社会主义的深厚土壤。随着我国经济转型和科学技术发展，新兴业态不断出现，新的社会阶层人士所涵盖的范围将不断扩充，数量持续增长。团结凝聚广大新的社会阶层人士，对于最广泛调动一切积极因素，坚定走中国特色社会主义道路，进而实现中华民族伟大复兴的中国梦，具有重要意义。"统战人士认为，新的社会阶层正处于快速成长但尚未定型的关键可塑期，也处于对他们团结凝聚、发挥作用的重要窗口期（张献生，2017）。因此，从社会团结、社会凝聚的视角考察新社会阶层群体与体制内相对应群体的差异，是回答对于体制外群体与体制内群体是否存在差异或本质区别的重要一步。

（二）体制内外群体社会凝聚力比较

1. 新社会阶层群体与体制内群体

本研究采用中国社会科学院社会学研究所"2015年中国社会状况综合调查"（CSS 2015）的数据进行研究。该调查采用PPS概率抽样和入户问卷访问方式，共访问了10243名城乡居民。CSS 2015在抽样设计上采用了多阶段复合抽样的方法，即分县/市/区、居委会/村委会、居民户、居民4个阶段抽样，每个阶段采取不同的抽样方法。最终共抽取151个县/市/区下属的604个居委会/村委会。收集的数据具有全国代表性。

首先，对调查中的新社会阶层群体进行区分，根据"您在目前这份非农就业中的身份"（分为5个选项：雇员或工薪收入者、雇主老板即企业的所有者出资人合伙人、自营劳动者如没有雇用他人的个体工商户和自由职业者、家庭帮工为自己家庭家族的企业工作但不是老板、其他）和"您从事这份非农工作所在的单位"（分为11个选项，分别是：党政机关人民团体军队、国有企业及国有控股企业、国有集体事业单位、集体企业、私营企业、三资企业、个体工商户、民办事业单位、社区居委会村委会等自治组织、其他、没有单位）两个题目对城镇就业者进行分类，结果如表6-9所示。

表6-9 工作单位性质和职业身份交叉分析

单位：人

工作单位性质	雇员或工薪收入者	企业的所有者出资人合伙人	个体工商户和自由职业者	家庭帮工	其他	合计
党政机关人民团体军队	211	0	0	0	0	211

续表

工作单位性质	雇员或工薪收入者	企业的所有者出资人合伙人	个体工商户和自由职业者	家庭帮工	其他	合计
国有企业及国有控股企业	378	0	0	0	0	378
国有集体事业单位	368	0	0	0	0	368
集体企业	40	0	0	0	0	40
私营企业	1074	79	2	3	0	1158
三资企业	77	0	0	0	0	77
个体工商户	207	202	533	33	0	975
民办事业单位	37	10	11	1	0	59
社区居委会村委会等自治组织	98	0	0	0	0	98
其他	2	0	0	0	0	2
没有单位	329	11	415	1	1	757
合计	2821	302	961	38	1	4123

表 6-9 中企业的所有者出资人合伙人作为体制外管理者群体，个体工商户和自由职业者基本对应新社会阶层中的自由职业者，再根据职业代码进一步分析雇员群体是否属于技术人员或体制内负责人，这样得到体制内管理者、体制内技术人员和体制外技术人员，家庭帮工中也有 1 位技术人员，纳入技术人员群体，结果如表 6-10 所示，体制内管理者合计 52 人，占调查总体的 0.51%；体制外管理者为 250 人，占 2.44%；个体工商户和自由职业者为 961 人，占 9.38%；体制内技术人员为 330 人，占 3.22%；体制外技术人员为 140 人，占 1.37%。这样体制外管理者、体制外技术人员以及个体工商户和自由职业者就属于新社会阶层，前两者相加为中央统战部界定的第一类新社会阶层群体，个体工商户和自由职业者基本对应中央统战部界定的第三类群体。由于调查的原因，中介组织和社会组织从业人员与新媒体从业者应该包含于这两个群体中。为了进行体制内外群体的对比，也把体制内就业者分为体制内管理者和体制内技术人员，与新社会阶层的三种类型群体进行对应。在整个就业者群体中除去上述的五个群体后，剩余的群体还包括体制外的一般雇员和体制内的一般雇员，由于新社会阶层关注的并非全部体制外就业，更倾向于自由择业知识分子或社会中间阶层，因此把体制内雇员和体制外雇员进行对比，就成为表 6-10 中的 7 个群体。

本研究的基本设想是比较新社会阶层群体与对应的体制内群体在社会态度和社会凝聚力上是否存在差异，以及差异的主要表现。为了保证比较更具同质性，本研究没有把新社会阶层的三个群体加总，而是对更具可比性的体制内外的管理者和技术人员分别进行比较，个体工商户和自由职业者没有体制内群体与之对应，参考新社会阶层的体制外管理者和体制外技术人员群体。

表 6－10　体制内外的管理者、雇员、技术人员以及个体工商户和自由职业者

单位：人，%

职业身份	频数	占比	有效占比	累计占比
体制内管理者	52	0.51	1.26	1.26
体制外管理者	250	2.44	6.07	7.33
个体工商户和自由职业者	961	9.38	23.31	30.64
体制内雇员	765	7.47	18.56	49.2
体制外雇员	1624	15.85	39.4	88.6
体制内技术人员	330	3.22	8.01	96.6
体制外技术人员	140	1.37	3.4	100
合计	4122	40.24	100	
系统缺失	6121	59.76		
总计	10243	100		

2. 新社会阶层群体与体制内群体社会评价比较

受限于研究对象的分类难以穷尽新社会阶层和体制内就业者，因此本研究没有对两类群体的基本生活状况进行对比，而侧重于他们的基本态度和行为的对比。

对比的第一类内容包括这些群体的生活满意度和社会状况评价。表6－11为体制内外的7个群体的生活满意度的均值和标准差，问卷题目是"总体来说您对生活的满意度"，采用10点量表计分，1代表非常不满意，10代表非常满意。单因素方差分析的结果表明，总体来说，不同群体的生活满意度之间存在显著差异（$F = 26.168$，$p < 0.001$）。分别对比来看，体制内管理者生活满意度在得分上高于体制外管理者，均值分别为6.98和6.87，但事后检验的结果显示两组得分不存在显著差异。体制内技术人员得分高于体制外技术人员，其中体制内技术人员的得分为各群体最高，两群体均值分别为7.35和6.87，事后检验的结果显示两群体之间的得分存在显著差

异。个体工商户和自由职业者群体在生活满意度上的得分最低，事后检验的结果显示，个体工商户和自由职业者群体在生活满意度上的得分与体制外管理者和体制外技术人员在生活满意度上的得分均存在显著差异，也就是个体工商户和自由职业者群体在生活满意度上的得分低于体制外管理者和体制外技术人员。而体制外管理者和体制外技术人员在生活满意度上的得分没有显著差异。此外，体制内雇员在生活满意度上的得分高于体制外雇员，事后检验结果显示，两个群体之间在生活满意度上的得分存在显著差异。

表 6 − 11　不同群体的生活满意度

职业身份	个案数	均值	标准差
体制内管理者	52	6.98	1.65
体制外管理者	250	6.87	1.68
个体工商户和自由职业者	961	6.29	1.90
体制内雇员	765	6.96	1.80
体制外雇员	1621	6.33	1.95
体制内技术人员	330	7.35	1.39
体制外技术人员	140	6.87	1.58
总计	4119	6.58	1.87

表 6 − 12 为 7 个不同群体在社会状况评价上的均值和标准差，社会状况评价的题目为"总体来说，您对现在社会的评价"，采用 10 点量表评分，1 代表非常不好，10 代表非常好。单因素方差分析的结果表明，总体来说，7 个不同群体在社会状况评价上的得分存在显著差异（$F = 6.697$，$p < 0.001$）。分别比较起来，体制内管理者在社会状况评价上的得分略低于体制外管理者，均值分别为 5.98 和 6.20，但进一步的事后检验结果显示，两个群体之间的得分差异并不显著。同样，体制内技术人员社会状况评价得分高于体制外技术人员，均值分别是 6.56 和 6.09，其中，体制内技术人员社会状况评价得分在 7 个群体里最高；事后检验结果显示，体制内技术人员的社会状况评价显著高于体制外技术人员。个体工商户和自由职业者社会状况评价的得分高于体制外管理者和体制外技术人员，是新社会阶层群体中最高的，事后检验结果显示，个体工商户和自由职业者与体制外管理者、体制外技术人员在社会状况评价上的得分差异均不显著，体制外管理

者和体制外技术人员在社会状况评价上的得分并无显著差异。此外，体制内雇员的社会状况评价得分高于体制外雇员，均值分别是 6.51 和 6.18，事后检验结果显示，二者之间存在显著差异。

表 6 - 12　不同群体的社会状况评价

职业身份	个案数	均值	标准差
体制内管理者	52	5.98	1.72
体制外管理者	250	6.20	1.56
个体工商户和自由职业者	961	6.37	1.63
体制内雇员	765	6.51	1.56
体制外雇员	1620	6.18	1.62
体制内技术人员	330	6.56	1.26
体制外技术人员	140	6.09	1.38
总计	4118	6.31	1.58

3. 新社会阶层群体与体制内群体的社会凝聚力比较

本研究试图通过测量体制内群体和体制外群体的社会凝聚力来了解新社会阶层是否存在社会团结和社会凝聚力问题，回应统战工作的需求。

在学术领域，社会凝聚力是多个社会科学领域的共同关注点，社会学、政治学、社会心理学都有大量的社会凝聚力研究。在社会学中，社会凝聚力是与社会团结相关联的概念，涂尔干用社会凝聚力的概念作为社会秩序的基础，并把它定义为通过个体之间的忠诚和团结创造的凝合。社会凝聚力所描述的往往是关于加强社会关系，共同的价值观和有关世界的共同基础，秉承一个共同的身份和归属感，以及作为社会成员之间的信任。在政治学领域，社会凝聚力被认为是民主社会的黏合剂。社会心理学中的凝聚力关注的是相对微观的群体凝聚力，关注小组的形成、人际沟通和从众压力，或者关注社会凝聚力的个人层面，如态度、认知、认同感、归属感和幸福感等（王俊秀，2014）。

本研究根据以上的社会凝聚力框架分别选取了人际信任、人际接纳、社会宽容度三个变量构成社会关系维度，选取机构信任、社会公平感和国家认同三个变量作为社会联结维度，选取社会道德规范作为社会公益取向维度（见图 6 - 4），各维度分别加总构成三个维度的总分，三个维度的总分加总构成社会凝聚力总分。

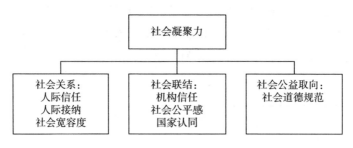

图 6 - 4 社会凝聚力构成的主要变量

计算 7 个群体在社会凝聚力三个维度上得分的平均数，得到表 6 - 13 中的结果。在社会关系维度上，得分最高的是体制内技术人员，其次是体制外技术人员，均值分别为 26.56 和 26.19；得分最低的是个体工商户和自由职业者，其次为体制外雇员，均值分别为 24.81 和 25.07。单因素方差分析结果显示，7 个群体的社会关系得分存在显著差异（$F = 10.790$，$p < 0.001$）。但事后检验的结果显示，体制内管理者与体制外管理者在社会关系上的得分并无显著差异。体制内技术人员在社会关系上的得分虽然高于体制外技术人员，但事后检验结果显示二者的差异并未达到统计上的显著性水平。再考察个体工商户和自由职业者与体制外管理者在社会关系上的得分差异，结果显示二者差异并不显著；但事后检验的结果显示，个体工商户和自由职业者与体制外技术人员在社会关系上的得分存在显著差异，也就是个体工商户和自由职业者在社会关系上的得分显著低于体制外技术人员。此外，体制内雇员在社会关系上的得分显著高于体制外雇员。

在社会联结维度上，得分最高的群体是个体工商户和自由职业者，其次是体制外技术人员，均值分别为 12.59 和 12.58；得分最低的群体是体制内管理者和体制外管理者，均值分别为 12.07 和 12.15。单因素方差分析结果显示，7 个群体的社会联结得分不存在显著差异（$F = 1.322$，$p = 0.243$）。单独对比分析的结果显示，体制内管理者和体制外管理者，体制内技术人员和体制外技术人员，以及体制内雇员和体制外雇员各组对比分析均不存在显著差异；个体工商户和自由职业者得分显著高于体制外管理者。

在社会公益取向维度上，得分最高的是个体工商户和自由职业者群体，其次是体制外雇员群体，均值分别为 8.47 和 8.32。单因素方差分析结果显示，7 个群体在社会公益取向维度上得分边缘显著（$F = 1.872$，$p < 0.1$）。但事后检验的结果显示，体制内管理者和体制外管理者，体制内技术人员

和体制外技术人员，以及体制内雇员和体制外雇员各组对比分析均不存在显著差异；得分最高的个体工商户和自由职业者群体得分显著高于体制外技术人员。

表6-13　不同社会群体在社会凝聚力三个维度上的平均分

维度	职业身份	个案数	均值	标准差
社会关系	体制内管理者	51	25.86	3.79
	体制外管理者	245	25.14	3.66
	个体工商户和自由职业者	935	24.81	4.16
	体制内雇员	750	25.67	3.94
	体制外雇员	1600	25.07	4.11
	体制内技术人员	323	26.56	3.86
	体制外技术人员	137	26.19	4.15
	总计	4041	25.29	4.07
社会联结	体制内管理者	43	12.07	2.37
	体制外管理者	187	12.15	2.36
	个体工商户和自由职业者	723	12.59	2.40
	体制内雇员	638	12.52	2.31
	体制外雇员	1245	12.42	2.29
	体制内技术人员	281	12.49	2.07
	体制外技术人员	111	12.58	2.03
	总计	3228	12.47	2.30
社会公益取向	体制内管理者	51	8.08	1.61
	体制外管理者	250	8.27	1.90
	个体工商户和自由职业者	957	8.47	2.11
	体制内雇员	764	8.21	2.00
	体制外雇员	1616	8.32	2.09
	体制内技术人员	330	8.24	1.83
	体制外技术人员	140	8.07	1.76
	总计	4108	8.32	2.03

　　如表6-14所示，7个群体在社会凝聚力总分上的得分均值最高的是体制内技术人员群体，均值为47.35，其次为体制外技术人员群体，均值为47.10；得分最低的为体制外管理者群体，均值为45.55，其次为体制内管

理者群体，均值为 45.76。单因素方差分析的结果显示，7 个群体在社会凝聚力总分上的差异显著（$F = 3.157$，$p < 0.01$）。事后检验的结果显示，体制内管理者和体制外管理者，体制内技术人员和体制外技术人员，以及体制内雇员和体制外雇员各组对比分析均不存在显著差异；个体工商户和自由职业者群体与体制外管理者群体和体制外技术人员群体之间也不存在显著差异。

表 6-14　不同群体社会凝聚力的总分

职业身份	个案数	均值	标准差
体制内管理者	41	45.76	5.86
体制外管理者	186	45.55	5.62
个体工商户和自由职业者	707	46.00	6.45
体制内雇员	626	46.47	5.86
体制外雇员	1234	45.95	6.07
体制内技术人员	276	47.35	5.87
体制外技术人员	111	47.10	5.71
总计	3181	46.20	6.07

三　结论和讨论

目前新社会阶层研究的侧重点或是采用社会学意义上的新中产阶层，或是采用政治学意义上的统战对象，也就是"新的社会阶层"或"自由择业知识分子"，这两种研究不仅在研究视角和政策取向上不同，在研究方法上也存在差异。无论是使用哪种话语，新社会阶层都是一个难以明确界定、廓清边缘的群体。社会学分层研究范式下通过把中产阶层分为体制内和体制外两个群体来界定或推断新社会阶层，虽然可能涵盖了新社会阶层的较大部分，但似乎并没有回答阶级阶层视角下提出的新社会阶层的问题。这一范式的关注点不只是人口和经济规模，同时还有作为新确立的统战对象与体制内群体是否有差异，与其他统战对象是否有差异。如果有差异，具体表现在哪些方面？如何根据所存在的差异开展统战工作？因此，本研究的核心是关注体制内群体和体制外的新社会阶层群体在社会心态上的差异，可通过对比以下群体——体制内外的管理者、体制内外的技术人员、个体工商户和自由职业者，以及体制内外的普通雇员，在社会心态两个指标——个人生活满意度、社会状况评价上的差异，特别是采用社会学、政治学和社会心理学中常用的综合性指标社会凝聚力作为核心变量来分析这些群体之间是否存在明显的差异。

本研究的主要发现如下。①新社会阶层群体生活满意度得分更低。表现为在生活满意度上体制外群体得分均低于体制内群体，其中，个体工商户和自由职业者得分最低；体制外技术人员生活满意度显著低于体制内技术人员，且个体工商户和自由职业者低于另外两个体制外群体。②体制内外群体对社会状况的评价没有明显趋势，表现为体制内技术人员社会状况评价最高，体制内管理者社会状况评价最低，体制外群体得分居于中间，但体制内技术人员社会状况评价显著高于体制外技术人员。③个体工商户和自由职业者群体在体现人际信任、人际接纳和社会宽容度的社会关系上得分最低，但却在体现机构信任、社会公平感和国家认同的社会联结维度上和体现社会道德规范的社会公益取向维度上得分均最高。④在社会凝聚力指标上体制内群体和体制外群体并无显著差异。无论体制内还是体制外，技术人员均高于管理者，个体工商户和自由职业者居中，且差异均不显著。这些结果显示，体制内外群体在社会状况评价和社会凝聚力指标上并无显著差异，这无疑非常有利于社会团结和社会凝聚，也有利于统战工作。

社会学视角的体制外新中产群体和统战视角下体制外知识分子群体之间无疑存在很大交集，但现有的基于调查的实证研究都无法概括整个新社会阶层，本研究也有一样的局限性。本研究对于新社会阶层群体的研究没有区分出中介组织和社会组织从业人员群体以及新媒体从业人员群体，前者基本涵盖在已经讨论的三个体制外群体中，新媒体从业者则更难以把握。因为在新社会阶层中，新媒体从业者是一个新兴的群体，不仅与原有群体边界不清、存在大量交集，而且随着自媒体、新媒体的发展而日新月异。新媒体从业者很难简单分为体制内和体制外，就媒体形式本身，体制内的传统媒体一定程度上都在经历着从传统媒体到新媒体的转型和融合，体制内的传统媒体也有大量的新媒体从业者。即使除掉体制内的新媒体，只讨论体制外的新媒体，或者是自媒体，由于这是一个崭新的行业，时时都在发生变化，从业者也在不断增加，对从业者的规模和特点还了解不多。此外，新媒体从业者从业形式灵活，有一些属于新社会阶层关注的新兴知识分子，也有大量的从业者并不属于知识分子。从收入来看，新媒体从业者有少数中产以上的投资者、网红等，新媒体从业者中有相当比例的人属于中产阶层，但更多新媒体从业者属于中产以下阶层，因此包含了新媒体从业者的新社会阶层群体的规模和性质还有待深入研究。

第七章

国家：国家认同与共同体建构

第一节　群体认同和阶层认同对国家认同的影响

一　引言

认同是涉及心理学、社会学、哲学等多学科的研究主题，不同学科、不同理论流派对于认同概念的具体定义有所差异（李春玲、刘森林，2018）。一般认为，认同是个人或者群体的自我建构，它涉及我是谁或我们是谁、我在哪里或我们在哪里的反思性理解，以及什么对我和我们最有意义（周晓虹，2008）。群体认同、主观阶层认同和国家认同都涉及认同，且与个体认同不一样，它们都属于集体认同，是关于个人归属感的定位与认同。它们既涉及我是谁，也涉及我们是谁，还涉及我在团体中的位置。

群体认同指的是个体对自己属于某个或某些群体的感知，是对自己所属群体的归类。个体认为自己所归属的群体即内群体，个体会内化内群体的价值观念，接受其行为规范，同时也认识到作为群体成员带给他的情感和价值意义（崔丽娟、张昊，2019；张昉，2019）。主观阶层认同又称主观社会阶层、主观社会位置、阶层自我定位、主观社会地位等（陈云松、范晓光，2016）。它指的是个人对自己在社会阶层结构中所占据位置的感知。国家认同则是公民对自己国家的认可，包括历史文化传统、国家主权、政治道路、政治主张、道德价值观等。从 20 世纪 70 年代亨廷顿（2010）的著作《谁是美国人？——美国国民特性面临的挑战》开始，国家认同成为目前世界范围内备受关注的学术与现实问题。亨廷顿（2010）认为，作为公民，积极的国家认同是重要的国民意识，是支撑国家存在和发展的重要力量。习近平总书记在党的十九大报告中指出，文化自信是一个国家、一个民族发展中更基本、更深沉、更持久的力量。国家认同是文化自信的具体表现，它不是与生俱来的，而是社会建构的结果。国家认同可以被强化，也可以被弱化。本研究旨在探讨自我认同为不同群体或不同阶层的人，国家认同的差异，即群体认同和阶层认同对国家认同的影响。

二 研究假设

亨廷顿（2010）认为，个人对全球化进程的参与程度，几乎是直接根据个人的社会经济地位而定的，精英人士参与得比一般人更深，他们更轻国民身份而重全球身份和跨国身份。国外多数实证研究表明，精英群体和中间阶层的国家认同感弱于中下阶层和劳工阶层。然而，李春玲和刘森林（2018）使用中国社会状况综合调查 2013 年的数据进行研究发现，亨廷顿的"精英人士国家认同感弱化"现象在当前中国没有出现，中间位置阶层的国家认同感不弱于基础阶层，而且优势地位阶层的国家认同感比中间位置阶层和基础阶层的国家认同感更强。但是，他们研究中的社会阶层使用的是客观社会阶层，而不是主观社会阶层。王俊秀（2018）发现，相比客观社会阶层，主观社会阶层对社会心态各指标的预测力更强。那么在群体认同和阶层认同上，认为自己属于精英群体或高社会阶层的人，国家认同感是强化还是弱化呢？

亨廷顿（2010）认为精英人士国家认同感弱化是因为他们广泛参与国际活动，国民身份对于他们的意义和重要性在降低，而更倾向于从跨国和全球的角度看待自己的利益和事业。于海涛等（2014）认为全球化使部分社会群体获得越来越多的自由选择机会，而另一些群体则可能感受到利益受到冲击。因此，全球化可能会增强某些群体的国家认同感，而弱化另一些群体的国家认同感。李春玲和刘森林（2018）在解释中国精英人士国家认同感强化现象时认为，在欧美国家和部分发展中国家，精英群体是全球化的主要推动者，其全球化策略使精英群体极大地获益而劳工阶层受损。在中国，国家和政府是全球化的主要推动者，作为全球化最大获益者的精英群体往往与国家之间保持着较为紧密的联系，因此，不会因为他们融入全球化而导致其国家认同感弱化。可见，无论这些研究者发现的现象是国家认同感弱化抑或强化，他们在解释国家认同感的弱化或强化时均认为，当自身利益与国家紧密联系时，会强化国家认同感，而若自身利益与国家联系不紧密甚至受损时，会弱化国家认同感。

无论群体认同、阶层认同，还是国家认同，它们都拥有共同的理论体系，即社会认同取向的理论体系。该理论体系主要包括前期的社会认同理论（Tajfel and Turner, 1979）和后期的自我分类理论（Turner et al., 1987）。它们认为社会认同源于社会比较，人们倾向于对内群体进行更积极的评价，即内群体偏好。然而，有时内群体的劣势是无法否认的，这可能会影响群体成员的自我概念，如自尊自信等。故而，为维护自己的自尊，人们会变得不认同原有的内群体，转而认同能给自己带来更积极自我评价的群体。从前述研究者的观点和社会认同理论体系出发，笔者认为群体认同和阶层认同对国家认同的影响，可以通过人们所认为的该群体或阶层利益与国家紧密联系的程度来发挥作用。在此，笔者主要考察了三种可以反映紧密联系程度的变量，分别是社会支持感、获得感和流动感知。

社会支持感指的是主观上感到的来自社会各方面包括父母、亲戚、朋友、政府机关和社会组织等处的精神或物质上的帮助和支持（胡捍卫、汪全海，2016）。本研究主要考察的是国家认同，故此处的社会支持感特指的是个体感受到的来自政府机关和国内社会组织的支持。社会支持感越强，可能越倾向于认为自身利益与国家联系更紧密，因为国家的支持是实现自身利益的重要途径。获得感指的是民众在社会改革发展中对其需求满足过程和结果的主观认知、情感体验和行为经验的综合反应。谭旭运等（2020）认为获得感包括获得内容、获得环境、获得途径、获得体验和获得共享五个方面。其中，本研究考察的获得内容指的是个体不同需求内容的客观获得和主观认知，更贴近日常所说的获得感。如果感到从国家处获得的内容越多，则与国家的联系也越紧密，国家认同感越强。流动感知指的是个体对于社会流动性的认知，在某些情况下，即使个体目前状况不佳，但感到自己有更多上升的空间，也可能会形成较为积极的国家认同。因此，本研究假设群体认同和阶层认同均可以通过社会支持感、获得感和流动感知的中介作用影响国家认同。其中，获得感与当前利益有关，流动感知与未来利益有关，而社会支持感与利益的获得途径有关。

此外，本研究还假设阶层认同是群体认同和国家认同的中介，因为人们常是先对自身所属的群体身份进行归类，进而根据此群体身份所处社会地位，进行阶层定位。虽然现在人们更倾向于认为经济条件越好的人，属于越高的社会阶层，但是这其实受到时代和文化因素的影响。例如，陆学艺的十大阶层框架认为，在中国的文化下权力资源比经济资源在划分阶层中更重要（李强，2017）。

综上所述，本研究模型如图 7 - 1 所示。

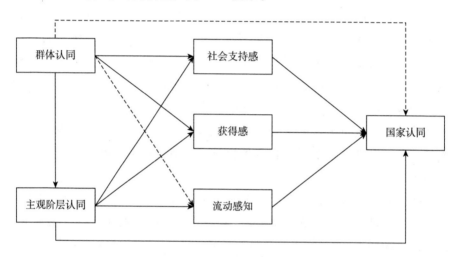

图 7 - 1　研究模型

三　数据来源、研究变量和样本描述

（一）数据来源

本研究的数据来源于 2019 年中国社会科学院社会学研究所开展的中国社会心态调查（Chinese Social Mentality Survey 2019，简称 CSMS 2019）。CSMS 2019 是全国随机抽样大样本调查，覆盖全国 31 个省区市，调查时间为 2019 年 9 月至 2020 年 1 月。根据研究需要，将拒绝回答或填写"不知道""不适用"的数据转换为缺省值，并仅选取年龄在 18 ~ 69 岁的样本（$N = 9161$），平均年龄为 41.20 ± 13.69 岁。其中，男性 4027 人，占比为 44.0%；农村居民 3370 人，占比为 36.8%，各变量的描述统计结果如表 7 - 1 所示。

表 7 - 1　各变量描述统计结果

单位：人，%

变量		频数	占比	变量		频数	占比
性别	男	4027	44.0	家庭月收入	2000 元及以下	807	8.8
	女	5134	56.0		2001～6000 元	2743	29.9
年龄	18～69 岁	均值 41.20，标准差 13.69			6001～1 万元	2005	21.9
	18～20 岁	424	4.6		1 万～1.5 万元	1633	17.8
	21～30 岁	2051	22.4		1.5 万～3 万元	1062	11.6
	31～40 岁	2213	24.2		3 万～4.5 万元	413	4.5
	41～50 岁	1989	21.7		4.5 万～6 万元	182	2.0
	51～60 岁	1478	16.1		6 万～10 万元	162	1.8
	61～69 岁	1006	11.0		10 万元以上	154	1.7
居住地	农村	3370	36.8	阶层认同	1～10	均值 4.85，标准差 1.79	
	城镇	5791	63.2		1	443	4.8
户口类型	本地城市户口	3680	40.2		2	468	5.1
	本地农村户口	4456	48.6		3	988	10.8
	外地城市户口	344	3.8		4	1427	15.6
	外地农村户口	674	7.4		5	2954	32.2
	其他	7	0.1		6	1524	16.6
受教育程度	小学及以下	1035	11.3		7	729	8.0
	初中	2452	26.8		8	370	4.0
	高中、中专或职高	2977	32.5		9	146	1.6

续表

变量		频数	占比
受教育程度	专科、本科	2589	28.3
	研究生	99	1.1
	缺失值	9	0.1
有效	负责人	362	4.0
	专业技术人员	1120	12.2
	办事人员和有关人员	509	5.6
	商业工作人员	1250	13.6
	服务性工作人员	1721	18.8
	农业相关业从人员	860	9.4
	生产运输相关人员	899	9.8
	警察及军人	25	0.3
	自由职业者或职业不稳定者	603	6.6
	不便分类人员或不清楚	1812	19.8
社会支持感	1~7	均值4.59，标准差1.18	
获得感	1~7	均值5.41，标准差1.00	
流动感知	1~7	均值4.43，标准差0.63	
社会公平感	1~7	均值4.56，标准差1.13	

变量		频数	占比
阶层认同	10	112	1.2
穷富认同	穷人	5142	56.1
	说不清	3439	37.5
	富人	580	6.3
干群认同	群众	7827	85.4
	说不清	749	8.2
	干部	585	6.4
城乡认同	乡下人	4887	53.3
	说不清	988	10.8
	城里人	3286	35.9
雇佣认同	雇员	5812	63.4
	说不清	2272	24.8
	雇主	1077	11.8
学历认同	低学历者	5506	60.1
	说不清	1911	20.9
	高学历者	1744	19.0
国家认同	1~7	均值5.81，标准差0.99	

（二）研究变量

1. 国家认同

CSMS 2019 中国家认同的测量有 4 个项目："当别人批评中国人的时候，我觉得像是在批评自己"、"我经常为国家取得的成就而感到自豪"、"如果有下辈子，我还是愿意做中国人"和"不管中国发生什么事情，即使有机会离开，我也会留在中国"。被试从非常不同意（1）到非常同意（7）进行评分，分数越高，代表国家认同越高。Cronbach's $\alpha = 0.839$，信度较好。本研究中，被试的国家认同较高，平均分为 5.81 分，显著高于中值 4 分（$t_{9160} = 174.79$，$p < 0.001$）。

2. 阶层认同

CSMS 2019 中，主观阶层认同的测量方法采用的是广泛使用的阶梯法，问题是"您认为您自己目前在哪个等级上？"，从 1 到 10，分数越高，代表被试认为自己的主观阶层越高。本研究中，被试的主观阶层以中下层认同为主，平均分为 4.85 分，显著低于中值 5.5 分（$t_{9160} = -34.55$，$p < 0.001$）。认为自己在第 5~6 层的被试占 48.9%，认为自己属于 1~3 层的被试占 20.7%，而认为自己属于 8~10 层的被试仅占 6.9%。

3. 群体认同

本研究依据不同资源类型，分析了五种群体身份认同：经济资源（穷人或富人）、权力资源（干部或群众）、管理资源（雇主或雇员）、地域资源（城里人或乡下人）、教育资源（低学历者或高学历者）。如表 7-1 所示，人们存在低位的群体认同，认为自己属于穷人、群众、雇员、乡下人或低学历者的比例均在 50% 以上。

4. 社会支持感

测量被试认为自己能从政府机关和社会组织处获得支持的程度，共 2 道题目，询问"您生活中遇到麻烦或困难时，以下各方面对您的帮助支持程度如何？"。分别测量了来自政府和机关（包括居委会、民政局、法院、公安局、信访等官方部门）、社会组织（包括慈善机构、社会组织、志愿者组织等民间组织）的支持程度，被试从完全不能获得支持（1）到完全能获得支持（7）进行评分，分数越高，代表社会支持感越高。Cronbach's $\alpha = 0.773$，信度较好。本研究中，被试总体社会支持感较高，平均分为 4.59 分，显著高于中值 4 分（$t_{9160} = 47.75$，$p < 0.001$）。

5. 获得感

使用谭旭运等（2020）编制的《多维度获得感量表（简版）》中的获得环境维度来测量被试因社会环境所体验到的获得感，包括"社会保障制度解决了我很多后顾之忧"等3个题目，被试从非常不同意（1）到非常同意（7）进行评分，分数越高，代表获得感越高。Cronbach's α = 0.756，信度较好。本研究中，被试的获得感较高，平均分为 5.41 分，显著高于中值 4 分（$t_{9160} = 134.89$，$p < 0.001$）。

6. 流动感知

采用自编流动感知量表，包括"我们出生的社会环境决定了我们的一生"等6个题目，被试从非常不同意（1）到非常同意（7）进行评分，分数越高，代表被试认为社会流动性越高。Cronbach's α = 0.742，信度较好。本研究中，被试的流动感知较高，平均分为 4.43 分，显著高于中值 4 分（$t_{9160} = 65.29$，$p < 0.001$）。

四　研究结果

（一）群体认同和阶层认同与国家认同的关系

1. 群体认同和阶层认同

如表 7 - 2 所示，群体认同中，将自己归于穷人、群众、乡下人、雇员或低学历者的被试阶层认同更低，而将自己归于富人、干部、城里人、雇主或高学历者的被试阶层认同更高。可见，根据阶层认同，前五类群体可归于低地位群体，而后五类群体可归于高地位群体。回归分析结果显示（见表 7 - 3），五种群体认同均可显著正向预测阶层认同，其中，穷富认同的预测系数最大（$\beta = 0.15$，$p < 0.001$），预测力最强，其后依次是学历认同（$\beta = 0.12$，$p < 0.001$）、干群认同（$\beta = 0.06$，$p < 0.001$）、城乡认同（$\beta = 0.05$，$p < 0.001$）和雇佣认同（$\beta = 0.04$，$p < 0.001$），说明经济资源仍然是人们判断自身阶层地位的主要标准，其次是学历资源，而权力资源、管理资源和地域资源的重要性不高。

表 7 - 2　不同群体认同在阶层认同上的差异分析

群体认同		N	M	SD	F	p	事后检验
穷富认同	穷人 = 1	5142	4.56	1.822	217.127	0.000	1 < 2 < 3
	说不清 = 2	3439	5.12	1.593			
	富人 = 3	580	5.89	1.984			

续表

群体认同		N	M	SD	F	p	事后检验
干群认同	群众 = 1	7827	4.77	1.734	72.101	0.000	1 < 2 < 3
	说不清 = 2	749	5.21	2.048			
	干部 = 3	585	5.57	1.972			
城乡认同	乡下人 = 1	4887	4.65	1.774	68.337	0.000	1 < 2 = 3
	说不清 = 2	988	5.09	1.913			
	城里人 = 3	3286	5.08	1.741			
雇佣认同	雇员 = 1	5812	4.77	1.728	49.674	0.000	1 = 2 < 3
	说不清 = 2	2272	4.83	1.851			
	雇主 = 3	1077	5.36	1.916			
学历认同	低学历者 = 1	5506	4.59	1.784	176.959	0.000	1 < 2 < 3
	说不清 = 2	1911	5.09	1.739			
	高学历者 = 3	1744	5.43	1.693			

表 7 - 3 群体认同预测阶层认同的回归分析

变量	非标准化系数		标准化系数	t	显著性
	B	SE	β		
常数	3.221	0.070		46.080	0.000
穷富认同	0.435	0.032	0.149	13.697	0.000
干群认同	0.201	0.035	0.061	5.814	0.000
城乡认同	0.093	0.020	0.048	4.562	0.000
雇佣认同	0.094	0.027	0.037	3.530	0.000
学历认同	0.268	0.025	0.118	10.744	0.000

2. 群体认同和国家认同

依据不同资源类型划分的五种群体认同在国家认同的差异上，表现出不同的特点（见表 7 - 4）。穷富认同中，选择"说不清"的被试国家认同最高，其次是穷人，而富人的国家认同最低。干群认同中，群众的国家认同最高，选择"说不清"的被试和干部的国家认同没有显著差异。城乡认同中，选择"说不清"的被试国家认同最低，城里人和乡下人的国家认同没有显著差异。雇佣认同中，雇员的国家认同显著低于选择"说不清"的被试，但雇主的国家认同与其他两类被试没有显著差异。而学历认同对国家认同没有显著影响。可见，这五种群体认同属于不同性质。

表 7 - 4 不同群体认同在国家认同上的差异分析

群体认同		N	M	SD	F	p	事后检验
穷富认同	穷人 = 1	5142	5.78	1.00	31.137	0.000	2 > 1 > 3
	说不清 = 2	3439	5.90	0.93			
	富人 = 3	580	5.60	1.20			
干群认同	群众 = 1	7827	5.84	0.95	27.712	0.000	1 > 2 = 3
	说不清 = 2	749	5.59	1.16			
	干部 = 3	585	5.70	1.22			
城乡认同	乡下人 = 1	4887	5.84	0.95	12.382	0.000	1 = 3 > 2
	说不清 = 2	988	5.67	1.09			
	城里人 = 3	3286	5.81	1.02			
雇佣认同	雇员 = 1	5812	5.79	0.98	6.574	0.001	1 < 2
	说不清 = 2	2272	5.88	0.98			
	雇主 = 3	1077	5.79	1.09			
学历认同	低学历者 = 1	5506	5.82	0.97	1.416	0.243	
	说不清 = 2	1911	5.82	1.01			
	高学历者 = 3	1744	5.78	1.06			

3. 阶层认同和国家认同

如图 7 - 2 所示，阶层认同与国家认同呈抛物线关系，1 ~ 5 层的国家认同较高，且差异不大，从第 6 层开始，国家认同下降，到第 10 层时有小幅度反弹，表现为主观阶层在第 10 层的人的国家认同比第 9 层的略高，但仍低于第 8 层的人。若将阶层认同划分成五个等级，中上层国家认同逐步下降的趋势更明显。

（二）中介效应分析

为解释群体认同和阶层认同与国家认同的关系，笔者进一步分析了社会支持感、获得感和流动感知的中介作用。对于非线性关系，采用非线性中介效应分析。非线性中介效应分析方法由 Hayes 和 Preacher（2010）提出，通过计算瞬时中介效应来分析非线性中介效应。自变量 X 通过中介变量 M 影响结果变量 Y 的瞬时中介效应公式为：

$$\theta = \left(\frac{\partial M}{\partial X} \right) \left(\frac{\partial Y}{\partial M} \right)$$

当 X 与 M 的关系为线性时，两者关系可用方程 $M = i + aX + e$ 来表

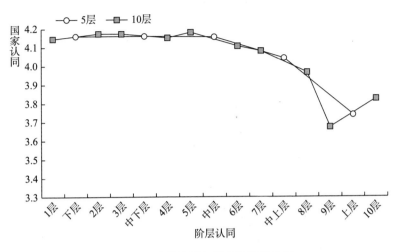

图 7 - 2　阶层认同与国家认同的关系

示，此时，M 对 X 的一阶偏导为 a。同理，当 Y 与 M 的关系为线性时，Y 对 M 的一阶偏导为 b，故中介效应量为 $a \times b$。当自变量与中介变量的关系为二次项时，两者关系可用方程 $M = i + a_1 X + a_2 X^2 + e$ 来表示，此时 M 对 X 的一阶偏导为 $a_1 + 2a_2 X$。同理，当 Y 与 M 的关系为二次项时，Y 对 M 的一阶偏导为 $b_1 + 2b_2 M$。可见，当中介路径中包括非线性关系时，中介效应量将随 X 取值的变化而变化，故称为瞬时中介效应。以往研究者常用 X 取值为平均数和上下一个标准差时的中介效应量，作为非线性中介效应的反映。但是，因为本研究中，群体认同取值为 1 代表的是低身份认同，2 是说不清，3 是高身份认同，故笔者考察的是 X 分别取值 1、2、3 时的瞬时中介效应。使用 bias-corrected bootstrap 分析瞬时中介效应的置信区间，因样本量较大，故重复抽样 10 万次。

结果显示（见图 7 - 3 至图 7 - 7），穷富认同、干群认同、城乡认同和主观阶层认同均可通过社会支持感、获得感和流动感知的中介作用，间接影响国家认同。但雇佣认同仅可通过流动感知间接影响国家认同。而学历认同通过社会支持感、获得感和流动感知影响国家认同的中介效应不显著，学历认同是通过主观阶层认同影响社会支持感、获得感和流动感知的链式中介来间接影响国家认同的。其他群体认同也可通过主观阶层认同影响社会支持感、获得感和流动感知的链式中介来间接影响国家认同。可见，社会支持感、获得感和流动感知是群体认同和阶层认同影响国家认同的中介变量。

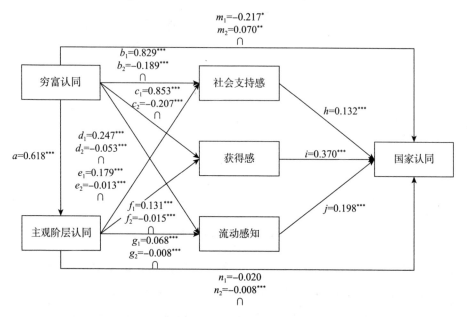

图 7 - 3　穷富认同、阶层认同与国家认同的中介分析

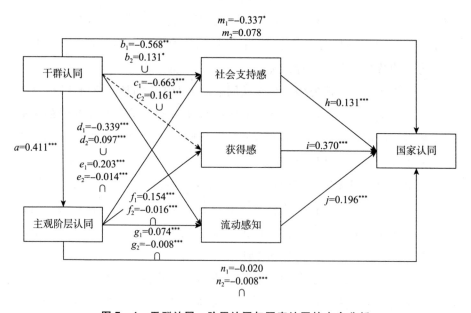

图 7 - 4　干群认同、阶层认同与国家认同的中介分析

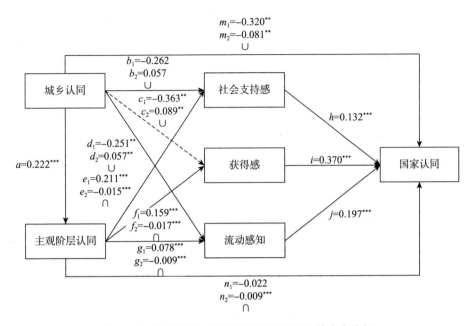

图 7－5　城乡认同、阶层认同与国家认同的中介分析

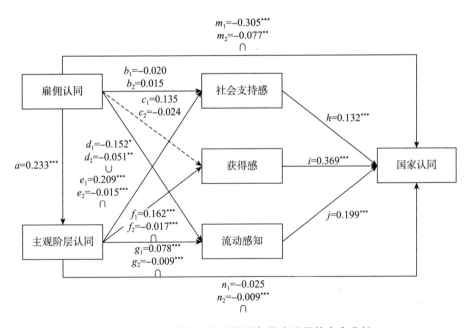

图 7－6　雇佣认同、阶层认同与国家认同的中介分析

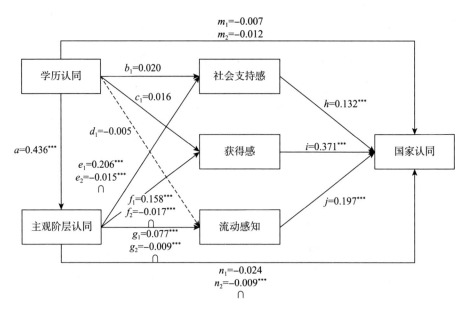

图7-7 学历认同、阶层认同与国家认同的中介分析

五 小结

本研究使用2019年中国社会心态调查数据，探讨了群体认同、阶层认同和国家认同的关系，并尝试对其关系做出解释。结果发现，不同群体身份认同与国家认同的关系不相一致，但穷富认同呈现两头低中间高的趋势，中上层阶层认同的国家认同逐步下降的趋势明显。穷富认同作为预测阶层认同最有力的指标，如何提升高地位阶层和低地位阶层的国家认同，是今后需要关注的方面。本研究发现社会支持感、获得感和流动感知是群体认同和阶层认同影响国家认同的中介变量，因此可通过提高高地位阶层和低地位阶层的社会支持感、获得感和流动感知来提高国家认同。但是，社会支持感、获得感和流动感知对高地位阶层和低地位阶层的作用可能是不同的，因此，提升策略也应有所差异。

对于高地位阶层而言，他们自身已经拥有了大量资源和优势，故而不能较明显地感受到来自国家和政府的支持力度，社会支持感较低。加之如亨廷顿所言，他们可能经常进行跨国业务往来和交流，受益于跨国合作，因此也不能较明显地感到从国家处获得了很多，获得感也较低。此外，因为他们已经处于社会较高层，继续向上流动的空间较小，而又不希望向下流动，因此流动感知也较低。正因如此，他们可能感到与国家的紧密程度较低，通过国家来实现自身进一步发展的机会较少，进而影响了他们的国家认同。因此，对于这些高社会阶层群体，让他们看到和感受到国家所给予的支持和帮助，以及发展前景，需要进一步增强国家综合实力，吸引并从心理上留住高社会阶层人员。

对于低社会阶层，他们拥有的资源和优势很有限，故而感到缺少来自国家和政府的支持，获得感较低，也感到上升空间较小，流动性较低。这可能影响了他们的国家认同。对于这部分群体，可能需要重点帮扶，并在政策上有所侧重。

第二节　后物质主义价值观及其对国家认同与社会参与的影响

一　引言

早在 1977 年，英格尔哈特在其出版的《寂静的革命》一书中提出了后物质主义概念。他发现在西方发达工业社会中，民众价值观正在发生重大调整，即从物质主义向后物质主义转型（英格尔哈特，2013a）。英格尔哈特的后物质主义理论中包含两个重要维度：一个是"传统权威"与"世俗－理性权威"的现代化维度，该维度的一端强调服从传统权威的重要性，另一端强调礼治与法治权威的重要性；另一个维度是"生存"与"自我表达"的后现代化维度，该维度的一端追求经济发展和安全保障（称为物质主义价值观），另一端追求自主表达、参与决策、人性化的社会等价值（称为后物质主义价值观）（李原、李朝霞，2013）。

英格尔哈特和韦尔泽在《现代化文化变迁和民主：人类发展时序》一书中提出，根据价值观的变迁可以把现代化分为两个阶段：第一阶段与工业化进程相伴随，表现为传统权威向世俗理性权威的转变；第二阶段与工业化的持续深化密切相关，表现为从生存向自我表达的后现代维度的转变。生存价值观（物质主义价值观）强调一个国家或社会要着力发展经济、提供物质富足、保障人身安全。二战之后，随着西方社会从工业化阶段进入后工业化阶段，大部分人的物质需求得到充分满足，人们把能生存下来并且过着舒适的生活视为理所当然。在这样的经济基础上，也催生了新的价值体系，发展出后物质主义价值观，在价值的优先排序上更看重言论自由、民主参与，以及对不同价值观（离婚、堕胎、安乐死、同性恋等问题）的包容态度（Inglehart and Welzel，2005；Inglehart，2008）。

后物质主义价值观的影响包括方方面面：在经济发展方面，它促使民众更多考虑生活质量和财富分配的平等性；在自我表达方面，它促使民众更加重视个人自由，强调个人权益；在尊崇权威方面，整个社会的权威主义影响力大幅下降，反权威主义正在成为西方社会一种普遍的价值取向，也是影响西欧民众的爱国主义和民族主义衰落的因素（英格尔哈特，2013b）。

改革开放 40 多年来，国家发展取得的成就令世人赞叹。随着我国经济的快速发展，民众生活水平获得了极大提高。在这样的经济基础上，我国民众的价值观发生了什么样的变迁，后物质主义是否出现，存在什么样的特点，是本节十分关注的课题。

二　研究假设

根据后物质主义理论，所处时代的经济繁荣、所处社会和地区的经济发展良好，都会促进后物质主义价值观的形成。在贫穷的社会中，强调生存的物质主义价值观在民众中分布最广；在更富裕更安全的社会中，后物质主义价值观在民众中分布最广。我国改革开放 40 多年来，经济一直处于稳步发展之中，民众生活水平不断提高，由此，我们提出以下假设。

假设 1.1：在代际上越年轻的群体，后物质主义价值观越高

假设 1.2：所处地区的经济发展水平越高，民众的后物质主义价值观越高

根据后物质主义理论，个人的社会经济地位会影响后物质主义价值观的形成和发展，受教育程度高、更富有的个体，更容易接纳后物质主义价值观。我们这里用收入水平、职业层级、受教育程度作为客观社会经济地位的指标，探讨它们对后物质主义价值观的影响。

在职业方面，本研究参照李春玲、刘森林（2018）的分类，将职业划分为三个层级：基础职业层级（包括商业、服务业人员，产业工人，农业劳动者，城乡无业、失业、半失业者）；中间职业层级（包括专业技术人员，办事人员，自由职业者）；优势职业层级（包括国家机关、党群组织、企业、事业单位负责人）。

除了职业层级、受教育程度、收入水平这些客观社会经济地位指标，

人们是否对自己所属的社会阶层有相应的心理预期和认同，也可能影响到个体价值观的形成。主观社会阶层（Subjective Social Status，SSS）指的是一种阶层认同，即个人对自己在社会阶层结构中所占据位置的感知（张海东、杨城晨，2017）。客观社会经济地位与主观社会阶层之间关系紧密，但也存在一定差异。高文珺指出，社会经济地位会影响当前主观社会阶层的感知，但对阶层预期影响较小（高文珺，2017）。

由此，我们提出以下假设。

假设 2.1：收入水平越高的个体，后物质主义价值观越高

假设 2.2：职业层级越高的个体，后物质主义价值观越高

假设 2.3：受教育程度越高的个体，后物质主义价值观越高

假设 2.4：主观社会阶层越高的个体，后物质主义价值观越高

有关后物质主义价值观的影响方面，本研究主要探讨它对国家认同以及社会参与行为（包括社会救助行为和社会问题干预）的影响，我们提出以下假设。

假设 3.1：后物质主义价值观对国家认同有弱化作用

假设 3.2：后物质主义价值观对社会救助行为有强化作用

假设 3.3：后物质主义价值观对社会问题干预有强化作用

三　研究方法

（一）数据来源

本研究数据来源于 2017 年中国社会心态调查（Chinese Social Mentality Survey，CSMS）。由于本研究中对相关变量的特殊要求，我们没有包括学生身份的被试。本研究中有效样本共计 16667 人。

（二）测量工具

1. 后物质主义价值观的测量

后物质主义价值观的测量，采用世界价值观调查中的后物质主义问卷（英格尔哈特，2013a）。该测量的指导语如下："这些天来，人们对这个国家今后十年的目标应该是什么有很多讨论。在这张单子上面有一些被不同的人定为首要目标的项目。请告诉我们，你认为哪一项是最重要的？哪一项是第二重要的？"请受访者在 12 个项目清单上选择他们"心目中最重要的目标是什么"。其中 6 项为物质主义特点的目标，5 项为后物质主义特点的目标。后物质主义价值观的分值介于 0~5，取决于 5 项后物质主义目标

中有多少项作为首选或次选的目标。其中 0 分代表绝对物质主义，即所有优先选项都是物质主义特点的目标；5 分代表着绝对后物质主义，即所有的选项都是后物质主义特点的目标。

2. 主观社会阶层测量

采用国内外研究中通常的阶梯量表，给受访者呈现标注了 1~10 数字的阶梯图形，1 代表处于社会的底层，10 代表处于社会的最上层，让他们报告自己目前处于哪个等级（高文珺，2017）。本节在原始数据的基础上，进一步将主观社会阶层概括为五级：下层（得分为 1~2），中下层（得分为 3~4），中层（得分为 5~6），中上层（得分为 7~8），上层（得分为 9~10）。

3. 国家认同测量

国家认同测量为社会心态项目组自编问卷，测量受访者对国家的依恋感和情感投入。李春玲、刘森林（2018）曾使用 5 题版的国家认同量表，信效度较高。本次调查使用其中因子载荷较高的 4 题。典型题目包括"当别人批评中国人的时候，我觉得像在批评自己"，"我经常为国家取得的成就而自豪"，"不管中国发生什么事情，即使有机会离开，我也会留在中国"。采用 7 点计分（1 表示对此观点"完全不同意"，7 表示"完全同意"），维度总分越高代表该倾向越强。数据分析结果表明，4 个题目构成国家认同的单维结构，KMO 值是 0.77，可以解释 67.07% 的变异量，问卷的内部一致性系数为 0.84。

4. 社会救助行为

社会救助行为测量的是个体从事义工、帮助弱势群体等社会救助行为的程度，为社会心态项目组自编问卷，共计 3 题。典型题目包括："过去一年里，你是否为帮助受困受灾的人捐款捐物？""过去一年里，你是否参与过志愿者服务活动？"采用 7 点计分（1 表示"从来没有"，7 表示"总是"），分数越高代表社会救助行为的频率越高。数据分析结果表明，3 个题目构成社会救助行为的单维结构，KMO 值是 0.66，可以解释 65.85% 的变异量，问卷的内部一致性系数为 0.74。

5. 社会问题干预

社会问题干预测量个体对于身边社会问题付诸行动加以干预的程度，为社会心态项目组自编问卷，共计 3 题。典型题目包括："过去一年里，你是否在网上参与了社会问题的讨论？""过去一年里，你是否向政府机构、媒体等反映过意见？"采用 7 点计分（1 表示"从来没有"，7 表示"总是"），分数越高代表对社会问题进行干预的频率越高。数据分析结果表明，3 个题目构成社会问题干预的单维结构，KMO 值是 0.66，可以解释 70.64% 的变异量，问卷的内部一致性系数为 0.79。变量的基本特征描述如表 7 - 5 所示。

表 7 - 5　变量的基本特征描述

变量		均值	标准差	说明
后物质主义价值观		2.08	1.12	最小值 0 分，最大值 5 分，分数越高，后物质主义价值观越高
国家认同		5.31	1.22	最小值 1 分，最大值 7 分，分数越高，国家认同感越强
社会救助行为		3.28	1.19	最小值 1 分，最大值 7 分，分数越高，社会救助行为的频率越高
社会问题干预		2.81	1.33	最小值 1 分，最大值 7 分，分数越高，对社会问题进行干预的频率越高
性别		0.54	0.50	女性 = 0，男性 = 1
代际	90 后	0.48	0.50	非 90 后 = 0，90 后 = 1
	80 后	0.38	0.49	非 80 后 = 0，80 后 = 1
	70 后	0.10	0.30	非 70 后 = 0，70 后 = 1
	70 前	0.04	0.20	非 70 前 = 0，70 前 = 1
城市发展水平	一线城市	0.16	0.36	非一线城市 = 0，一线城市 = 1
	新一线城市	0.18	0.38	非新一线城市 = 0，新一线城市 = 1
	二线城市	0.17	0.38	非二线城市 = 0，二线城市 = 1
	三线城市	0.19	0.40	非三线城市 = 0，三线城市 = 1
	四线及以下城市	0.19	0.40	非四线及以下城市 = 0，四线及以下城市 = 1
城镇户口		0.45	0.50	农村户口 = 0，城镇户口 = 1
职业层级		1.65	0.57	基础职业层级 = 1，中间职业层级 = 2，优势职业层级 = 3
收入水平		3.00	1.07	低收入 = 1，中低收入 = 2，中等收入 = 3，中高收入 = 4，高收入 = 5
受教育程度		2.51	0.78	初中及以下 = 1，高中 = 2，大专本科 = 3，研究生及以上 = 4
主观社会阶层		2.54	0.89	最小值 1 分，最大值 5 分，分数越高，主观社会阶层越高

四 结果分析

(一) 后物质主义价值观的总体特点

后物质主义价值观测量的是，在国家发展目标上民众把后物质主义特点的目标（自主表达、平等话语权、人性化的社会等）排列为优先选择的程度。总体来说，我国公众后物质主义价值观的均值为 2.08，标准差为1.12。具体的得分如表 7-6 所示。

表 7-6 后物质主义价值观得分

单位：人，%

得分	人数	占比
0	1340	8.0
1	3741	22.4
2	5751	34.5
3	4102	24.6
4	1467	8.8
5	266	1.6

参照英格尔哈特（2013a：170）的研究，我们根据后物质主义价值观得分划分出四种类型：后物质主义类型（后物质主义价值观得分≥4）；混合型（偏后物质主义）（后物质主义价值观得分 =3）；混合型（偏物质主义）（后物质主义价值观得分 =2）；物质主义类型（后物质主义价值观得分≤1）。物质主义类型和混合型（偏物质主义），又统称为偏物质主义取向；后物质主义类型和混合型（偏后物质主义），又统称为偏后物质主义取向（见表 7-7）。

表 7-7 后物质主义的四种类型

类型		个案（人）	均分	占比（%）
偏物质主义取向	物质主义类型	5081	0.74	30.5
	混合型（偏物质主义）	5751	2.00	34.5
偏后物质主义取向	混合型（偏后物质主义）	4102	3.00	24.6
	后物质主义类型	1733	4.15	10.4

可见，我国民众偏物质主义取向占六成以上［物质主义类型 + 混合型

（偏物质主义）占全部样本65.0%]，偏后物质主义取向占35%[后物质主义类型+混合型（偏后物质主义）占35.0%]，其中属于后物质主义类型的仅占10.4%。另外，英格尔哈特还使用了一个比差指数，即人群中后物质主义所占比例－物质主义所占比例，来衡量社会或群体的后物质主义程度。对于我国当前状况，后物质主义比例与物质主义比例之间的差距（比差指数）为－20.1。

进一步分析后物质主义测量中提供的国家未来发展目标的优先选择状况（见表7-8和图7-8）。可以看到，在国家未来十年发展的优先选择上，我国公众首选的前四个目标全部是物质主义特点的发展目标：E国家秩序（13581，61.3%），I稳定经济（9841，44.4%），B强大国防（9208，41.6%），A经济增长（6910，31.2%）。首选排位第五和第六的是两个后物质主义特点的目标：J人情与人性的社会，F政府决策中的话语权。这说明我国民众认为国家的重点依然主要是发展经济、维持秩序的物质主义目标。不过，人情与人性的社会、政府决策中的话语权等后物质主义目标也逐渐受到民众的重视。

表7-8　国家未来发展目标的优先选择比例

单位：人，%

未来发展目标	首选 （人数/比例）	次选 （人数/比例）	未选 （人数/比例）
物质主义目标			
A 经济增长	6910（31.2）	7514（33.9）	7730（34.9）
B 强大国防	9208（41.6）	5994（27.1）	6951（31.4）
E 国家秩序	13581（61.3）	4132（18.7）	4441（20.0）
G 打击物价上涨	2895（13.0）	5320（24.0）	13939（62.9）
I 稳定经济	9841（44.4）	5823（26.3）	6489（29.3）
L 打击犯罪	3926（17.7）	4984（22.5）	13244（59.8）
后物质主义目标			
C 工作与社区中的话语权	3564（16.1）	4933（22.3）	13656（61.6）
F 政府决策中的话语权	4750（21.4）	9342（42.2）	8062（36.4）
H 保护言论自由	927（4.2）	3360（15.2）	17866（80.6）
J 人情与人性的社会	6140（27.7）	6250（28.2）	9763（44.1）
K 理念比财富重要的社会	2247（10.1）	5097（23.0）	14810（66.9）

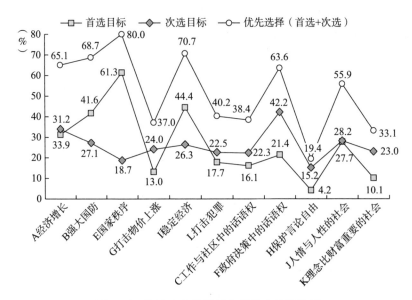

图7-8 国家未来发展目标的优先选择比例

（二）后物质主义价值观的人口学特征

下面从性别、代际、城市发展水平、受教育程度、收入水平、职业层级、主观社会阶层等方面考察后物质主义价值观的特点。我们展示了均值和标准差、各变量在后物质主义四种类型上的分布以及不同群体的比差指数。

1. 性别

结果表明，男性的后物质主义价值观总体上高于女性（见表7-9）。比差指数（后物质主义比例－物质主义比例）为：男性－17.5，女性－23.3。

表7-9 不同性别的后物质主义价值观得分

性别	人数	均值	标准差	物质主义类型	混合型（偏物质主义）	混合型（偏后物质主义）	后物质主义类型	比差指数
女性	7596	2.02	1.12	2473 (32.6)	2607 (34.3)	1810 (23.8)	706 (9.3)	－23.3
男性	9071	2.14	1.14	2608 (28.8)	3144 (34.7)	2292 (25.3)	1027 (11.3)	－17.5
t					6.78***			

注：括号外数字为人数，括号内数字为占比，单位为%；* $p<0.05$，** $p<0.01$，*** $p<0.001$。下同。

2. 代际

我们把 1990 年之后出生的群体简称为 90 后，1980～1989 年出生的群体简称为 80 后，1970～1979 年出生的群体简称为 70 后，1970 年前出生的群体简称为 70 前。结果表明，90 后群体的后物质主义价值观分数明显高于 80 后和 70 后，其他代际群体之间无显著差异（见表 7-10）。进一步对四种类型进行分析，在代际群体之间，后物质主义类型的人数比例差异不明显，但物质主义类型的人数比例差异显著。尤其是 90 后群体，尽管后物质主义类型的人数比例变化不明显，但物质主义类型明显减少，混合型明显增加。

表 7-10　不同代际的后物质主义价值观得分

代际	人数	均值	标准差	物质主义类型	混合型（偏物质主义）	混合型（偏后物质主义）	后物质主义类型	比差指数
90 后	7939	2.12	1.09	2230 (28.1)	2839 (35.8)	2065 (26.0)	805 (10.1)	-18.0
80 后	6413	2.05	1.15	2073 (32.3)	2158 (33.7)	1514 (23.6)	668 (10.4)	-21.8
70 后	1650	2.06	1.22	568 (34.4)	523 (31.7)	365 (22.1)	194 (11.8)	-22.6
70 前	665	2.04	1.13	210 (31.6)	231 (34.7)	158 (23.8)	66 (9.9)	-21.7
F	5.44 ***							

虽然物质主义类型的人依然占多数，但从比差指数的变化也可以看到后物质主义价值观在代际的变化状况：90 后群体后物质主义比例与物质主义比例的差距减少到 -18.0，80 后的差距为 -21.8，70 后和 70 前的差距分别是 -22.6 和 -21.7（见图 7-9）。

3. 城市发展水平

根据第一财经的城市划分标准，将城市划分为一线城市、新一线城市、二线城市、三线城市、四线及以下城市。结果表明，新一线城市的后物质主义价值观得分最高，令人意外的是，一线城市的后物质主义价值观得分最低。其中一线城市与新一线城市的差异达到 0.01 显著性水平，其他分级城市之间差异不显著（见表 7-11）。从比差指数上可以看到，新一线城市的差距最小，为 -18.8，一线城市的差距最大，为 -21.2（见图 7-10）。

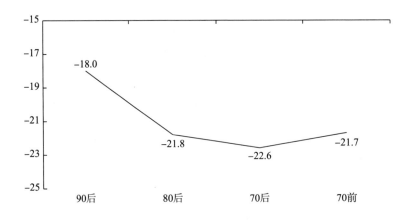

图 7 - 9 不同代际的比差指数

表 7 - 11 不同发展水平城市的后物质主义分布

城市发展水平	人数	均值	标准差	物质主义类型	混合型（偏物质主义）	混合型（偏后物质主义）	后物质主义类型	比差指数
一线城市	2617	2.04	1.19	842 (32.2)	878 (33.5)	608 (23.2)	289 (11.0)	-21.2
新一线城市	2968	2.12	1.15	893 (30.1)	976 (32.9)	764 (25.7)	335 (11.3)	-18.8
二线城市	2895	2.09	1.13	898 (31.0)	1005 (34.7)	680 (23.5)	312 (10.8)	-20.2
三线城市	3234	2.09	1.10	947 (29.3)	1164 (36.0)	824 (25.5)	299 (9.2)	-20.1
四线及以下城市	4953	2.08	1.11	1501 (30.3)	1728 (34.9)	1226 (24.8)	498 (10.1)	-20.2
F	1.83							

4. 受教育程度

在受教育程度上，除了初中及以下与高中学历的群体之间无显著差异外，其他群体之间的差异均达到 0.01 显著性水平。明显趋势是：研究生及以上学历者的后物质主义价值观得分最高，其次是大专本科学历，再次是高中及以下学历（见表 7 - 12）。另外不同受教育程度群体在后物质主义类型上差异不大，但转变发生在混合型（偏后物质主义）上，接受高等教育（大专本科和研究生及以上）的个体，此类型的比例明显高于未接受高等教

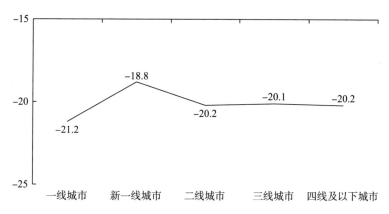

图 7 - 10 不同发展水平城市的比差指数

育（高中及以下）的个体。在物质主义类型中，随着学历升高该类型的人数比例在不断降低。

表 7 - 12 不同受教育程度的后物质主义分布

受教育程度	人数	均值	标准差	物质主义类型	混合型（偏物质主义）	混合型（偏后物质主义）	后物质主义类型	比差指数
初中及以下	2124	2.03	1.11	677 (31.9)	737 (34.7)	525 (24.7)	185 (8.7)	-23.2
高中	4841	2.04	1.09	1494 (35.9)	1738 (35.9)	1185 (24.5)	424 (8.8)	-27.1
大专本科	8840	2.10	1.16	2704 (30.6)	2965 (33.5)	2965 (33.5)	1011 (11.4)	-19.2
研究生及以上	862	2.27	1.13	206 (23.9)	311 (36.1)	311 (36.1)	113 (13.1)	-10.8
F				12.36 ***				

比差指数也显示：高中、初中及以下群体，他们的后物质主义比例与物质主义比例的差距都较大，随着学历的升高比差指数不断下降，研究生及以上学历的比差指数仅为 -10.8（见图 7 - 11）。

5. 收入水平

在收入水平方面，我们把月收入在 1000 元以下（含 1000 元）的个体划分为低收入，1001 ~ 3000 元为中低收入，3001 ~ 5000 元为中等收入，5001 ~ 10000 元为中高收入，10000 元以上为高收入。总体趋势表现为，较高收入群体（中高和高收入）的后物质主义价值观得分显著高于较低收入

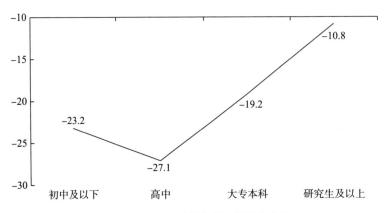

图 7 - 11 不同受教育程度的比差指数

群体（中等、中低和低收入）（见表 7 - 13）。在物质主义类型中，低收入与中低收入人群占有更高比例，而高收入与中高收入人群占有更低比例；后物质主义类型中分布趋势正好相反。两种混合型中，不同收入水平的分布状况差异不大。从比差指数上也可看到，随着收入水平的提高，差距正在缩小（见图 7 - 12）。

表 7 - 13　不同收入水平的后物质主义分布

收入水平	人数	均值	标准差	物质主义类型	混合型（偏物质主义）	混合型（偏后物质主义）	后物质主义类型	比差指数
低收入	1238	2.04	1.10	399 (32.2)	423 (34.2)	305 (24.6)	111 (9.0)	-23.2
中低收入	4386	2.01	1.11	1410 (32.1)	1545 (35.2)	1056 (24.1)	375 (8.5)	-23.6
中等收入	5512	2.08	1.13	1693 (30.7)	1895 (34.4)	1362 (24.7)	562 (10.2)	-20.5
中高收入	4142	2.16	1.17	1179 (28.5)	1399 (33.8)	1040 (25.1)	524 (12.7)	-15.8
高收入	1389	2.15	1.14	400 (28.8)	489 (35.2)	339 (24.4)	161 (11.6)	-17.2
F				10.67***				

6. 职业层级

结果表明，优势职业层级的后物质主义价值观得分明显高，中间职业层级与基础职业层级群体之间差异不显著（见表 7 - 14）。优势职业层级的

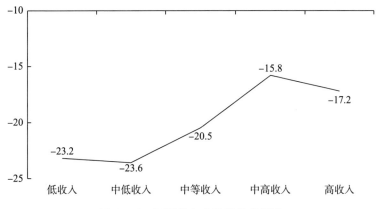

图 7 – 12 不同收入水平的比差指数

物质主义类型所占比例明显低，混合型所占比例明显高。但在后物质主义类型中，优势职业层级与其他职业层级并无显著差异。从比差指数上明显看到，随着职业层级的提高，后物质主义与物质主义之间的人数差距不断缩小（见图 7 – 13）。

表 7 – 14 不同职业层级的后物质主义分布

职业层级	人数	均值	标准差	物质主义类型	混合型（偏物质主义）	混合型（偏后物质主义）	后物质主义类型	比差指数
基础职业层级	6261	2.06	1.13	1985（31.7）	2118（33.8）	1530（24.4）	628（10.0）	−21.7
中间职业层级	8745	2.10	1.14	2616（29.9）	3048（34.9）	2139（24.5）	942（10.8）	−19.1
优势职业层级	750	2.22	1.04	177（23.6）	280（37.3）	216（28.8）	77（10.3）	−13.3
F				7.22***				

7. 主观社会阶层

结果表明，中上层和上层的后物质主义价值观得分最高，中下层和中层的后物质主义价值观得分最低，下层得分稍高。后物质主义类型中，不同主观社会阶层所占比例差异很小。混合型（偏后物质主义）和混合型（偏物质主义）都随着主观社会阶层的提高而比例增加。同时，随着主观社会阶层的提高，物质主义类型中所占比例不断降低（见表 7 – 15）。从比差指数可以明显看到这样的趋势，随着主观社会阶层的提高，后物质主义所占比例与物质

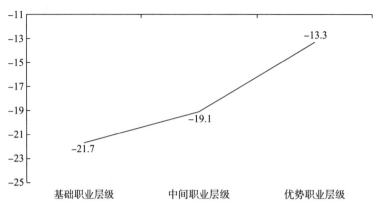

图 7 – 13　不同职业层级的比差指数

主义所占比例的差距正在不断缩小。其中主观社会阶层为上层的比差指数仅为 – 10.4（见图 7 – 14）。

表 7 – 15　不同主观社会阶层的后物质主义分布

主观社会阶层	人数	均值	标准差	物质主义类型	混合型（偏物质主义）	混合型（偏后物质主义）	后物质主义类型	比差指数
下层	1995	2.13	1.15	593 (29.7)	663 (33.2)	523 (26.2)	216 (10.8)	– 18.9
中下层	5875	2.02	1.16	1985 (33.8)	1931 (32.9)	1353 (23.0)	606 (10.3)	– 23.5
中层	6958	2.08	1.12	2094 (30.1)	2472 (35.5)	1688 (24.3)	704 (10.1)	– 20.0
中上层	1464	2.25	1.09	342 (23.4)	530 (36.2)	413 (28.2)	179 (12.2)	– 11.2
上层	375	2.28	0.92	67 (17.9)	155 (41.3)	125 (33.3)	28 (7.5)	– 10.4
F				16.832***				

（三）后物质主义价值观的影响

这里主要探讨后物质主义价值观对国家认同及社会参与（包括社会救助行为和社会问题干预）的影响。在控制了性别、代际、城市发展水平、城镇户口、职业层级、受教育程度、收入水平、主观社会阶层这些变量之后，依然可以看到后物质主义价值观对国家认同呈现显著的负向预测力（$B = – 0.147$, $p < 0.001$），对社会救助行为（$B = 0.060$, $p < 0.001$）及社

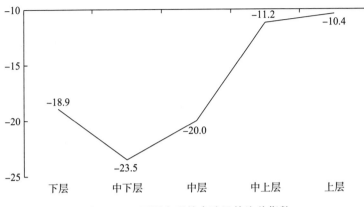

图 7 - 14 不同主观社会阶层的比差指数

会问题干预（$B=0.081$，$p=0.001$）呈现显著的正向预测力（见表 7 - 16）。

表 7 - 16 后物质主义价值观对国家认同及社会参与的影响

变量	国家认同	社会救助行为	社会问题干预
性别	- 0.063 ***	0.017 *	0.063 ***
代际	- 0.037 ***	- 0.038 ***	- 0.044 ***
城市发展水平	- 0.105 ***	- 0.041 ***	- 0.031 ***
城镇户口	- 0.073 ***	- 0.020 *	- 0.014
职业层级	- 0.055 ***	0.056 ***	0.064 ***
收入水平	- 0.030 ***	0.112 ***	0.112 ***
受教育程度	0.020 *	0.082 ***	0.037 ***
主观社会阶层	0.027 ***	0.156 ***	0.152 ***
后物质主义价值观	- 0.147 ***	0.060 ***	0.081 ***
Adj R^2	0.051	0.078	0.076
F	95.543 ***	1148.831 ***	145.184 ***

五 讨论

六成以上的民众为偏物质主义取向。但是也应看到，1/3 以上的民众表现为偏后物质主义取向，其中 10.4% 的民众属于后物质主义类型。另外，英格尔哈特（2013a：8）的数据表明，20 世纪 90 年代西欧六国的比差指数在 - 15 到 - 5 之间波动。到 2008 年，西欧的后物质主义者在数量上略超物质主义者。从比差指数的分析可以看出，总体上我们的比差指数为 -20.1。但是一些细分群体表现出，后物质主义人数与物质主义人数的差距正在不断缩小。例如，90 后群体的比差指数为 -18.0；研究生及以上学历的群体比差指数为 -10.8；优势职业层级群体的比差指数为 -13.3。当然，与西方国家的数据相比，我们还有较长的道路要走。

结果表明，90 后群体的后物质主义价值观的确高于其他代际，但是其他代际的差异并不显著，假设 1.1 得到了部分证实。我们假设，所处地区的经济发展水平越高，后物质主义价值观越高。结果表明，新一线城市中后物质主义价值观最高，令人诧异的是，一线城市的后物质主义价值观反而较低，与二线、三线等城市之间无显著差异。是否由于一线城市虽然处于经济发展良好的地区，但是人们的生活压力更大、不安全感更强，因此更可能秉持物质主义价值观？该问题值得进一步深入探讨。假设 1.2 未得到证实。

假设 2.1、2.2、2.3 得到验证。对主观社会阶层的分析也有类似的分布趋势，中高层及高层群体的后物质主义价值观较低，但比较意外的是，主观社会阶层为低层的个体也有着较高的后物质主义价值观，背后的原因需要进一步探讨，假设 2.4 得到部分验证。

可以看到，后物质主义价值观对国家认同的确有着负向的预测作用，也就是说，后物质主义价值观的提高，会弱化个体的国家认同感，这与不少研究得到的结果是类似的（英格尔哈特，2013a；李春玲、刘森林，2018）。但是，后物质主义价值观并不引导个体向着更加利己、不关注社会及国家的方向发展。我们的研究同样发现，后物质主义价值观对于社会救助行为、社会问题干预有着显著的正向预测作用。在爱国主义研究中，有人提出了感性爱国主义和理性爱国主义的划分（于海涛等，2014），也许后现代主义价值观促使人们更多地采取一种基于理性的爱国行为，它通过救助他人的行为、对不良社会问题进行干预的方式，来表达自己的爱国情感和对国家的认同。

第三节　社会心理服务体系建设视角下铸牢中华民族共同体意识的路径：基于共同内群体认同理论

2017 年 10 月，党的十九大报告中就我国民族政策问题明确提出"全面贯彻党的民族政策，深化民族团结进步教育，铸牢中华民族共同体意识，加强各民族交往交流交融，促进各民族像石榴籽一样紧紧抱在一起，共同团结奋斗、共同繁荣发展"。2019 年，在全国民族团结进步表彰大会上，习近平总书记在讲话中提到"实现中华民族伟大复兴的中国梦，就要以铸牢中华民族共同体意识为主线，把民族团结进步事业作为基础性事业抓紧抓好"。如何铸牢中华民族共同体意识，成为当下社会科学领域研究的热点。本节结合共同内群体认同理论，在社会心理服务体系建设的视角下探讨铸牢中华民族共同体意识的路径。

一 民族、中华民族及中华民族共同体意识

中华人民共和国宪法对民族有非常明确的表述，中华人民共和国是一个多民族国家，有 56 个民族，共同构成了"中华民族"（麻国庆，2017）。56 个民族中的民族是族群（ethnic group）意义上的民族，而中华民族则是国族（nation）意义上的民族。民族问题是一个全球性问题，当代西方影响最大的民族理论是"族群 - 象征主义"和"现代主义"民族理论。"现代主义"民族理论认为，民族只具有现代性，是拥有自己疆域的活跃在现代国际舞台上的政治共同体，由法律上平等的公民组成的有主权和相互黏合的共同体，它与现代国家结合而构成民族 - 国家。而"族群 - 象征主义"民族理论认为，民族的基础是族群（ethnic 或 ethnic community），族群通过起源的各种神话、地域的象征、记忆、价值观等文化因素延续，根植于悠久的历史文化之中；民族不是现代的产物，民族的存在将是持久的；民族深厚的历史文化基础决定了民族和民族主义具有强大的生命力和历史作用（叶江，2002）。

"现代主义"民族理论虽然强调了民族是在国家意义上的共同体，但它只强调民族的现代性，而没有注意到民族起源的历史悠久性，这是其基于西方社会历史，以法国大革命作为民族起源得出的结论，并不符合中国事实。中华民族这一概念是近百年来在中国和西方列强对抗中出现的（费孝通，1989；张丽，2019；张建军、李乐，2010），但作为一个自在的民族实体则是几千年的历史过程所形成的。费孝通提出的"中华民族多元一体格局"兼顾了两种民族理论视角，中华民族是现代性和历史性的统一。以往学术界讨论"民族意识"着重探讨"意识"层面包含的意义，而对"民族"则不加限定，多数人的"民族"基本上是指族群层面的范畴（张建

军、李乐，2010；苏昊，2011），近年来民族意识的研究减少，相应地，出现了更多的民族认同研究（肖灵、来仪，2015），在这些研究中虽然有的讨论民族认同与国家认同、文化认同等的关系，但大量的研究是在族群范畴讨论民族认同，而对国族范畴的中华民族认同讨论较少（徐巧云等，2019）。而铸牢中华民族共同体意识的核心是如何处理族群范畴的民族意识、民族认同与国族意义上中华民族意识和中华民族认同的关系，也就是如何强化各民族民众国族意义上的中华民族意识、中华民族认同。

二　中华民族共同体与中华民族认同

新中国成立初期的民族识别工作确认了我国共有 56 个民族，"中华民族多元一体格局"认为包括汉族在内的 56 个民族是多元，共同构成的中华民族为一体。随后，国家推行民族区域制度、针对少数民族采取一系列的优惠政策，保障了各民族之间的平等，进而促进了少数民族地区的社会文化快速发展。

中华民族共同体的理念超越了"现代主义"民族理论和"族群－象征主义"民族理论，"中华民族共同体就是一个由 56 个民族组成的，有共同认同的血缘融通、流动交汇的有机体（自觉的实体和整体），是一个历经五千年风雨锻造而成的'多元一体'的命运共同体"（王延中，2018）。正如同费孝通（1989）描述的，"中华民族的家园坐落在亚洲东部，西起帕米尔高原，东到太平洋西岸诸岛，北有广漠，东南是海，西南是山的这一片广阔的大陆上"，"它的主流是由许许多多分散存在的民族单位，经过接触、混杂、联结和融合，同时也有分裂和消亡，形成一个你来我去、我来你去、我中有你、你中有我，而又各具个性的多元统一体"。由多元民族构成的多民族国家，不同的民族成员通过建构统一的国家层面的民族认同而形成单个的内群体，也即单个的一体层次民族认同（叶江，2018）。费孝通在说明"中华民族多元一体格局"的级序性时，提到作为国家认同的中华民族相对于社会成员的族群而言，是高一个层次的认同意识（费孝通，2004）。可以看出，中华民族共同体对"中华民族多元一体格局"中"一体"的进一步发展和深化。构建中华民族共同体的基础和前提是铸牢中华民族共同体意识，中华民族认同又是形成和强化中华民族共同体意识的基础和重要路径。这一过程不同于一般的社会建设、经济建设，是一个社会心理建设的过程，党的十九大报告提出社会心理服务体系建设，中华民族共同体意识也应该是社会心理服务体系建设的重要工作，习近平总书记在 2020 年 8 月 24 日对"十四五"规划编制工作做出重要指示："'十四五'时期如何适应社会结构、社会关系、社会行为方式、社会心理等深刻变化，实现更加充分、更高质量的就业，健全全覆盖、可持续的社保体系，强化公共卫生和疾控体系，促进人口长期均衡发展，加强社会治理，化解社会矛盾，维护社会稳定，都需要认真研究并作出工作部署。"而关注社会关系、社会行为方式和社会心理就要依照心理学的规律，社会认同理论，特别是共同内群体认同理论对于探索如何铸牢中华民族共同体意识，具有启发和借鉴意义。

三　社会心理服务体系建设与铸牢中华民族共同体意识

党的十九大报告提出"加强社会心理服务体系建设，培育自尊自信、理性平和、积极向上的社会心态"，《中华人民共和国国民经济和社会发展第十四个五年规划和 2035 年远景目标纲要》的第五十五章"维护社会稳定和安全"下第一节"健全社会矛盾综合治理机制"中明确提出"健全社会心理服务体系和危机干预机制"。社会心理服务体系建设不仅包括心理健康服务体系，而且包括社会治理体系，宏观的层面上，社会心理服务体系建设的目标是探索与个体发展相适应的社会发展途径，通过社会心理服务体系建设探索社会认同和社会凝聚机制，建设健康社会、幸福社会（王俊秀，2019）。新形势下必须以新的思路和理念更好地做好民族工作。习近平总书记指出要"铸牢中华民族共同体意识"，这为今后的民族工作定下了新基调，为中华民族概念赋予了新的时代内涵，表达了在政治统一性和文化多样性背景下寻求和铸牢中华民族共同体意识的诉求（张丽，2019）。社会心理服务体系建设与铸牢中华民族共同体意识在社会稳定和社会治理方面存在内在的一致性，研究社会心理服务体系建设如何促进社会的安全稳定，推进平安中国建设，可以为强化中华民族意识、增强中华民族认同，进而铸牢中华民族共同体意识提供有力支持。社会心理服务体系建设作为社会治理新的手段，是一个社会建构的过程，通过个体和社会视角、基础学科和应用学科、学术研究和社会实践等方面的整合建构影响社会发展的心理环境（王俊秀，2019），这一探索可以应用于探索铸牢中华民族共同体意识的实践，以下以社会心理学的共同内群体认同理论为例来分析铸牢中华民族共同体意识的路径。

四 共同内群体认同理论

共同内群体认同模型（the Common Ingroup Identity Model）是由 Gaertner 和 Dovidio（2005，2008，2012）提出的，共同内群体认同模型认为不同群体之间的隔阂和偏见是社会分类的结果，通过重新社会分类，使两个原本分离的群体形成一个包摄水平更高的上位群体，群体成员的身份从"我们"（us，内群体）和"他们"（them，外群体）转变为共同的"我们"（we，共同内群体），对内群体的积极情感也可以延伸到新形成的共同内群体，进而减少以往的负面刻板印象、偏见和歧视，改善群际关系、减少群际冲突和竞争，促进群际帮助和合作（Gaertner and Dovidio，2005，2008，2012；管健、荣杨，2020；赵玉芳、梁芳美，2019）。

Gaertner 和 Dovidio 用一个模型描述了共同内群体认同的形成过程及其结果（Gaertner and Dovidio，2012）（见图 7-15）。共同内群体认同的形成受到一系列因素的影响，包括群际依存性（合作、互动、共同命运）、群际差异性（感知实体性、相似性、语言表征）、环境情境（平等规范、社会影响、社会地位）和预接触经验（认知启动、情感启动），这些因素既可以独立起作用也可以共同起作用。在平等的社会环境中突出不同群体之间的相互依存性，减少差异性，增加预接触经验能够促进共同内群体的形成。

在前因条件的影响下，人们对群体的表征可以分为四种类型：单一群体、两个子群体构成的一个群体、两个群体及单独的个体。前两种表征是经过重新社会分类建构起共同内群体的结果。重新社会分类后，当原来分离的两个群体被一个共同内群体所取代时，就会形成单一的共同内群体；当原来分离的两个群体得以保留并建立了一个共同的上位群体时，就会形成由两个子群体构成的共同内群体，此时群体成员具有双重身份。

共同内群体形成以后，人们会将原来的外群体成员视为共同内群体的一部分，并对他们产生内群体偏好，这些心理转变包括同情、信任、谅解和感知相似性增强，威胁感降低，更多地进行换位思考，在对事物进行归因时选择对原外群体成员有利的解释，更多地把原外群体成员纳入自我概念之中，产生对合作的期待。这些心理上的转变最终会带来认知、情绪和行为方面的积极结果。在认知方面，人们会以更一般化的方式看待原来的外群体及其成员，并对他们持有积极看法；在情绪方面，能够对原来的外群体成员产生共情，对他们有更多的积极情感和面部表情；在行为方面，会增加对原外群体成员的自我表露，并会进行合作和帮助。

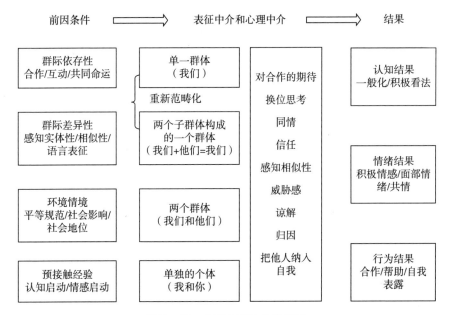

图 7 - 15　共同内群体认同模型

五　铸牢中华民族共同体意识的路径

　　共同内群体认同模型旨在借助包容性力量改善群际关系，通过融合共同分类纳入更高级别的分类水平中，形成共同感和一体意识（管健、荣杨，2020）。这种建构上位认同的理念和费孝通"多元一体"及现在党和国家提出的"共同体意识"的思想不谋而合，其理论框架可以为铸牢中华民族共同体意识的路径提供借鉴。该理论认为共同内群体认同的形成受到一系列因素的制约，包括群际依存性、群际差异性、环境情境、预接触经验等。为铸牢中华民族共同体意识，需要充分考虑这些因素的影响，在良好的制度支持和社会氛围的基础上，使各民族民众在意识上更多认识到民族之间的相似性，淡化差异性，进而增加各民族民众，特别是多民族聚居区民众主动、积极、平等的接触、交往、共处的行为，这样跨民族的互动与合作就是社会普通的互动与合作行为，各民族民众之间自然就形成了紧密的人际关系和社会关系，紧密的合作自然就形成了相互依存的社会关系。通过引导各民族人民把自己民族和其他民族成员视为中华民族共同体的一部分，可以增进彼此之间的感知相似性、信任和理解，减少威胁感，最终带来认知（积极的想法）、情绪（同情和关爱）和行为（合作和帮助）方面的积极改变。

（一）构建共同内群体认同促进中华民族认同，强化中华民族共同体意识

从共同内群体认同的角度去理解民族关系，民族之间现存的一些偏见和隔阂并不一定是不同民族之间的相互歧视，而可能是各族人民对本民族成员的偏爱。另外，很多时候，人们会在跨民族交往中表现出刻意回避，一个重要原因是人们害怕在跨民族交往中做错事，使其他民族成员感受到歧视。无论是对本民族的偏爱还是对跨民族交往的回避，归根结底，都是受到了社会分类的影响。人们清楚地感受到了本民族和其他民族的界限，此时"我们"和"他们"泾渭分明。要降低这种社会分类的影响，一条有效的路径就是在"我们"和"他们"的基础之上建构一个共同的"我们"，也就是党和国家提出的"共同体"。"铸牢中华民族共同体意识"不是一个口号，要使之真正深入人心，需要使全国各族人民深切感受到自己是共同体的一部分，真正在心理上对中华民族和中华人民共和国产生强烈的认同感。同时，铸牢中华民族共同体意识并不是要消除各族人民的民族身份，而是在原民族的基础上建构优先的上位群体。人们的身份认同是多重的，由于历史的原因人们习惯于以族群范畴的民族作为自己的民族身份，共同内群体意识的培养可以使各族人民产生优先的中华民族身份，增强对中华民族共同体的归属感和认同感。另外，还需要转变各族人民的思维方式，使他们在跨民族交往中首先想到的不是各自分属于不同民族，而是属于共同体的一部分，只有这样才能把内群体认同延伸到其他民族成员之中，对其他民族成员产生内群体偏好。

（二）突出不同民族的相似性和共同性，淡化差异性

相似性可以促进人际吸引，相似程度较高的个体之间有更强的吸引力，这被称为相似性效应（similarity effect）。研究者区分了实际相似性（actual similarity）和感知相似性（perceived similarity），前者是指个体在实际上与他人的相似程度，后者是指个体主观认为自己与他人的相似程度，这两种相似性都能够有效增强个体之间的吸引力（Montoya et al.，2008）。根据共同内群体认同模型，不同群体成员之间的相似性越高、差异性越低，越容易形成共同内群体。为铸牢中华民族共同体意识，需要突出各民族之间的相似性和中华民族的共同性，淡化不同民族之间的差异性，缩短不同民族成员之间的心理距离，增强不同民族成员之间的相互吸引力。突出相似性不仅要突出感知的相似性，更要突出实际相似性和共同性，各民族的"多元"构成中华民族丰富、多元的整体，突出中华民族作为"一体"主体的历史、文化传承和价值体系等。

（三）提供制度支持，促进跨民族接触和互动

共同内群体认同模型中包含了 Allport 接触假说（Contact Hypothesis）中的情境因素。该假说认为并非所有的群际接触都能够减少偏见，只有在追求共同目标的过程中，群体之间的平等交流才可能减少偏见，且这种正面影响能够通过制度支持（法律、习俗、当地气氛）得到维持，并能够促进群体成员发现共同利益与共通人性（奥尔波特，2020）。这些情境因素同样对铸牢中华民族共同体意识具有借鉴意义。为了发挥跨民族接触对减少偏见、铸牢中华民族共同体意识的积极作用，首先应该努力凝聚民众共识，使全国人民统一在为中华民族复兴和为广大人民谋幸福的社会发展宗旨上，使每个人的目标与社会发展的目标保持一致，用中华民族共享的价值观来整合人们的观念，在凝心聚力的社会实践中进行平等接触和交流，增加民族接触机会，减少群际偏见，促进各民族交往、交流、交融。

心理学的研究发现，除了真实的接触外，想象性接触同样可以起到促进民族关系改善的作用。想象性接触是指在心理上模拟与外群体成员进行积极的社会互动，这种心理上的模拟提供了成功互动的经验，能够有效改善群际态度、增进群际信任、减少群际偏见（高承海等，2014）。与真实接触相比，想象性接触更容易实现，比如可以在社区或学校中组织一些活动，让人们在心理上模拟与其他民族成员的积极互动。

（四）深刻认识各民族间相互依存关系，共同铸牢中华民族共同体意识

群体之间的相互依存性（合作、互动、共同命运）是建构共同内群体的重要条件，具有共同命运的不同群体之间进行合作性互动能够有效促使群体成员把原来分离的两个群体视为一个共同内群体，并把内群体偏好延伸到原外群体成员之中（Gaertner et al.，1999）。中华民族是命运共同体，各族人民具有长期的相互依存关系，这为铸牢中华民族共同体意识奠定了坚实的基础。在新的时代背景下，需要各族人民深刻领会中华民族的共同命运，无论是汉族还是少数民族，都要认识到民族间的相互依存关系，不仅少数民族要有铸牢中华民族共同体的意识，汉族也要有铸牢中华民族共同体的意识，"双向的铸牢"（纳日碧力戈，2019）是由各民族相互依存关系决定的。

六　结语

科学把握中华民族共同体意识的内涵特质，需以正确认识中华民族共同体为前提（丹珠昂奔，2021）。费孝通提出"中华民族多元一体"的理论，对中华民族共同体意识进行阐释，2019 年 10 月 23 日，中共中央办公厅、国务院办公厅印发了《关于全面深入持久开展民族团结进步创建工作铸牢中华民族共同体意识的意见》，指出"中华民族各民族是一荣俱荣、一损俱损的命运共同体，在历史发展中逐步形成了你中有我、我中有你、谁也离不开谁的多元一体格局"。中华民族认同、中华民族共同体意识的形成可以看作一种社会心态的建构，党的十九大报告提出了以社会心理服务体系建设来培养社会心态的主张，而共同内群体认同理论则从社会心理的角度为多元一体格局的形成提供了社会心理学的机制，也为铸牢中华民族共同体意识提供了一个视角。尽管共同内群体认同理论并不能解决铸牢中华民族共同体意识的所有理论问题，但社会心理服务体系建设理念应用于民族工作和社会治理的实践则可以帮助我们探索铸牢中华民族共同体意识的可能路径。

第四节　信息、信任与信心：风险共同体的建构机制

一　引言

传染性疾病对公众健康造成很大的威胁，20 世纪发生了 4 次大规模流行病：1918 年西班牙流感在世界范围造成 2000 万人死亡；1957 年亚洲流感夺取了数万人的生命；1968 年、1970 年、1972 年中国香港流感数次暴发造成数千人死亡；1983 年艾滋病病毒被发现，全世界估计感染超过 4200 万人（丹尼，2009：71）。最近几十年，新的瘟疫对人类的威胁在增加，病毒很容易在人际传播，SARS 曾被认为是传播最快的病毒，短短 4 个月就扩散到了南极洲以外的所有大陆，9 个月后 30 个国家报告了 8300 个感染病例，其中 775 人死亡（戈尔丁、柯塔纳，2017：196～197）。

新冠病毒与 2002 年底出现的 SARS（重症急性呼吸综合征）病毒有较大相似性，在疫情应对上也出现了相似的问题。

在总结 SARS 防控经验时，"早发现、早报告、早隔离、早治疗"被证

明是行之有效的防控策略（罗会明等，2006）。疫情防控的"早发现、早报告"至关重要，直接决定能不能做到"早隔离、早治疗"。采取了测体温、流行病学调查、核酸检测等手段及时发现人群中的疑似病例和病毒携带者，及早隔离、及早治疗，以免疫情进一步扩散。"早发现、早隔离、早治疗"是这一过程的核心环节，因此也有"三早"的说法。但是，疫情的防控机制是在更为宏观层面，疫情的"早发现"不只是医院门诊诊断，还是综合的疫情风险判断，疫情的"早报告"不是医疗系统对传染病例的报告，而是疫情信息报告。因此病例层面的"四早"基本上是技术层面的原则，并不能完全适用于疫情防控的机制层面。疫情层面的防控原则应该是"五早"，"早发现、早报告、早决策、早隔离、早治疗"，"早决策"的机制直接制约着"早隔离、早治疗"的启动。

新型传染病的不确定性和风险使"早发现"成为医学和科学难题，也就影响到"早报告"的及时性和准确性，而基于有限信息和不确定未来的"早决策"就成为一个科学决策难题，不仅要考虑到疫情的风险，还要考虑到经济、社会等系统性风险。因此，要应对未来公共卫生事件就要建立以科学决策为核心的风险应对机制，这一机制不仅使医疗部门、疾控部门、应急管理部门、各级政府能够有效协同，也要调动个体、家庭、社区、社会组织各方面的力量，成为一个风险应对的共同体。

二　文献回顾

（一）应急管理共同体

应急管理的宗旨是挽救生命和财产，核心工作包括风险识别、评估脆弱性、制定降低风险的战略等（林德尔等，2016：5）。公共卫生事件直接威胁人的生命和健康，但传染病引发的公共卫生事件的应急管理与一般的自然灾害不同。公共卫生事件的风险属于贝克所言的晚期现代性风险（贝克，2004：20），普通人多数并不具备风险识别能力，风险识别需要医学专家和医学科研人员来进行。风险识别后风险评估至关重要（林德尔等，2016：62），不仅要对病毒的危险性、传播的可能性、疾病治愈的概率等进行评估，也要对社会大众和社会的风险脆弱性进行评估（卡斯帕森、卡斯帕森，2010a：225），也就是对不同群体、不同地区公共风险应对能力进行评估，还要对疫情危害的恢复能力进行评估，在此基础上协调全社会力量做出降低和避免风险的决策。与一般的自然灾害的另一个差异是，自然灾害一般是局部地区的，特大公共卫生事件常常构成不同地区、不同国家之间的跨界风险（transboundary risk）或全球性风险（global risk）（卡斯帕森、卡斯帕森，2010a：195）。这就决定了公共卫生事件下每个人、每个组织都是利益相关者（stakeholders）（林德尔等，2016：16），因此，每个人都应该是应对公共危机共同体的成员，公共卫生事件能否有效应对就在于是否能够建立强大的风险共同体。

（二）风险共同体

贝克的风险社会理论认为风险产生了新的利益对立和新型的受威胁者共同体，晚近工业社会的风险具有两面性，风险也有可能带来市场机会，风险社会会出现受风险折磨的人和得益于风险的人之间的敌对。贝克认为阶级社会的"不平等的"价值体系被风险社会的"不安全的"价值体系取代了，因此，人们不再关心如何获得好的东西，而是关心如何预防更坏的东西，也就是焦虑的共同性代替了需求的共同性，风险社会下焦虑成为团结的力量（贝克，2004：52～57）。疫情下个人和群体之间也存在利益的冲突和对立，依靠焦虑促动型团结能否形成风险共同体，贝克是怀疑的。

（三）安全共同体

风险共同体的基础就是贝克所讲的社会性的"飞去来器效应"（贝克，2004：39）。疫情面前从平民到首相都不可幸免，风险是共担的，所有人的命运都相同，这也是近年来命运共同体理论提出的基础。2017年1月18日，中国国家领导人习近平在联合国日内瓦总部提出共同构建人类命运共同体的倡议，"人类也正处在一个挑战层出不穷、风险日益增多的时代。世界经济增长乏力，金融危机阴云不散，发展鸿沟日益突出，兵戎相见时有发生，冷战思维和强权政治阴魂不散，恐怖主义、难民危机、重大传染性疾病、气候变化等非传统安全威胁持续蔓延"（习近平，2021）。这是命运共同体的存在基础和必要性。虽然命运共同体是从国际关系视角提出的，但它是面对世界风险社会新问题的全球治理理论（吴增礼，2018），这一共同体的基础是各方的共同利益（刘同舫，2018；曲星，2013）。1957年，卡尔·多伊奇（Karl Deutsch）提出了安全共同体的概念，希望探讨化解国际争端的路径，这种安全共同体强调在大众中灌输相互同情、相互忠诚、相互信任、相互关心的"我们感"，目的是形成共同体感，这个理论认为交流是政治共同体的黏合剂（阿德勒、巴涅特，2015：5），但是这个理论更侧重于国际组织的作用。冷战结束后，以国家为中心的、聚焦军事的传统安全观开始向强调人的安全的安全观转变，并进一步发展出综合安全观，非传统安全观兴起（卡巴莱诺－安东尼，2019：5～15）。非传统安全观强调全球治理，所涉及的安全问题非常广泛，包括粮食安全、经济安全、能源安全、水资源安全、环境安全、公共卫生安全等，也就自然包含了SARS、埃博拉出血热等流行性疾病带来的安全问题（卡巴莱诺－安东尼，2019：6～19）。安全的概念在不断扩展，研究者从安全指涉的对象、安全的层面、安全威胁的价值、威胁的来源等方面来对安全进行不同维度的分类（布劳赫等，2015：4～5），安全包含了个体、社区、社会、国家和国际层面，军事、政治、经济、环境和社会等不同方面，在这样宽泛的安全概念下，安全涉及个人日常生活。面对眼下这场席卷全球的公共卫生事件，每个人都处于危机之中，每个人的安全必须建立在别人的安全之上，在这个意义上，安全共同体的建构就有了广泛的参与者。

（四）情感共同体

共同体的建立不能仅依靠焦虑和不安全感来驱动，除了外在的驱动力，也有内在的引力。鲍曼（2003：2～5）认为共同体是人们希望栖息和拥有的世界，相对于外面的危险，共同体让人感到温馨、舒适和安全，在共同体中人们相互支持、相互依靠、相互信任。有学者（Brint，2001）强调共同体具有情绪、情感因素，认为共同体是通过情感、价值和兴趣而联系起来的，也就是说，风险应对的共同体首先是社会情绪共同体（洪宇翔、李从东，2015；李春雷、姚群，2018）。柯林斯（2012：79～81）的互动仪式链理论认为人们在共同的行动或事件中，分享共同的情绪和情感体验，会产生集体兴奋，从而可能出现四种仪式性结果：群体团结、个体情感能量、代表群体的符号和道德感。情感能量是正向情绪和负向情绪由高到低的连续统，高的情感能量具有团结性（柯林斯，2012：159）。在疫情的不同阶段，人们表现出相同或相似的情绪，如普遍的担忧、恐惧、焦虑、愤怒、哀伤、无助等消极情绪，也都会为无私奉献的医护人员而感动，一些人灾难面前乐观、积极的情绪也感染着他人。危机应对的共同体需要聚集社会的情感能量，增强社会的凝聚力，只有全社会团结一致才能遏制疫情的传播，才能减轻疫情带来的次生灾害。

柯林斯（2012：160～161）认为社会团结的实现是因为情感能量具有控制属性，也就是涂尔干所说的"道德情操"。特纳也有类似的观点，认为情感是把人们联系在一起的"黏合剂"，当人们知觉到别人的奖励后会体验到正性情感，也更有可能给予他人奖励，这种交互的奖励增强了社会的团结感（特纳，2009：81）。特纳认为人的基本需要推动了人际互动，这些基本需要包括证明自我的需要、盈利交换的需要、群体卷入的需要、信任的需要、确定性的需要，这些基本需要的满足都会产生积极情绪（特纳、斯戴兹，2007：135～137）。依据特纳的观点，人们对疫情防控的卷入程度越高，积极情绪体验越高；当人们察觉到他人传达出的信任信号时，也会体会到积极情绪；随着人们对新冠病毒的认识不断加深，疫情带来的不确定性降低，人们的积极情绪体验会增加。由此可见，疫情应对的共同体既是社会情绪的共同体，也是道德共同体、社会信任的共同体。

（五）道德共同体

什托姆普卡（2005：5～6）认为社会不仅是利益联合体，也应该是道德共同体，他赞同福山（Fukuyama：1995：7）道德共同体建基于伦理习惯和由共同体成员内化的相互的道德义务上的观点。什托姆普卡指出，道德共同体是与"我们"联系的特殊方式，它有三个基本的组成元素：一是信任，相信他人会对自己做出有道德的行为；二是忠诚，接受别人的信任，也承担义务，避免辜负别人的信任；三是团结，关心他人的利益并愿意为他人的利益而采取行动，即使和自己的利益相冲突（什托姆普卡，2005：6）。这与普特南（Putnam，1993：89）信任是一种道德资源的观点是一致的。什托姆普卡认为全球化和社会的变化使社会的合作变成了一种迫切的需要，对合作依赖的增加也使对信任的需求增加了。为了应对风险社会需要增加信任储备，为了应对制度、组织和技术系统的复杂性也必须选择信任，在面对太多的选项难以定夺时也必须选择信任（什托姆普卡，2005：15～16）。尤斯拉纳认为对陌生人的信任是普遍信任，是道德主义的信任，对了解的人的信任是策略性的信任，信任陌生人就意味着接受他们进入自己的"道德共同体"（尤斯拉纳，2006：1）。这样，对普遍信任来说，大多数人处于道德共同体中，与之相对，个别信任的共同体很有限，信任的对象限于了解的人，二者的区别是道德共同体的包容度（尤斯拉纳，2006：30～31）。普遍信任和个别信任的区别类似于普特南的"团结型"社会资本和"桥梁型"社会资本。但是，道德主义信任是善待他人、不计回报的，不容易在人群中传播，难以建设却容易毁坏（尤斯拉纳，2006：29～31），因此，从个别信任上升到普遍信任，提高道德共同体的宽容度是共同体建构的关键。

（六）信任共同体

对于新型传染病，专家对它的了解也极其有限，对疫情风险的识别、对风险的评价都非常困难，对于社会来说选择普遍信任、全面合作是建构道德共同体的需要。在应对不确定和不可控的未来时，信任变成了至关重要的策略，是对复杂社会环境的一种简化策略（什托姆普卡，2005：32）。但是，我们也看到社会的信任并不会轻易做出，这是因为信任是有风险的，信任是一种策略，不信任也是一种策略，前者是社会的必选项，后者则可能是多数个体的选择。一般情况下，人们会采取策略性信任，也就是基于信息、知识和以往经验来决定是否信任（尤斯拉纳，2006：19）。

（七）个体化与共同体建构

对公共卫生事件来说，建构共同体的重要性是"自然而然"的、"不言而喻"的，这样的观点来自滕尼斯的"共同理解"（common understanding）（鲍曼，2003：5～7），但是，共同体的建构又是困难的。霍普（2010：54～56）认为不安全感和个体主义会导致共同体生活的削弱，不信任也一样。共同体的作用是使成员之间的相互交往与合作成为必要，这种关系是建立在相互信任的基础之上的，他认为近年来信任之所以受人关注就是因为信任的式微。后现代性的进程促进了个人的自由，但维持持久的人际关系也变得越来越困难，人们摆脱感到不满意的人际关系的同时，也增加了对他人的怀疑，人际关系变得越来越不安全，人与人的互相防范被称为"危险的陌生人"现象。这就使人们越来越专注于个人的生活，不愿意参加共同体的活动。

面对疫情中出现的社会问题，我们比以往任何时候都更能体会贝克在风险社会理论中的那些思考，特别是他的世界风险社会命题、个体化命题、全球化命题（贝克、贝克－格恩斯海姆，2011：5）。当全球化和个体化同时演进时，制度性的个体主义如何面对世界风险社会？我们此刻深切感受到这个困境。贝克指出，个体化的过程中表现为对个人生涯和生活的自我规划，个体的风险认知也带来了个体风险的承担，贝克认为社会风险的个体化表现在社会问题的心理学化，社会危机表现为个人危机，个人表现出机能不全、负罪感、焦虑、冲突和紧张等（贝克，2004：123）。如何摆脱个体化与全球风险应对的困境，鲍曼在《个体化》一书的序言中指出，个体凝聚为集体来协力应对风险是难以实现的，个体不可能为一个"共同目标"团结，因为个体缺乏与他人的困扰相结合的边界，个体是独自抗争中起陪伴作用的受害者。他认为公共利益达成共识，形成共同生活急需建立"关系网络"，构筑的共同体是脆弱短命的，"在这些共同体中，人们共享苦恼、焦虑和怨恨，但他们都是'钉子'共同体，众多孤独的个体短暂地围绕在钉子周围，并把他们孤独的个体恐惧悬挂在这颗钉子上"（贝克、贝克－格恩斯海姆，2011：25～26）。贝克认为，以往社会学家对个体化的认识有一个主线，个体化是高度分化社会的结构特征，不仅不会危及社会的整合，反而是整合得以实现的可能条件。个体化释放出来的个体创造力，被认为是社会急剧变迁状况下革新的创造空间。在高度现代性下共同体和相互关系的维系，不再依赖稳固的传统，而是靠吊诡的互致个体化的集体（collectivity of reciprocal individualization）（贝克、贝克－格恩斯海姆，2011：31）。他认为，"在全球风险社会中，抽离的个体和全球问题之间有一个制度化的失衡"（贝克、贝克－格恩斯海姆，2011：31）。个体化培育了一个自我中心的社会的观念是错误的，个体化也存在朝"利他个人主义"发展的迹象。其次，在高度个体化的文化中，个体必须保持社会的敏感性，要懂得与他人相处，懂得承担责任，在为自己而活的基础上也要为别人而活（贝克、贝克－格恩斯海姆，2011：245～246），这种合作的个体主义的前提就是每个人都有权利为自己而活，也必须在某种情况下重新协商共同生活的约定（贝克、贝克－格恩斯海姆，2011：33）。高度个体化社会整合有一种可能性，"如果说高度个体化的社会可以整合的话，那么首先必须对这种状况有一个清晰的认识；其次，人们在面对生命中的重要挑战（失业、自然灾害等）时必须能够被动员与激发"（贝克、贝克－格恩斯海姆，2011：21）。

（八）共同体建构的路径

从以上共同体的诸多描述中可以看到，共同体的建构存在两条路径，一条是情绪、情感路径，另一条是认知路径。风险应对共同体的建构以风险共同体、安全共同体为基础，但是这一基础是外在的，风险共同体、安全共同体是由焦虑、不安全感、恐惧等负向情绪驱动的。按照贝克（2004：188）的自反性理论，随着风险意识的增强人类逐渐认识到大家同处世界风险社会，寻求建立共同体来应对风险。命运共同体的建构是一个更为理智的过程，人们认识到仅以情绪驱动来形成共同体是困难的，即使形成也是暂时的、不牢固的。因此，共同体要让人们体会到温馨、舒适等正向情绪，并在基于共同认识、互相信任和共同价值观的互动过程中体会到积极的情感，情感是比情绪更为深刻和持久的，情感维系的共同体才是真正、持久、牢固的共同体，这一过程就是共同体建构的情绪、情感路径。认知路径始于风险共同体、安全共同体的风险认知，自反性思想，到非传统安全思想的出现标志着从不安全的视角转换为安全的视角，安全涉及日常生活的各方面。但是要达成世界安全人人努力的共识也是一个艰难的过程，要达成对风险认知、风险应对、社会信任、社会团结的广泛共识，特别是要在一个知识共同体下才可能，这就是共同体建构的认知路径。这两条路径既是平行的也是关联的，风险认知本身与情绪关联，从以上多个共同体的论述看，信任可能是两条路径中处于枢纽位置的关联项。本研究关注的内容是共同体建构的情绪、情感路径和认知路径以及相关因素之间的关系，希望从这些关系中理解共同体建构的机制。风险共同体的关系如图7-16所示。

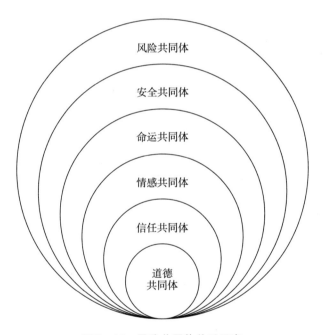

图7-16 风险共同体关系示意

（九）风险共同体建构机制的分析框架

根据不同范畴的共同体的讨论我们发现情绪、信任、道德等是共同体建构的核心影响因素，本研究认为风险认知、社会情绪体验、风险信息、信任、信心等是重要的变量，通过疫情期间的调查来考察风险共同体建构中主要变量间的关系。本研究假设信息对信任和信心有着正向的影响，信任对于信心也有正向的影响，风险信息需要的满足可以增加民众信任，进而提升民众对疫情防控的信心，信息需求的满足和信任的增加对于风险认知和情绪也有积极的影响，如图7-17所示。

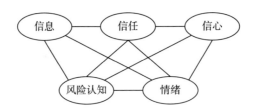

图 7-17　风险共同体建构机制分析框架

三　变量与研究方法

（一）调查对象

本研究使用的数据库是中国社会科学院社会学研究所社会心理学研究中心的"疫情下社会心态调查"，该调查通过智媒云图的调查平台问卷宝App进行，向在线样本库的全国用户（约110万人，覆盖全国346个地级城市）推送问卷。问卷宝调查平台能够实现定制化调查和精准的问卷推送，参与调查者需要经过系统认证，系统根据以往用户问卷填写进行用户填答真实性评价，问卷设置了甄别答题真实性的陷阱题、逻辑检验题，以提高数据的质量。本次疫情下社会心态调查覆盖了全国31个省区市（不含港澳台），年龄范围为18~70岁。

本研究所采用的数据调查时间为2020年2月10日至3月19日，共包括有效样本8428份，其中男性为5050人（59.9%）、女性为3378人（40.1%），平均年龄为28.61±9.65岁。受互联网用户年龄分布特点影响，样本库中青年人（18~45岁）比例相对较大，受教育程度也比全国人口普查数据高。具体样本情况如表7-17所示。

表 7-17　样本基本情况（$N = 8428$）

单位：人，%

变量	类别	样本量	占比
性别	男性	5050	59.9
	女性	3378	40.1

续表

变量	类别	样本量	占比
年龄	18～20 岁	1668	19.8
	21～30 岁	4049	48.0
	31～40 岁	1785	21.2
	41～50 岁	621	7.4
	51～60 岁	192	2.3
	61～70 岁	113	1.3
受教育程度	小学毕业及以下	63	0.7
	初中毕业	356	4.2
	高中（技校、职高、中专）毕业	1828	21.7
	大专（含在读）	2068	24.5
	大学本科（含在读）	3614	42.9
	研究生（含在读）及以上	499	5.9
平均月收入	1000 元及以下	1531	18.2
	1001～3000 元	1257	14.9
	3001～5000 元	2023	24.0
	5001～7000 元	1903	22.6
	7001～1 万元	968	11.5
	1 万～1.5 万元	438	5.2
	1.5 万～3 万元	183	2.2
	3 万～5 万元	56	0.7
	5 万～10 万元	23	0.3
	10 万元以上	46	0.5

（二）变量及其测量

信息变量的测量采用两个条目，一个是疫情信息公开的及时性（"您觉得疫情的信息公开是否及时?"，采用李克特 4 点量表进行计分，1 = 非常滞后，4 = 非常及时），另一个是疫情信息公开的透明度（"您觉得疫情的信息公开透明程度如何?"，采用李克特 4 点量表进行计分，1 = 非常低，4 = 非常高），两个条目的内部一致性系数为 0.72。

信任变量测量的是人们对疫情信息来源的信任程度（"您认为下列各个渠道发布的疫情相关信息是否可靠?"，采用李克特 4 点量表进行计分，1 = 非常不可靠，4 = 非常可靠）。信任分为官方信息源信任和非官方信息源信任两个维度，官方信息源包括中央媒体（如央视、新华社、人民网）、地方新闻媒体、政府部门发布的疫情整体判断和官方微博、微信公众号 4 个条目，其内部一致性系数为 0.76；非官方信息源包括商业网站（如新浪网、凤凰网）、微博大 V、知名微信公众号、熟人发来的内部信息、社区人员、工作单位、海外媒体、百度贴吧等论坛和知乎等知识平台 9 个条目，其内部一致性系数为 0.88。

信心测量的是人们对政府部门、医护人员、医学科研人员、广大民众、社区组织、公益组织、慈善组织、大型互联网平台和志愿者组织在疫情防控表现方面的总体信心（"您对下列人员在战胜疫情过程中的表现是否有信心？"，采用李克特 4 点量表进行计分，1 = 完全没有信心，4 = 非常有信心），9 个条目的内部一致性系数为 0.91。

风险认知采用两个条目进行测量，一个条目测量感染病毒的可能性（"您认为自己感染病毒可能性有多大？"），另一个条目测量疫情在社区扩散的可能性（"您预计疫情在您所在的社区扩散的可能性有多大？"），两个条目均采用李克特 4 点量表进行计分，1 = 完全不可能，4 = 非常可能。两个条目的内部一致性系数为 0.58。

情绪测量的是人们面对疫情时的体验（"疫情牵动人心，下面这些描述是否符合您此刻针对此事的情绪感受？"，采用李克特 5 点量表进行计分，1 = 完全没有，5 = 非常强烈）。情绪感受分为积极情绪和消极情绪两个维度，积极情绪包括乐观和平静 2 个条目，其内部一致性系数为 0.65；消极情绪包括担忧、无助、恐惧、悲伤、愤怒、恐慌 6 个条目，其内部一致性系数为 0.86。

（三）数据分析

本研究采用 SPSS 22.0 统计分析软件进行描述统计和信度分析，采用 AMOS 22.0 构建结构方程模型。

四　研究结果

为了对风险共同体建构机制分析框架进行验证，本研究使用 AMOS 22.0 建立了结构方程模型。信息、官方信息源信任、非官方信息源信任、信心、风险认知、积极情绪和消极情绪均作为潜变量纳入模型。为了优化模型，添加了部分测量变量残差之间的相关（添加了残差相关的变量包括：官方信息源信任和非官方信息源信任，对医护人员和医学科研人员的信心、对公益组织和慈善组织的信心、对微博大 V 和知名微信公众号的信任、对百度贴吧等论坛和知乎等知识平台的信任，对社区人员和工作单位的信任）。由于卡方统计值易受样本量影响，鉴于本研究的样本量较大（$N = 8428$），故采用 NNFI（也称 TLI，界值为 0.90）、CFI（界值为 0.90）和 RMSEA（界值为 0.08）作为模型拟合优度的指标（温忠麟等，2004）。结果显示模型拟合良好：NNFI = 0.90，CFI = 0.91，RMSEA = 0.05。

各测量指标在其相应潜变量上的标准化因子载荷均极其显著（$ps <$ 0.001）（见表 7 - 18），且因子载荷值均在 0.50 以上（Hair et al.，2010），表明各测量指标能较好地代表其所要测量的潜变量。

表 7 - 18　各测量指标在其相应潜变量上的因子载荷

潜变量	测量指标	均值（标准差）	标准化因子载荷
信息	信息公开的及时性	3.07（0.73）	0.74 ***
	信息公开的透明度	3.01（0.65）	0.77 ***
官方信息源信任	中央媒体（如央视、新华社、人民网）	3.49（0.63）	0.68 ***
	地方新闻媒体	3.20（0.64）	0.73 ***
	政府部门发布的疫情整体判断	3.38（0.64）	0.70 ***
	官方微博、微信公众号	3.17（0.69）	0.56 ***
非官方信息源信任	商业网站（如新浪网、凤凰网）	3.03（0.69）	0.65 ***
	微博大 V	2.67（0.79）	0.73 ***
	知名微信公众号	2.82（0.74）	0.72 ***
	熟人发来的内部信息	2.43（0.77）	0.64 ***
	社区人员	2.89（0.70）	0.64 ***
	工作单位	2.98（0.66）	0.61 ***
	海外媒体	2.25（0.85）	0.61 ***
	百度贴吧等论坛	2.37（0.80）	0.68 ***
	知乎等知识平台	2.60（0.77）	0.65 ***
信心	政府部门	3.36（0.68）	0.71 ***
	医护人员	3.65（0.56）	0.64 ***
	医学科研人员	3.61（0.59）	0.68 ***
	广大民众	3.26（0.70）	0.76 ***
	社区组织	3.35（0.65）	0.83 ***
	公益组织	3.31（0.72）	0.77 ***

续表

潜变量	测量指标	均值（标准差）	标准化因子载荷
信心	慈善组织	3.17 (0.84)	0.69 ***
	大型互联网平台	3.28 (0.69)	0.76 ***
	志愿者组织	3.51 (0.61)	0.74 ***
风险认知	感染病毒的可能性	2.00 (0.68)	0.60 ***
	疫情在社区扩散的可能性	2.33 (0.69)	0.68 ***
积极情绪	乐观	3.49 (1.22)	0.80 ***
	平静	3.17 (1.20)	0.60 ***
消极情绪	担忧	3.44 (1.26)	0.55 ***
	无助	2.38 (1.27)	0.74 ***
	恐惧	2.51 (1.28)	0.86 ***
	悲伤	2.68 (1.30)	0.71 ***
	愤怒	2.58 (1.35)	0.60 ***
	恐慌	2.36 (1.25)	0.80 ***

$^* p < 0.05$，$^{**} p < 0.01$，$^{***} p < 0.001$。下同。

信息、信任、信心、风险认知和情绪的关系模型如图7-18所示，为了使模型显得简洁，各潜变量的测量指标没有在图中显示。信息能够显著正向预测官方信息源信任、非官方信息源信任和积极情绪，显著负向预测消极情绪，从标准化路径系数的值来看，其对官方信息源信任的影响（$\beta = 0.66$）大于其对非官方信息源信任的影响（$\beta = 0.31$），表明及时、透明地公开疫情信息能够显著提升人们对官方信息源和非官方信息源的信任，增加人们的积极情绪、减少消极情绪。官方信息源信任能够显著正向预测信心和积极情绪，显著负向预测风险认知和消极情绪；而非官方信息源信任对消极情绪和风险认知有显著正向预测作用，对信心和积极情绪无显著影响，表明官方信息源信任在疫情防控信心的提振、降低风险评价、增加积极情绪和减少消极情绪上都有积极作用，而非官方信息源信任则不能提振疫情防控信心、增加积极情绪，并且还会提高风险评价、增加消极情绪。信心能够显著正向预测积极情绪，显著负向预测风险认知和消极情绪，表明对疫情防控的信心能够显著增加人们的积极情绪、减少其消极情绪，并能降低人们对疫情风险的评价。风险认知能够显著负向预测积极情绪，正向预测消极情绪，从标准化路径系数的值来看，其对消极情绪的影响更大（$\beta = 0.29$），表明疫情风险评价的提高能够显著增加人们的消极情绪、减少其积极情绪。通过决定系数 R^2 可以了解本模型对各因变量变异的解释力。官方信息源信任、非官方信息源信任、信心、风险认知、积极情绪和消极情绪的决定系数 R^2 分别为 0.43、0.09、0.52、0.09、0.14 和 0.14，表明信息公开的及时性和透明度可以解释官方信息源信任 43% 的变异，但只可以解释非官方信息源信任 9% 的变异；信息公开的及时性和透明度、官方信息源信任和非官方信息源信任可以解释疫情防控信心 52% 的变异；信息公开的及时性和透明度、官方信息源信任和非官方信息源信任、疫情防控信心可以解释风险认知 9% 的变异；信息公开的及时性和透明度、官方信息源信任和非官方信息源信任、疫情防控信心和风险认知可以解释积极情绪和消极情绪各 14% 的变异。

综合整个模型来看，信息公开的及时性和透明度可以提升人们对信息来源的信任，进而增强疫情防控信心，而信心的增强则能减弱人们对疫情风险的感知，进一步增加人们的积极情绪、减少其消极情绪。

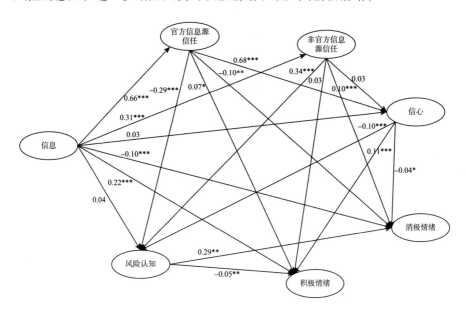

图 7-18　信息、信任、信心、风险认知和情绪的关系模型

五　结论与讨论

本研究采用"疫情下社会心态调查"数据来验证上文提出的风险共同

体建构机制模型（见图 7 - 18），结构分析的结果很好地支持了这一模型的假设。分析结果清晰地显示出信息通过信任对疫情防控信心的影响，在这一影响路径中，信息本身对信心的影响极小且不显著，信任起到了重要的中介作用，而且，信心的提振是通过对官方媒体信任产生作用的，而对社会媒体的信任则使信心下降。研究还发现，信息公开的及时性和透明度与积极情绪有显著的正向关系，也就是信息公开的及时性和透明度越高，积极情绪也越高，信息公开与消极情绪有很弱的负向关系。

本研究中的信息变量采用的指标是风险信息公开的及时性和透明度，2020 年 1 月 25 日，官方媒体用多种形式大量报道疫情信息，疫情信息公开的及时性和透明度提高，人们对社交媒体等社会媒体的依赖程度下降，对官方媒体的信任提高，进而提振了对疫情防控的信心（王俊秀等，2020）。

信息在风险共同体建构机制模型中的作用之所以如此重要，是因为风险沟通在应急管理中的重要地位。风险沟通是拯救生命的重要环节，风险沟通要通过双向信息交换过程来了解公众多样性的信息需求（林德尔等，2016：61；卡斯帕森、卡斯帕森，2010：29 ~ 30），而风险沟通的最终目的是号召广泛的公众参与。卡斯帕森、卡斯帕森（2010：7 ~ 9）认为风险信息的可信度与机构信誉及公众信任密切相关，有效的公众参与依赖于技术性和分析性信息源，新的风险知识和技术性的信息越多，越能增强沟通能力，风险沟通也就越成功。与社会媒体相比，官方媒体在民众中有更好的信誉，2020 年春节后官方媒体在对疫情报道、疫情分析和相关知识的介绍上更为系统，起到了信息沟通的"富信息"（卡斯帕森、卡斯帕森，2010a：31）作用。研究者发现良好的风险沟通需要多元化的渠道、可靠的信息源、信息传播的频率、信息复核确认、信息源之间的一贯性和对谣言的有效控制等方面（卡斯帕森、卡斯帕森，2010a：57）。卡斯帕森、帕姆朗德（2010：40）提出一个风险沟通的信息系统，把沟通过程分为信息源、信息、沟通渠道和接收者四个部分，信息源决定信息的可靠性，信息依据意图分为多种类型，沟通渠道包括媒体、人际和组织间的网络，接收者是信息涉及的目标群体，包括风险承担者、风险管理者或普通民众。由此可以看到，信息系统是信息供需之间和媒介共同构成的，要满足信息需求及要求信息源的充分、可靠、及时，信息要系统、科学，信息沟通渠道通畅。要形成有效的信息系统实际上已经形成了一个信息的共同体，对于新的风险信息共同体要由风险研究的科学共同体来提供有力的支撑（卡斯帕森、卡斯帕森，2010a：37）。

本研究发现对官方媒体的信任对信心的提升起着重要的中介作用，这一作用不仅显著，而且是所有变量中影响最大的；对社会媒体的信任对信心有负向影响，也就是越信任社会媒体，对社会各界疫情防控的信心越不足。对疫情防控主体的信心在一定程度上是社会团结和凝聚力的基础，信任在社会团结中起着枢纽性作用，这一结果证明了在危机环境下信任共同体是风险共同体建构的基础。

本研究中信任的变量是对官方媒体的信任和对社会媒体的信任，这一信任变量属于什托姆普卡（2005：70~72）所言的工具性信任，什托姆普卡把信任视为一种赌博，因此信任中是含有期望的，期望不同得到的可能性不同，信任的风险也就不同。什托姆普卡认为从工具性信任，到期望他人行动具有道德品质的价值论信任，再到把他人利益放在自己利益之上的信用信任，期望是逐渐增加的，风险也就逐渐增大，媒体信任与价值论信任和信用信任不同。本研究中媒体信任是危机下的策略性信任，相比价值论信任和信用信任所含的期望最低，信任的风险程度也最低，在危急时刻更容易做出选择，也在短时间内更容易得到提升或下降。从官方媒体疫情信息缺失到信息供给充足，这一变化在很短的时间内就发生了，民众对官方媒体的信任程度也就很快上升了（王俊秀等，2020）。

信任为什么会提振信心？吉登斯（2000：30）是用这一关联来定义信任的，他认为信任是对一个人或一个系统的可信赖所持有的信心。卡斯帕森、卡斯帕森（2010a：200）也认为信任是信心的基础，信任包含四个关键组成部分，即承诺、胜任、关怀和可预期性（卡斯帕森、卡斯帕森，2010b：210），可预期性是指信任是基于期望和信念实现的，信心正是基于可预期性。什托姆普卡（2005：30~33）则认为人们应对不可控的困境会采取三种态度，即希望、信心和信任，前二者是指相信事情将会是好的，相信好的事情会发生，而信任则是相信他人未来的可能行动的赌博。这一观点把信心与信任并置，这样的话信心就成为风险下必然会发生的结果，而我们的研究显示，信息对信心并不存在显著影响，信任才是显著影响信心的因素，信息－信任－信心成为一条重要的路径，这对于风险共同体的建构非常重要。

研究还发现，信任与情绪之间存在较弱的关联，对官方媒体的信任与积极情绪不存在显著的关系，社会媒体信任与消极情绪之间有显著的弱关联，也就是信任程度越高消极情绪的得分也越高。相比之下，信息公开的及时性和透明度与积极情绪存在显著的较强的正向关系。信任与风险认知之间的关联更强，官方媒体信任与风险认知有显著的中等程度的负向关系，也就是对官方媒体信任程度越高，对疫情的风险评价越低；对社会媒体的信任与风险认知存在中等程度的显著的正向关系，也就是对社会媒体的信任程度越高，对疫情风险的评价也越高。

信任在前文提到的共同体建构的两条路径中都起着中介作用，共同体建构的情绪、情感路径是从风险社会到"焦虑社会"（斯科特，2005：58），作为外在驱力，在信任、道德伴随的积极情绪、情感下形成情感共同体，信任处于中介的位置。但在本研究中信任与情绪之间是弱的关联，这可能是因为媒体信任与个人特质、关系信任不同，也与价值论信任和信用信任（什托姆普卡，2005：70～72）不同，处于较低的工具性信任水平，与情感直接的关联不大。信任可能的影响路径是通过风险认知进而影响情绪。分析结果显示，对官方媒体的信任程度越高，风险评价越低，积极情绪越高，消极情绪越低；对社会媒体的信任程度越高，风险评价也越高，消极情绪也越高，积极情绪越低。

从风险认知角度看，风险认知的因素也类似地有情绪因素、情感因素、信任因素、价值观。奥尔特温·雷恩和伯内德·罗尔曼（2007：281）提出影响风险认知有四个层次的因素，第一个层次是信息加工捷思法，风险认知依靠集体的捷思法和个体的共识，有研究表明恐惧感、毁灭可能性和可控性等影响风险认知；第二个层次是认知－情感因素，影响因素包括参照知识、个人信仰、污名和情感；第三个层次是社会－政治制度，影响因素包括社会价值与信任、个人价值与兴趣、经济与政治结构、组织限制、社会－经济地位、媒体影响等；第四个层次是文化背景，影响因素包括文化制度，政治、社会和经济文化，个人认同和意义感以及世界观。这四个层次中第一个层次最低，第四个层次最高，高层次控制低层次。可以看到风险认知四个层次中信息、信任、情感和价值观在不同层次中产生影响。

本研究提出了信息－信任－信心模型，并认为这一模型可以解释应对风险的共同体建构中的核心机制。在这一模型中，信任处于重要的枢纽地位，是共同体建构的认知路径和情绪、情感路径的联结点和中介，也是共同体建构中最核心的变量。本研究采用的数据是疫情初期的疫情信息、媒体信任、对疫情防控主体的信心、风险评价的高低、积极和消极情绪，通过这些变量之间的关联分析，证明了信息通过信任影响信心的认知路径的存在。由于研究是在 2022 年 2 月 10 日至 3 月 19 日做的，这种短时的非常态情境难以看到完整的共同体情绪、情感路径，这是今后研究需要继续深入的。

从前文对不同形式共同体的梳理可以看到，风险共同体、安全共同体都不是常态下的共同体，面对风险的共同体如何成为有效应对风险的共同体，需要在常态下形成综合的共同体机制，既包含风险共同体、安全共同体的核心内容，如焦虑和不安全感的外在驱动，也应该包含命运共同体下的自反性共识的形成，并在建构过程中逐步形成情感共同体、信任共同体，直到成为道德共同体，这样的共同体建构过程是一种理想形式，也是必须努力的方向，只有在这样的进程中不断深入，在今后遇到重大公共卫生事件和其他突发事件时才能更有效应对。

参考文献

阿兰·斯科特，2005，《风险社会还是焦虑社会？有关风险、意识与共同体的两种观点》，载芭芭拉·亚当、乌尔里希·贝克、约斯特·房·龙编著《风险社会及其超越：社会理论的关键议题》，赵延东等译，北京出版社。

阿列克斯·英克尔斯、戴维·H. 史密斯，1992，《从传统人到现代人——六个发展中国家中的个人变化》，顾昕译，中国人民大学出版社。

埃里克·尤斯拉纳，2006，《信任的道德基础》，张敦敏译，中国社会科学出版社。

安东尼·吉登斯，2000，《现代性的后果》，田禾译，译林出版社。

奥尔特温·雷恩、伯内德·罗尔曼，2007，《跨文化风险感知研究：现状与挑战》，载奥尔特温·雷恩、伯内德·罗尔曼编著《跨文化的风险感知——经验研究的总结》，赵延东、张虎彪译，北京出版社。

保罗·霍普，2010，《个人主义时代之共同体重建》，沈毅译，浙江大学出版社。

彼得·华莱士·普雷斯顿，2011，《发展理论导论》，李小云、齐顾波、徐秀丽译，社会科学文献出版社。

彼得·什托姆普卡，2005，《信任：一种社会学理论》，程胜利译，中华书局。

彼得·什托姆普卡，2011，《社会变迁的社会学》，林聚任等译，北京大学出版社。

蔡禾、曹志刚，2009，《农民工的城市认同及其影响因素——来自珠三角的实证分析》，《中山大学学报》（社会科学版）第 1 期。

蔡贞、汪玉兰、毕重增，2012，《农民工农民身份认同的结构与测量》，《西南农业大学学报》（社会科学版）第 4 期。

曹成刚，2013，《新生代农民工心理服务体系建设探析》，《中州学刊》第 9 期。

陈敏灵、王孝孝，2019，《职业倦怠：内涵、测量与形成机理》，《外国经济与管理》第 8 期。

陈明、张云峰，2013，《城镇化发展质量的评价指标体系研究》，《中国名城》第

2 期。

陈显威，2005，《论家庭文化的教育功能》，《重庆教育学院学报》第 2 期。

陈亚婷，2020，《新冠肺炎疫情防控中的社会心理和社会心态研究》，《湖北经济学院学报》（人文社会科学版）第 9 期。

陈云松、范晓光，2016，《阶层自我定位、收入不平等和主观流动感知（2003 - 2013)》，《中国社会科学》第 12 期。

成伯清，2007，《从乌托邦到好社会——西方现代社会建设理念的演变》，《江苏社会科学》第 6 期。

成伯清，2011，《社会建设的情感维度——从社群主义的观点看》，《南京社会科学》第 1 期。

程灶火、谭林湘、杨英等，2004，《中国人婚姻质量问卷的编制和信效度分析》，《中国临床心理学杂志》第 3 期。

池丽萍，2018，《对社会心理服务体系建设实践的反思》，《心理技术与应用》第 10 期。

丛中、安莉娟，2004，《安全感量表的初步编制及信度、效度检验》，《中国心理卫生杂志》第 2 期。

崔丽娟，1995，《老年人夫妻关系及影响因素的研究》，《心理科学》第 4 期。

崔丽娟、张昊，2019，《群体认同下流动儿童身份管理策略研究》，《福建师范大学学报》（哲学社会科学版）第 5 期。

大卫·丹尼，2009，《风险与社会》，马缨、王嵩、陆群峰译，北京出版社。

戴烽，2008，《家文化视角下的公共参与》，《广西社会科学》第 4 期。

丹珠昂奔，2021，《中华民族共同体意识的概念构成、内涵特质及铸牢举措》，《民族学刊》第 1 期。

董明伟，2008，《城市农民工的自我社会认同分析》，《云南财贸学院学报》（社会科学版）第 2 期。

方杰、温忠麟、梁东梅等，2015，《基于多元回归的调节效应分析》，《心理科学》第 3 期。

费孝通，1989，《中华民族的多元一体格局》，中央民族大学出版社。

费孝通，2004，《论人类学与文化自觉》，华夏出版社。

风笑天，2011，《工作的意义：两代人的认同与变迁》，《社会科学研究》第 3 期。

高承海、杨阳、董彦彦、万明钢，2014，《群际接触理论的新进展：想象性接触假说》，《世界民族》第 4 期。

高顺成，2014，《中国新型城镇化健康发展质量评价指标体系构建》，《当代经济》第 19 期。

高文珺，2017，《城市居民主观社会阶层特点分析——基于 CLASS - INTELLVISION 社会心态调查数据》，载王俊秀主编《中国社会心态研究报告（2017）》，社会科学文献出版社。

高文珺、赵志裕、杨宜音、冯江平，2013，《民族－国家双重社会认同结构及其影响——以云南汉族和少数民族居民调查为例》，《云南师范大学学报》（哲学社会科学版）第 5 期。

戈登·奥尔波特，2020，《偏见的本质》，凌晨译，九州出版社。

葛晨虹，2009，《中国传统家庭文化及其现代价值》，《政工研究动态》第 C1 期。

龚培兴、陈洪生，2003，《政府公信力：理念、行为与效率的研究视角——以"非典型性肺炎"防治为例》，《中共中央党校学报》第 3 期。

管健、荣杨，2020，《共同内群体认同：建构包摄水平更高的上位认同》，《西北师大学报》（社会科学版）第 1 期。

哈伯先、刘士卓，2008，《新社会阶层：社会中间阶层的主体》，《河北师范大学学报》（哲学社会科学版）第 5 期。

汉斯·冈特·布劳赫、乌尔苏拉·奥斯瓦尔德·施普林、切斯瓦夫·梅斯加什、约翰·格林、刘成编，2015，《全球化和环境挑战：21 世纪的安全观重构》，张晓萌译，南京出版社。

和红、王硕，2016，《不同流入地青年流动人口的社会支持与生活满意度》，《人口研究》第 3 期。

洪宇翔、李从东，2015，《面向社会稳定风险治理的社会情绪共同体研究》，《情报杂志》第 4 期。

侯曼、武敏娟，2018，《新生代农民工城市社会融入影响因素实证分析——以西安市为例》，《人口与社会》第 3 期。

胡捍卫、汪全海，2016，《社会支持对农村留守老人主观幸福感影响的调查分析》，《皖南医学院学报》第 1 期。

胡利利、于瑞波，2011，《工作倦怠理论研究评述》，《科技管理研究》第 3 期。

黄洁、吝涛、张国钦、李新虎，2014，《中国三大城市群城市化动态特征对比》，《中国人口·资源与环境》第 7 期。

黄四林、侯佳伟、张梅等，2015，《中国农民工心理健康水平变迁的横断历史研究：1995~2011》，《心理学报》第 4 期。

黄希庭，2020，《社区心理学是一门人文学科的心理学》，《社区心理学研究》第 1 期。

黄馨、张联社，2014，《角色理论视域下新生代农民工城市适应研究》，《城市发展研究》第 8 期。

L. 科尔伯格，2004，《道德发展心理学——道德阶段的本质与确证》，郭本禹译，华东师范大学出版社。

兰德尔·柯林斯，2012，《互动仪式链》，林聚任、王鹏、宋丽君译，商务印书馆。

雷洪、胡书芝，2014，《乡城移民家庭城市认同的区域及阶段性差异——基于广州、长沙、柳州三地的实证研究》，《学习与实践》第3期。

李超平、李晓轩、时勘、陈雪峰，2006，《授权的测量及其与员工工作态度的关系》，《心理学报》第1期。

李春玲，2017，《新社会阶层的规模和构成特征——基于体制内外新中产的比较》，《中央社会主义学院学报》第4期。

李春玲、刘森林，2018，《国家认同的影响因素及其代际特征差异——基于2013年中国社会状况调查数据》，《中国社会科学》第4期。

李春雷、姚群，2018，《"情绪背景"下的谣言传播研究》，《广州大学学报》（社会科学版）第10期。

李德顺，1994，《"滑坡"与"爬坡"——道德转型期的观念与现实》，《中国社会科学》第3期。

李浩昇，2008，《善待与接纳：对昆山市农民工市民化经验的解读》，《人口研究》第6期。

李静、史慧颖、夏凌翔、谭浩、姚志会，2012，《成渝农民工工作倦怠的特点及影响因素研究》，《安徽农业科学》第3期。

李路路，2017，《"新社会阶层"：谱系·变革·挑战》，《统一战线学研究》第4期。

李路路、王薇，2017，《新社会阶层：当代中国社会治理新界面》，《河北学刊》第1期。

李培林，1995，《"新富阶层"与"社会公平"》，《北京社会科学》第1期。

李强，2011，《社会分层十讲》（第二版），社会科学文献出版社。

李强，2017，《社会学视角中的新社会阶层》，《中央社会主义学院学报》第4期。

李强、李凌，2014，《农民工的现代性与城市适应——文化适应的视角》，《南开学报》（哲学社会科学版）第3期。

李伟、田建安，2011，《新生代农民工生活与工作状况探析——基于山西省6座城市的调查》，《中国青年研究》第7期。

李艳、孔德永，2008，《农民工对城市认同感缺失的现状、原因与对策分析》，《山东省农业管理干部学院学报》第5期。

李艺敏、吴瑞霞、李永鑫，2014，《城市居民的婚姻倦怠状况与婚姻压力、离婚意向》，《中国心理卫生杂志》第8期。

李银河，1996，《北京市婚姻质量的调查和分析》，《中国社会科学季刊》。

李颖灏、王建明，2014，《新生代农民工群体认同的影响因素》，《城市问题》第9期。

李原，2018，《目标价值与主观幸福感：内在影响机制的实证研究》，学苑出版社。

李原、李朝霞，2013，《物质主义价值观的心理机制及其测量》，载杨宜音、王俊秀等《当代中国社会心态研究》，社会科学文献出版社。

连东琴、史慧颖、范玲霞，2014，《婚姻满意度的研究述评》，《心理学进展》第4期。

廉思、冯丹、芦垚，2016，《当前我国新社会阶层的特征分析、杠杆作用以及工作思考——关于新社会阶层的调研报告》，《中国青年研究》第11期。

梁樱，2013，《心理健康的社会学视角——心理健康社会学综述》，《社会学研究》第2期。

廖申白，2004，《我们的"做人"观念——涵义、性质与问题》，《北京师范大学学报》（社会科学版）第2期。

刘宝驹，2000，《现代中国城市家庭结构变化研究》，《社会学研究》第6期。

刘同舫，2018，《构建人类命运共同体对历史唯物主义的原创性贡献》，《中国社会科学》第7期。

陆学艺主编，2002，《当代中国社会阶层研究报告》，社会科学文献出版社。

吕子晔、赵冰，2019，《关于农村全流动家庭夫妻关系的研究》，《农家参谋》第9期。

罗会明、黄吉城、周端华等，2006，《广东省2003 - 2004年SARS的流行与控制》，《中国人兽共患病学报》第4期。

罗杰·E.卡斯帕森，2010，《公众参与及其与风险沟通相关的六个命题》，载珍妮·X.卡斯帕森、罗杰·E.卡斯帕森编著《风险的社会视野（上）——公众、风险沟通及风险的社会放大》，童蕴芝译，中国劳动社会保障出版社。

罗杰·E.卡斯帕森、多米尼克·高尔丁、塞斯·图勒，2010，《有害物质填埋场选址与风险沟通中的社会不信任因素》，载珍妮·X.卡斯帕森、罗杰·E.卡斯帕森编著《风险的社会视野（上）——公众、风险沟通及风险的社会放大》，童蕴芝译，中国劳动社会保障出版社。

罗杰·E.卡斯帕森、英加·帕姆朗德，2010，《风险沟通评估》，载珍妮·X.卡斯帕森、罗杰·E.卡斯帕森编著《风险的社会视野（上）——公众、风险沟通及风险的社会放大》，童蕴芝译，中国劳动社会保障出版社。

罗纳德·英格尔哈特，2013a，《发达工业社会的文化转型》，张秀琴译，社会科学文献出版社。

罗纳德·英格尔哈特，2013b，《现代化与后现代化：43个国家的文化经济与政治变迁》，严挺译，社会科学文献出版社。

麻国庆，2017，《明确的民族与暧昧的族群——以中国大陆民族学、人类学的研究实践为例》，《清华大学学报》第3期。

迈克尔·K. 林德尔、卡拉·普拉特、罗纳德·W. 佩里，2016，《公共危机与应急管理概论》，王宏伟译，中国人民大学出版社。

梅里·卡巴莱诺－安东尼，2019，《非传统安全研究导论》，余潇枫、高英等译，浙江大学出版社。

默里·莱文、道格拉斯·D. 珀金斯、戴维·V. 珀金斯，2018，《社区心理学原理：观点与应用》，杨莉萍译，上海教育出版社。

纳日碧力戈，2019，《双向铸牢中华民族共同体意识》，《中南民族大学学报》（人文社会科学版）第4期。

倪鹏飞、李甫，2015，《中国二、三线城市的竞争力比较研究》，《理论学刊》第3期。

彭远春，2007，《论农民工身份认同及其影响因素——对武汉市杨园社区餐饮服务员的调查分析》，《人口研究》第2期。

彭宗超、钟开斌，2003，《非典危机中的民众脆弱性分析》，《清华大学学报》（哲学社会科学版）第4期。

皮亚杰，1981，《发生认识论原理》，王宪钿等译，商务印书馆。

齐格蒙特·鲍曼，2003，《共同体》，欧阳景根译，江苏人民出版社。

乔纳森·H. 特纳，2009，《人类情感——社会学的理论》，孙俊才、文军译，东方出版社。

乔纳森·特纳、简·斯戴兹，2007，《情感社会学》，孙俊才、文军译，上海人民出版社。

卿石松、郑加梅，2016，《工作让生活更美好：就业质量视角下的幸福感研究》，《财贸经济》第4期。

曲星，2013，《人类命运共同体的价值观基础》，《求是》第4期。

全国总工会新生代农民工问题课题组，2010，《关于新生代农民工问题的研究报告》，《工人日报》10月10日。

任慧媛，2022，《停工停产、断流断供，各路企业究竟该如何面对？》，中外管理传媒，https://baijiahao. baidu. com/s？id = 1730588200092847335&wfr = spider&for = pc。

Richard K. James、Burl E. Gilliland，2019，《危机干预策略》（第七版），肖水源、周亮等译校，中国轻工业出版社。

塞缪尔·亨廷顿，2010，《谁是美国人？——美国国民特性面临的挑战》，程克雄译，新华出版社。

沈江茜、蔡弘，2014，《家庭功能弱化与外化下家庭发展与政策选择》，《宿州学院学报》第 8 期。

师保国、李俊、王黎静、应小萍，2017，《越敢创新，越可能创业：创新效能感对大学生创业倾向的预测作用》，《河南师范大学学报》（哲学社会科学版）第 4 期。

宋林飞，2004，《关于新的社会阶层研究的几个问题》，载中共江苏省委统战部编印《探索求实创新》。

苏昊，2011，《我国的民族意识研究现状》，《民族论坛》第 22 期。

孙海荣，2020，《重大疫情事件中政府危机管理能力研究——以 SARS 肺炎疫情和新冠（COVID－19）肺炎疫情对比分析》，《辽宁大学学报》（哲学社会科学版）第 4 期。

孙慧、丘俊超，2014，《新生代农民工文化与心理融入状况调查——以广州市 CH 区为例》，《青年探索》第 2 期。

孙立平，2001，《"道德滑坡"的社会学分析》，《中国青年政治学院学报》第 5 期。

谭旭运、董洪杰、张跃、王俊秀，2020，《获得感的概念内涵、结构及其对生活满意度的影响》，《社会学研究》第 5 期。

唐灿、陈午晴，2012，《中国城市家庭的亲属关系——基于五城市家庭结构与家庭关系调查》，《江苏社会科学》第 2 期。

唐美玲、奂倩，2016，《新生代农民工的工作倦怠——基于工作要求－资源视角的分析》，《中国青年研究》第 9 期。

唐青秋，2017，《从媒介情景论视角下看微信群中的家庭关系》，《新闻传播》第 2 期。

唐娅辉，2004，《论家庭文化的嬗变与重构》，《中华女子学院学报》第 1 期。

陶雪婷、应小萍，2017，《2016－2017 年创业心态调查报告》，载王俊秀主编《中国社会心态研究报告（2017）——社会阶层与获得感》，社会科学文献出版社。

田喜洲、左晓燕、彭小平，2017，《工作意味着什么——工作意义概念、影响与研究框架》，《心理研究》第 2 期。

王春光，2001，《新生代农村流动人口的社会认同与城乡融合的关系》，《社会学研究》第 3 期。

王继华，2010，《家庭文化学》，人民出版社。

王俊秀，2013a，《社会情绪的结构和动力机制：社会心态的视角》，《云南师范大学学报》（哲学社会科学版）第 5 期。

王俊秀，2013b，《关注社会情绪，促进社会认同，凝聚社会共识：2012～2013 年中国社会心态研究报告》，载王俊秀、杨宜音主编《中国社会心态研究报告（2012～

2013)》，社会科学文献出版社。

王俊秀，2014，《社会心态理论——一种宏观社会心理学范式》，社会科学文献出版社。

王俊秀，2015a，《从社会心态培育到社会心理建设》，《北京工业大学学报》（社会科学版）第 4 期。

王俊秀，2015b，《社会心理建设是创新社会治理的基础》，《光明日报》9 月 7 日。

王俊秀，2017，《中国社会心态研究 30 年：回顾与展望》，《郑州大学学报》（哲学社会科学版）第 4 期。

王俊秀，2018，《不同主观社会阶层的社会心态》，《江苏社会科学》第 1 期。

王俊秀，2019，《从心理健康到幸福社会》，《光明日报》1 月 18 日。

王俊秀，2020a，《多重整合的社会心理服务体系：政策逻辑、建构策略与基本内核》，《心理科学进展》第 1 期。

王俊秀，2020b，《信息、信任、信心：疫情防控下社会心态的核心影响因素》，《光明日报》2 月 7 日。

王俊秀主编，2021a，《中国社会心态研究报告（2020）》，社会科学文献出版社。

王俊秀主编，2021b，《中国社会心态研究报告（2021）》，社会科学文献出版社。

王俊秀、高文珺、陈满琪、应小萍、谭旭运、刘晓柳，2020，《新冠肺炎疫情下的社会心态调查报告——基于 2020 年 1 月 24 日～25 日的调查数据分析》，《国家治理》第 Z1 期。

王俊秀、刘晓柳，2020，《民众美好生活需要测量分析报告（2020）》，载王俊秀、乌云特娜主编《中国民众美好生活研究报告（2020）》，社会科学文献出版社。

王兴超、杨继平、高玲，2013，《公民道德推脱问卷的中文版修订》，《心理与行为研究杂志》第 6 期。

王雪燕、胡荣，2012，《新生代农民工职业倦怠的影响因素分析》，《中共福建省委党校学报》第 5 期。

王训礼，1988，《我国社会主义初级阶段的阶级阶层结构新变化》，《社会学研究》第 6 期。 、

王延中，2018，《铸牢中华民族共同体意识建设中华民族共同体》，《民族研究》第 1 期。

温芳芳等，2020，《"涟漪效应"与"心理台风眼效应"：不同程度 COVID－19 疫情地区民众风险认知与焦虑的双视角检验》，《心理学报》第 9 期。

温忠麟、侯杰泰、马什赫伯特，2004，《结构方程模型检验：拟合指数与卡方准则》，《心理学报》第 2 期。

乌尔里希·贝克，2004，《风险社会》，何博闻译，译林出版社。

乌尔里希·贝克、伊丽莎白·贝克-格恩斯海姆，2011，《个体化》，李荣山、范
譞、张惠强译，北京大学出版社。

吴圣刚，2003，《论当代家庭文化》，《商丘师范学院学报》第 1 期。

吴文婷、陈莉，2021，《新冠肺炎期间疫情起伏与民众心理安全感的关系》，《中国
心理卫生杂志》第 4 期。

吴玉军、宁克平，2007，《城市化进程中农民工的城市认同困境》，《浙江社会科
学》第 4 期。

吴增礼，2018，《"全球风险社会"治理的中国智慧与构想：走向人类命运共同
体》，《南京社会科学》第 8 期。

习近平，2017，《决胜全面建成小康社会 夺取新时代中国特色社会主义伟大胜
利——在中国共产党第十九次全国代表大会上的报告》，《求是》第 21 期。

习近平，2019，《在全国民族团结进步表彰大会上的讲话》，新华网，http://www.
xinhuanet. com/2019 - 09/27/c_1125049000. htm。

习近平，2020，《在经济社会领域专家座谈会上的讲话》，光明网，https://politics.
people. com. cn/n1/2020/0825/c1024_31835058. html。

习近平，2021，《共同构建人类命运共同体》，《求是》第 1 期。

夏四平，2008，《农民工社会认同的特点研究》，硕士学位论文，西南大学。

肖灵、来仪，2015，《民族意识与民族认同——基于范式比较视角的研究综述》，
《中南民族大学学报》（人文社会科学版）第 5 期。

辛自强，2018，《社会心理服务体系建设的定位与思路》，《心理技术与应用》第
5 期。

辛自强、张梅、何琳，2012，《大学生心理健康变迁的横断历史研究》，《心理学
报》第 5 期。

熊红星、张璟、叶宝娟、郑雪、孙配贞，2012，《共同方法变异的影响及其统计控
制途径的模型分析》，《心理科学进展》第 5 期。

熊金才，2006，《家庭结构的变迁与家庭保障功能的弱化》，《太平洋学报》第
8 期。

徐安琪、叶文振，1998，《婚姻质量：度量指标及其影响因素》，《中国社会科学》
第 1 期。

徐巧云、康翠萍、孟立军、马超，2019，《1949—2019 年我国民族认同主题研究的
内容——基于 CSSCI 来源期刊的"民族认同"主题分析》，《新疆大学学报》（哲学·人
文社会科学版）第 5 期。

许传新，2007，《"落地未生根"——新生代农民工城市社会适应研究》，《南方人
口》第 4 期。

许燕、伍麟、孙时进、吕小康、辛自强、钟年、彭凯平、周明洁、栾胜华、郭永玉、王俊秀，2020，《公共突发事件与社会心理服务体系建设（笔会）》，《苏州大学学报》（教育科学版）第 2 期。

薛澜、张强，2003，《SARS 事件与中国危机管理体系建设》，《清华大学学报》（哲学社会科学版）第 4 期。

严翅君，2010，《警惕：新生代农民工成"职业枯竭"早发群体》，《江苏社会科学》第 1 期。

颜晓峰，2001，《新的社会阶层是有中国特色社会主义事业的建设者》，《中共青岛市委党校》（青岛行政学院学报）第 4 期。

杨继平、王兴超、高玲，2010，《道德推脱的概念、测量及相关变量》，《心理科学进展》第 4 期。

杨家宁，2011，《新社会阶层研究述评》，《广东省社会主义学院学报》第 3 期。

杨健、李辉，2012，《农民工城市认同问卷的编制与信效度分析》，《中国健康心理学杂志》第 2 期。

杨健、李辉、赫云鹏，2012，《农民工生活满意度、社会支持与城市认同的相关研究——以深圳市和昆明市为例》，《长春理工大学学报》（社会科学版）第 4 期。

杨君，2018，《关系型家庭：城市中老年家庭的生活特征与个体化悖论》，《中国农业大学学报》（社会科学版）第 6 期。

杨敏，2007，《作为国家治理单元的社区——对城市社区建设运动过程中居民社区参与和社区认知的个案研究》，《社会学研究》第 4 期。

杨宜音，1998，《社会心理领域的价值观研究述要》，《中国社会科学》第 2 期。

姚植夫、张译文，2012，《新生代农民工工作满意度影响因素分析——基于西北四省的调查数据》，《中国农村经济》第 8 期.

叶江，2002，《当代西方的两种民族理论——兼评安东尼·史密斯的民族（nation）理论》，《中国社会科学》第 1 期。

叶江，2018，《多民族国家的三种类型及其国家认同建构问题——民族学研究的视角》，《民族研究》第 1 期。

伊恩·戈尔丁、克里斯·柯塔纳，2017，《发现的时代：21 世纪风险指南》，李果译，中信出版集团。

伊曼纽尔·阿德勒、迈克尔·巴涅特，2015，《安全共同体》，孙红译，世界知识出版社。

易正春，2012，《中华文化是中华民族的灵魂和根脉》，《现代企业文化》第 12 期。

尹奎、张凯丽、李秀凤，2019，《工作重塑对工作意义的影响：团队任务绩效、领导－成员交换关系差异化的作用》，《管理评论》第 3 期。

应小萍，2016，《心理安全视角的女性创业心态分析》，《哈尔滨工业大学学报》（社会科学版）第 6 期。

尤薇佳、李红、刘鲁，2014，《突发事件 web 信息传播渠道信任比较研究》，《管理科学学报》第 2 期。

于海涛、张雁军、乔亲才，2014，《全球化时代的国家认同：认同内容及其对群际行为的影响》，《心理科学进展》第 5 期。

余华林，2002，《中国现代家庭文化嬗变研究》，硕士学位论文，首都师范大学。

袁莉敏、许燕、王斐、梁志祥、王治国，2007，《婚姻质量的内涵及测量方法》，《中国特殊教育》第 12 期。

曾鹏、毕超，2015，《中国十大城市群可持续发展能力比较研究》，《华东经济管理》第 5 期。

张晨阳，2016，《互联网对现代家庭关系的影响——基于媒介情境论的思考》，《今传媒》第 12 期。

张昉，2019，《城市"约跑族"群体认同研究》，《当代体育科技》第 33 期。

张海波、童星，2006，《被动城市化群体城市适应性与现代性获得中的自我认同——基于南京市 561 位失地农民的实证研究》，《社会学研究》第 2 期。

张海东、杨城晨，2017，《住房与城市居民的阶层认同——基于北京、上海、广州的研究》，《社会学研究》第 5 期。

张海东、杨城晨、赖思琦，2017，《我国特大城市新社会阶层调查》，《北京日报》1 月 16 日，第 14 版。

张建军、李乐，2010，《论民族意识与民族主义的关系》，《新疆大学学报》（哲学·人文社会科学版）第 5 期。

张丽，2019，《从"大花园"到"石榴籽"：中华民族概念的新时代阐释》，《宁夏社会科学》第 5 期。

张陆，2014，《青年城市移民的城乡双重认同研究》，《青年研究》第 2 期。

张敏，2013，《社会认同的概念本质及研究维度解析》，《理论月刊》第 10 期。

张文宏、雷开春，2008，《城市新移民社会融合的结构、现状与影响因素分析》，《社会学研究》第 5 期。

张文宏、雷开春，2009，《城市新移民社会认同的结构模型》，《社会学研究》第 4 期。

张献生，2017，《团结凝聚新社会阶层人士的力量》，《人民政协报》3 月 8 日，第 6 版。

张欣欣、张卫东，2012，《中、美大学生需要满足及其情感体验的比较研究》，《心理研究》第 2 期。

张岩、魏玖长、戚巍，2012，《突发事件状态下公众信息获取的渠道偏好研究》，《情报科学》第 4 期。

张杨波，2018，《代际冲突与合作——幼儿家庭照料类型探析》，《学术论坛》第 5 期。

赵玉芳、梁芳美，2019，《共同内群体认同促进民族心理融合：双向度测量与 SC-IAT 检验》，《西北师大学报》（社会科学版）第 3 期。

珍妮·X. 卡斯帕森、罗杰·E. 卡斯帕森编著，2010a，《风险的社会视野（上）——公众、风险沟通及风险的社会放大》，童蕴芝译，中国劳动社会保障出版社。

珍妮·X. 卡斯帕森、罗杰·E. 卡斯帕森编著，2010b，《风险的社会视野（下）——风险分析、合作以及风险全球化》，李楠、何欢译，中国劳动社会保障出版社。

郑杭生，2013，《从"无感增长"转向"有感发展"——新型城镇化的应有之意》，《武汉宣传》第 20 期。

郑杭生、刘精明，2004，《转型加速期城市社会分层结构的划分》，《社会科学研究》第 2 期。

郑振华、彭希哲，2019，《婚姻满意度、婚姻冲突与主观幸福感——上海市不同生育状况"80 后"家庭的比较研究》，《青年研究》第 1 期。

中国妇女杂志社，2017，《中国式家庭情感表达方式调查报告》，https：//xueshu. baidu. com/usercenter/paper/show？paperid = 1g1w04w0p55k0a10md0r0rn0yq790250&site = xueshu_ se。

中山大学人类学系课题组，2003，《SARS 与社会舆论反应的研究》，《广东青年干部学院学报》第 3 期。

中央统战部八局课题组，2017，《开拓新的社会阶层人士统战工作新局面》，《中央社会主义学院学报》第 4 期。

周长洪，2013，《中国家庭结构变化的几个特征及其思考——基于"五普"和"六普"数据的比较》，《人口与社会》第 4 期。

周小刚、李丽清，2013，《新生代农民工社会心理健康的影响因素与干预策略》，《社会科学辑刊》第 2 期。

周晓虹，2008，《认同理论：社会学与心理学的分析路径》，《社会科学》第 4 期。

朱红根、康兰媛，2017，《农民工工作满意度及其影响因素的差异分析》，《湖南农业大学学报》（社会科学版）第 4 期。

朱力，2002，《论农民工阶层的城市适应》，《江海学刊》第 6 期。

朱力，2005，《从流动人口的精神文化生活看城市适应》，《河海大学学报》（哲学社会科学版）第 3 期。

朱永新等，2017，《新父母教材》，湖南教育出版社。

Beauvais, C. and Jenson, J. 2002. *Social Cohesion: Updating the State of the Research*. Ottawa: Cprn.

Berger-Schmitt, R. 2000. *Social Cohesion as an Aspect of the Quality of Societies: Concept and Measurement*. Mannheim: Zuma.

Berghman, J. 1998. "Social Protection and Social Quality in Europe." In *The Social Quality of Europe*, edited by W. Beck, L. van der Maesen, and A. Walker, pp. 251 – 268. Bristol: The Policy Press.

Bericat, E. 2016. "The Sociology of Emotions: Four Decades of Progress." *Current Sociology* 64 (3): 491 – 513.

Bernard, J. 1972. *The Future of Marriage*. New York, N. Y. : World.

Blanchflower, D. G. and Oswald, A. 2004. "Well-Being Over Time in Britain and the USA." *Journal of Public Economics* 88 (7 – 8): 1359 – 1386.

Brint, S. 2001. "Gemeinschaft Revisited: A Critique and Reconstruction of the Community Concept." *Sociological Theory* 19 (1): 1 – 23.

Britton, P. C. , Van Orden, K. A. , Hirsch, J. K. , & Williams, G. C. 2015. "Basic Psychological Needs, Suicidal Ideation, and Risk for Suicidal Behavior in Young Adults." *Suicide and Life-Threatening Behavior* 44 (4): 362 – 371.

Bronfenbrenner, U. 1977. "Toward an Experimental Ecology of Human Development." *American Psychologist* 32 (7): 513 – 531.

Brown, R. 2000. "Social Identity Theory: Past Achievements, Current Problems and Future Challenges." *European Journal of Social Psychology* 30 (6): 745 – 778.

Canadian Council on Social Development. 2000. "Social Cohesion in Canada: Possible Indicators Highlights." Paper SRA – 542, Strategic Research and Analysis Directorate. Department of Canadian Heritage, Ottawa.

Carr, D. , Freedman, V. A. , Cornman, J. C. et al. 2014. "Happy Marriage, Happy Life? Marital Quality and Subjective Well-Being in Later Life." *Journal of Marriage and Family* 76 (5): 930 – 948.

Chan, J. , To, H. P. , and Chan, E. 2006. "Reconsidering Social Cohesion: Developing a Definition and Analytical Frame-Work for Empirical Research." *Social Indicators Research* 75 (2): 273 – 302.

Coombs, W. T. 1999. *Ongoing Crisis Communication: Planning, Managing and Responding*. London: Sage Publication.

Council of Europe. 2005. *Concerted Development of Social Cohesion Indicators*. Strasbourg: Council of Europe Publishing.

Deci, Edward L. and Richard M. Ryan. 2000. "The 'What' and 'Why' of Goal Pursuits: Human Needs and the Self-Determination of Behavior. " *Psychological Inquiry* 11 (4): 227 – 268.

Diener, E. D. , Emmons, R. A. , Larsen, R. J. , and Griffin, S. 1985. "The Satisfaction with Life Scale. " *Journal of Personality Assessment* 49 (1): 71 – 75.

Duhaime, G. , E. Searles, P. J. Usher, H. Myers, and P. Frechette. 2004. "Social Cohesion and Living Conditions in the Canadian Artic: From Theory to Measurement. " *Social Indicators Research* 66 (3): 295 – 317.

Easterly, W. , Ritzen, J. , and Woolcock, M. 2006. "Social Cohesion, In-Stitutions and Growth. " Center for Global Development Working Paper (94) .

Fenger, Menno. 2012. "Deconstructing Social Cohesion: Towards an Analytical Framework for Assessing Social Cohesion Policies. " *Corvinus Journal of Sociology & Social Policy* 3 (2): 39 – 54.

Forrest, R. and Kearns, A. 2001. "Social Cohesion, Social Capital and the Neighbourhood. " *Urban Studies* 38 (12): 2125 – 2143.

Fukuyama, F. 1995. *Trust: The Social Virtues and the Creation of Prosperity*. New York: Free Press.

Gabbert, B. , Johnson, D. W. , and Johnson, R. T. 1986. "Cooperative Learning, Group-to-individual Transfer, Process Again, and the Acquisition of Cognitive Reasoning Strategies. " *The Journal of Psychology* 120 (3): 265 – 278.

Gaertner, S. L. and Dovidio, J. F. 2005. "Understanding and Addressing Contemporary Racism: From Aversive Racism to the Common Ingroup Identity Model. " *The Journal of Social Issues* 61 (3): 615 – 639.

Gaertner, S. L. and Dovidio, J. F. 2008. "Addressing Contemporary Racism: The Common Ingroup Identity Model. " In *Motivational Aspects of Prejudice and Racism*, edited by C. Willis-Esqueda, pp. 111 – 133. New York: Springer.

Gaertner, S. L. and Dovidio, J. F. 2012. "The Common Ingroup Identity Model. " In *Handbook of Theories of Social Psychology*, edited by P. A. M. Van Lange, A. W. Kruglanski, and E. T. Higgins, pp. 439 – 458. London: Sage Publications Ltd.

Gaertner, S. L. , Dovidio, J. F. , Rust, M. C. , Nier, J. A. , Banker, B. S. , Ward, C. M. , Mottola, G. R. , and Houlette, M. 1999. "Reducing Intergroup Bias: Elements of Intergroup Cooperation. " *Journal of Personality and Social Psychology* 76 (3): 388 – 402.

Glenn, N. D. 1975. "The Contribution of Marriage to the Psychological Well-Being of Males and Females. " *Journal of Marriage and Family* 37 (3): 594 – 600.

Glenn, N. D. 1998. "The Course of Marital Success and Failure in Five American 10 - year Marriage Cohorts." *Journal of Marriage and the Family* 60: 569 - 576.

Green, A. and Janmaat, J. G. 2011. *Regimes of Social Cohesion: Societies and the Crisis of Globalization.* New York: Palgrave Macmillan.

Hair J. F. , W. C. Black, B. Babin, R. E. Anderson, and R. L. Tatham. 2010. *Multivariate Data Analysis* (7th ed.) . New York: Prentice Hall.

Han, Qing, Bang Zheng, Maximilian Agostini, Jocelyn J. Bélanger, Ben Gützkow, Jannis Kreienkamp, Anne Margit Reitsema, Jolien A. Van Breen, Psycorona Collaboration, N. Pontus Leander. 2021. "Associations of Risk Perception of Covid - 19 With Emotion and Mental Health During the Pandemic." *Journal of Affective Disorders* 284: 247 - 255.

Hayes, A. F and Preacher, K. J. 2010. "Quantifying and Testing Indirect Effects in Simple Mediation Models When the Constituent Paths Are Nonlinear." *Multivariate Behavioral Research* 45 (4): 627 - 660.

Henry, J. D. and Crawford, J. R. 2005. "The Short-Form Version of the Depression Anxiety Stress Scales (Dass - 21): Construct Validity and Normative Data in a Large Non-Clinical Sample." *British Journal of Clinical Psychology* 44 (2): 227 - 239.

Heyneman, S. P. 2005. "Organizations and Social Cohesion." *Peabody Journal of Education* 80 (4): 1 - 7.

Heyneman, S. P. 2008. "Education, Social Cohesion and Ideology." In *Right to Education: Policies and Perspectives*, edited by E. Karip, pp. 89 - 104. Ankara, Turkey: Turkish Education Association.

Hochschild, A. R. 1979. "Emotion Work, Feeling Rules, and Social Structure." *American Journal of Sociology* 85 (3): 551 - 575.

Hughey, J. , Speer, P. W. , and Peterson, N. A. 1999. "Sense of Community in Community Organizations: Structure and Evidence of Validity." *Journal of Community Psychology* 27 (1): 97 - 113.

Immerfall, S. 1999. "Review Article: Teaching Comparative European Politics." *West European Politics* 22 (4): 225 - 230.

Inglehart, R. 2008. "Changing Values Among Western Publics from 1970 to 2006." *West European Politics* 31 (1 - 2): 130 - 146.

Inglehart, R. and Welzel, C. 2005. *Modernization, Cultural Change, and Democracy: The Causal Link Between Democratic Values and Democratic Institutions: Empirical Analyses.* Cambridge University Press.

Jahoda, M. 1958. *Current Concepts of Positive Mental Health.* Basic Books.

Jason, L. A. , Stevens, E. , and Light, J. M. 2016. "The Relationship of Sense of Community and Trust to Hope. " *Journal of Community Psychology* 44 (3): 334 – 341.

Jenson, J. 1998. *Mapping Social Cohesion: The State of Canadian Research.* Ottawa: Canadian Policy Research Networks.

Johnson, D. R. , White, L. K. , Edwards, J. N. et al. 1986. "Dimensions of Marital Quality Toward Methodological and Conceptual Refinement. " *Journal of Family Issues* 7 (1): 31 – 49.

Kasser, T. 2002. *The High Price of Materialism.* Cambridge, Ma: Mit Press.

Kasser, T. and Ryan, R. M. 1996. "Further Examining the American Dream: Differential Correlates of Intrinsic and Extrinsic Goals. " *Personality and Social Psychology Bulletin* 22 (3): 280 – 287.

Kearns, A. and Forrest, R. 2000. "Social Cohesion and Multilevel Urban Governance. " *Urban Studies* 37 (5): 995 – 1017.

Kemper, T. D. 1987. "How Many Emotions Are There? Wedding the Social and the Autonomic Components. " *American Journal of Sociology* 93 (2): 263 – 289.

Koonce, K. A. 2011. "Social Cohesion As the Goal: Can Social Cohesion Be Directly Pursued?" *Peabody Journal of Education* 86 (2): 144 – 154.

Long, D. A. and Perkins, D. D. 2003. "Confirmatory Factor Analysis of the Sense of Community Index and Development of a Brief SCI. " *Journal of Community Psychology* 31 (3): 279 – 296.

Maes, J. , Leroy, H. , and Sels, L. 2014. "Gender Differences in Entrepreneurial Intentions: A TPB Multi-Group Analysis At Factor and Indicator Level. " *European Management Journal* 32 (5): 784 – 794.

Manole, Alina Magdalena. 2012. "Social Cohesion-A Post-Crisis Analysis. " *Theoretical and Applied Economics* 11 (576): 127 – 134.

Maslach, C. and Jackson Se. 1981. "The Measurement of Experienced Burnout. " *Journal of Occupational Behavior* 2: 99 – 113.

Maxwell, J. 1996. "Social Dimensions of Economic Growth. " Eric Journal Hansen Memorial Lecture. University of Alberta.

McCracken, M. 2003. "Social Cohesion and Macroeconomic Performance. " The Economic Implication of Social Cohesion, pp. 213 – 230.

McLelland, David. 1967. *The Achieving Society.* New York: Free Press.

Mcmillan, D. W. and Chavis, D. M. 1986. "Sense of Community: A Definition and Theory. " *Journal of Community Psychology* 14 (1): 6 – 23.

Mirowsky, J. and Ross, C. E. 2003. *Education, Social Status, and Health.* Transaction Publishers.

Montoya, R. M., Horton, R. S., and Kirchner, J. 2008. "Is Actual Similarity Necessary for Attraction? A Meta-Analysis of Actual and Perceived Similarity." *Journal of Social and Personal Relationships* 25 (6): 889 – 922.

Neal, Z. P. and Neal, J. W. 2014. "The (In) Compatibility of Diversity and Sense of Community." *American Journal of Community Psychology* 53 (1 – 2): 1 – 12.

Norton, R. 1983. "Measuring Marital Quality: A Critical Look at the Dependent Variable." *Journal of Marriage and the Family* 45 (1): 141 – 151.

O'Connor, P. 1998. "Mapping Social Cohesion." Canadian Policy Research Networks, CPRN Discussion Paper No. F01, Otawa, ftp: /ftp. cprn. org/family/msc e. pdf.

Putnam, David M. 1993. *Making Democracy Work: Civic Tradition in Modern Italy.* Princeton: Princeton University Press.

Rappaport, J. 1981. "In Praise of Paradox: A Social Policy of Empowerment Over Prevention." *American Journal of Community Psychology* 9 (1): 1 – 25.

Rappaport, J. 1987. "Terms of Empowerment/Exemplars of Prevention: Toward a Theory for Community Psychology." *American Journal of Community Psychology* 15 (2): 121 – 148.

Richins, Marsha L. and Scott Dawson. 1992. "A Consumer Values Orientation for Materialism and Its Measurement: Scale Development and Validation." *Journal of Consumer Research* 19 (3): 303 – 316.

Ritzen, J. and Woolcock, M. 2000. "Social Cohesion, Public Policy, and Economic Growth: Implications for Countries in Transition." In Address Prepared for the Annual Bank Conference On Development Economics (Europe).

Ritzen, J. M. M., Easterly, W., and Woolcock, M. J. 2000. *On "Good" Politicians and "Bad" Policies: Social Cohesion, Institutions, and Growth.* World Bank Publications.

Rossmann, C., Meyer, L., and Schulz, P. J. 2018. "The Mediated Amplification of a Crisis: Communicating the A/H1N1 Pandemic in Press Releases and Press Coverage in Europe." *Risk Analysis* 38 (2): 357 – 375.

Ryff, C. D. 1989. "Happiness Is Everything, or Is It? Explorations on the Meaning of Psychological Well-Being." *Journal of Personality & Social Psychology* 57 (6): 1069 – 1081.

Sarason, S. B. 1974. *The Psychological Sense of Community: Prospects for a Community Psychology.* San Francisco: Jossey-Bass.

Schiefer, D., Van Der Noll, J., Delhey, J., and Boehnke, K. 2012. *Cohesion Radar: Measuring Cohesiveness-Social Cohesion in Germany—A Preliminary Review.* Bertelsmann

Stiftung.

Sheldon, K. M. , Ryan, R. M. , Deci, E. L. , and Kasser, T. 2004. "The Independent Effects of Goal Contents and Motives on Well-being: It's Both What You Pursue and Why You Pursue It. " *Personality and Social Psychology Bulletin* 30 (4): 475 – 486.

Stanley, D. 2003. "What Do We Know About Social Cohesion: The Research Perspective of the Federal Government' s Social Cohesion Network. " *The Canadian Journal of Sociology* 28 (1): 5 – 17.

Steger, M. F. , Dik, B. J. , and Duffy, R. D. 2012. "Measuring Meaningful Work. " *Journal of Career Assessment* 20 (3): 322 – 337.

Tajfel, Henry and John C. Turner. 1979. "An Integrative Theory of Intergroup Conflict. " In *The Social Psychology of Intergroup Relations*, edited by W. G. Austin and S. Worchel, pp. 33 – 48. Bristol: Brooks/Cole.

Tartaglia, S. 2006. "A Preliminary Study for a New Model of Sense of Community. " *Journal of Community Psychology* 34 (1): 25 – 36.

The World Bank. 1998. The Initiative on Defining, Monitoring and Measuring Social Capital: Overview and Program Description. New York: The World Bank.

Tierney, P. and Farmer, S. M. 2002. "Creative Self-Efficacy: Its Potential Antecedents and Relationship to Creative Performance. " *Academy of Management Journal* 45 (6): 1137 – 1148.

Tierney, P. and Farmer, S. M. 2011. "Creative Self-Efficacy Development and Creative Performance Over Time. " *Journal of Applied Psychology* 96 (2): 277 – 293.

Turner, John C. , Michael A. Hogg, Penelope J. Oakes, Stephen D. Reicher, and Margaret S. Wetherell. 1987. *Rediscovering the Social Group: A Self-Categorization Theory*. Oxford: Basil Blackwell.

Turner, J. H. and Stets, J. E. 2006. "Sociological Theories of Human Emotions. " *Annual Review of Sociology* 32 (1): 25 – 52.

Ward, C. and Rana-Deuba, A. 1999. "Acculturation and Adaptation Revisited. " *Journal of Cross-Cultural Psychology* 30 (4): 422 – 442.

Woolley, F. 1998. "Social Cohesion and Voluntary Activity: Making Connections. " Paper prepared for Conference on the State of Living Standards and the Quality of Life in Canada, Ottawa, Center for the Study of Living Standards, October 30 – 31.

Zimmerman, M. A. 2000. "Empowerment Theory: Psychological, Organizational and Community Levels of Analysis. " In *Handbook of Community Psychology*, edited by J. Rappaport and E. Seidman, pp. 43 – 63. New York: Kluwer/Plenum.

图书在版编目（CIP）数据

社会心理建设：社会场域治理的路径 / 王俊秀等著
. -- 北京：社会科学文献出版社，2023.7
（社会心理建设丛书 / 王俊秀主编）
ISBN 978 - 7 - 5228 - 2251 - 8

Ⅰ.①社… Ⅱ.①王… Ⅲ.①社会心理 - 研究 Ⅳ.
①C912.6

中国国家版本馆 CIP 数据核字（2023）第 143063 号

社会心理建设丛书
社会心理建设：社会场域治理的路径

丛书主编 / 王俊秀
著　者 / 王俊秀 等

出 版 人 / 冀祥德
责任编辑 / 杨桂凤
文稿编辑 / 张真真
责任印制 / 王京美

出　　　版 / 社会科学文献出版社 · 群学出版分社 （010）59367002
　　　　　　　地址：北京市北三环中路甲 29 号院华龙大厦　邮编：100029
　　　　　　　网址：www.ssap.com.cn
发　　　行 / 社会科学文献出版社 （010）59367028
印　　　装 / 三河市尚艺印装有限公司

规　　　格 / 开 本：787mm × 1092mm　1/16
　　　　　　　印 张：19.5　字 数：330 千字
版　　　次 / 2023 年 7 月第 1 版　2023 年 7 月第 1 次印刷
书　　　号 / ISBN 978 - 7 - 5228 - 2251 - 8
定　　　价 / 138.00 元

读者服务电话：4008918866